遵义师范学院 2017 年度课程教学模式改革专项项目（项目编号：JGZ2017029）

# 中学生团体心理辅导设计与实施

主　编　谢光金
副主编　金雨萌　王　寒　犹小杰

吉林大学出版社

·长　春·

**图书在版编目(CIP)数据**

中学生团体心理辅导设计与实施/谢光金主编. —
长春:吉林大学出版社,2020.6
ISBN 978-7-5692-6665-8

Ⅰ.①中… Ⅱ.①谢… Ⅲ.①中学生－集体心理学－
教育心理辅导 Ⅳ.①G448

中国版本图书馆 CIP 数据核字(2020)第 113030 号

书　　名　中学生团体心理辅导设计与实施
　　　　　ZHONGXUESHENG TUANTI XINLI FUDAO SHEJI YU SHISHI

作　　者　谢光金　主编
策划编辑　张文涛
责任编辑　安　斌
责任校对　刘守秀
装帧设计　马静静
出版发行　吉林大学出版社
社　　址　长春市人民大街 4059 号
邮政编码　130021
发行电话　0431－89580028/29/21
网　　址　http://www.jlup.com.cn
电子邮箱　jdcbs@jlu.edu.cn
印　　刷　三河市铭浩彩色印装有限公司
开　　本　787mm×1092mm　1/16
印　　张　17.25
字　　数　224 千字
版　　次　2021 年 3 月　第 1 版
印　　次　2021 年 3 月　第 1 次
书　　号　ISBN 978-7-5692-6665-8
定　　价　86.00 元

# 前　言

　　团体心理辅导作为与个体心理辅导相对应的形式,具有效率高、效果好、针对性强等优势,在中学生心理健康教育中具有重要的地位。但是我国开展团体心理辅导的学校较少,究其原因,一方面可能是团体心理辅导专业教师不足,另一方面可能是人们对团体心理辅导的作用和效果认识不足。

　　本书基于以下思路进行设计和编写。首先,编者团队经过大量前期调查,提炼出中学生常见的心理困扰,以此为依据进行方案设计,如中学生厌学心理、自我同一性探索、学校恐惧辅导、七年级学生性心理健康、高中生职业生涯规划等,都是中学生常见的心理困扰,以问题为导向,目标明确,受众清晰,更容易发挥团体心理辅导的疗愈效果。其次,本书团体方案的参与人数设定在8～12人之间,属于小团体辅导,有利于带领者充分关注和帮助学生解决个人问题。然后,团体方案均包括5～10次持续性团体活动,具有系统性,可以深入持续解决学生的心理困扰。再次,本书部分团体方案具有普适性,适用于整个初中和高中阶段(如中学生自信心提升团体),但部分方案针对特定年龄段的特定心理困扰开发设计(如七年级学生性心理健康辅导团体),相应章节都有说明,请根据成员年龄段使用。最后,本书编写者既有大学心理健康专业教师,也有中学一线心理健康教师,都具有团体培训和辅导的专业经验,确保了本书的专业水平和实用性。

　　本书由谢光金任主编,设计全书的编写体系和编写原则,金雨萌、王寒、犹小杰每人负责四章内容的初校,最后由谢光金负责统校全书。本书各章的编写分工如下:第一章、第二章、第七章由谢光金执笔,第三章由聂利红执笔,第四章由宋自婵执笔,第五章由犹小杰、王佳君合作完成,第六章由金雨萌执笔,第八章由何少华执笔,第九章由毛胜执笔,第十章由朱玥执笔,第十一章由李睿和谢光金合作完成,第十二章由邵义萍执笔,第十三章由罗艳执笔,第十四章由王寒执笔,第十五章由阮欣执笔,第十六章由崔晶晶执笔。在编写本书过程中,我们参考了国内外有关书籍和教材、论文、团体辅导方案,在此谨向这些编写者和出版者表示深切的谢意。由于我们的水平有限,在编写过程中经验不足,书中难免存在错误与缺点,敬请专家和读者批评指正。

编者

# 目　　录

# 第一篇  总    论

## 第一章  中学生心理发展与团体心理辅导

### 第一节  中学生心理发展

#### 一、中学生心理发展的特点

中学时期学生心理总体上保持着较快的发展速度,但是,与迅速发展的身体变化相比,中学生的心理发展速度要落后于生理发展速度,身心发展处于一个相对不平衡状态,因此这一时期是学生心理问题的高发时期。

（一）智力发展显著

中学生智力迅速发展,突出表现在逻辑思维的发展上。中学生的思维,属于逻辑思维。初中二年级是一个转折点,以后"真正的"逻辑思维逐步形成。高中二年级则是思维成熟期。

中学生逐步开始用批判的眼光来看待周围事物,有独到见解,喜欢质疑和争论,但是他们的思维又具有片面性和主观性,容易以偏概全,出现极端现象。

中学生也开始思考人生和世界,提出许多有关"人生的目的""人生意义""生活理想"等问题。由于这些问题的解决是一个充满矛盾的过程,所以他们常常会为此感到苦恼、迷茫、沮丧与不安。

## (二)情感的发展与现实的矛盾

中学生的情绪和情感内容十分丰富,其形式也比较复杂。他们重感情、讲友谊,稳定性也在逐步提高,但总体看来,中学生的情绪和情感比较强烈,常常充满矛盾,具体表现为:

(1)闭锁性与强烈交往需要的矛盾;

(2)独立性与依赖性的矛盾;

(3)情感与理智的矛盾;

(4)理想与现实的矛盾;

(5)性意识的发展与道德规范的矛盾。

## (三)意志品质进一步增强

中学生意志品质的自觉性、坚持性、果断性、自制性明显得到增强。但中学生的意志发展还不很完善,不很稳定。其主要表现是:

(1)想得浅,想得近,不深刻,不长远;

(2)决心大于行动,计划难以持久;

(3)内部调节能力不强;

(4)行动上具有盲目性和冲动性。

## (四)自我意识高度发展

自我意识是对于自己以及与他人关系的认知。中学生的自我感受、自我评价、自我体验、自尊心、自信心和自制力在逐步发展,但这是极其初级的,有待真正的成熟。

中学生在对自己做出评价时,有时会过分夸大自己的能力,突出优点,对自我评价过高,导致沾沾自喜,甚至居高自傲、盛气凌人的心理。由于对事物识别能力不足,看问题时往往片面主观,加上心理的易损性,一旦遇到暂时的挫折和失败,他们往往又会走入另一极端、灰心丧气、怯懦自卑,甚至自暴自弃。他们对于周围人给予的评价非常敏感和关注,哪怕一句随便的评价,都会引起内心很大的情绪波动和应激反应,以至对自我评价发生动摇。

（五）社会交往进一步扩大，同伴友谊进一步加深

中学生与成人的关系出现了转型，由儿时的儿童—成人关系转变为成人—成人关系。如果父母还以对待儿童的方式管理他们，可能引起排斥、对抗心理。他们与同伴的关系有了进一步的发展，人际交往深度增加，出现了小团体，很多"秘密"只能和好朋友分享。中学生的异性交往有了新特点，随着性生理和性心理的发展成熟，他们对异性产生爱慕、对性产生好奇，对两性关系开始逐步尝试，兴奋而激动，又很容易受挫，导致情绪行为困扰。

**二、中学生心理发展的性质**

中学生处于青春期，这是个体从童年向成年发展的过渡期，是从幼稚期向成熟期的过渡，是由儿童"心理场"向成人"心理场"的过渡，这一时期的过渡包括身体、生理、社会生活和心理等方面的过渡，是一种质的过渡。

在这个过渡期，最典型的表现是矛盾动荡性。学生思维片面，容易激惹；自尊心强，对他人的评价十分敏感；情绪激烈，容易波动，具有两极性；行为冲动，喜欢冒险；反叛传统，标新立异，根据《心理科学》杂志的一项调查显示，目前中学生中经常存在逆反心理的达 32.6%，偶尔存在逆反心理的达 89.4%。

在青春期为什么会表现出矛盾动荡性呢？这是由于两方面因素导致的。一方面，中学生的生理和性的发育迅速成熟，性问题作为一个全新命题摆在中学生面前，他们需要面对性别角色的形成与认同问题，认识异性和与异性正确共处的问题，正确处理青春期跟性发育有关的困扰等。另一方面，青春期是自我社会同一性发展的关键期。所谓自我社会同一性，是指个体使自己与社会相统一、主观的我与客观的我相统一的过程，这个过程充满了主观我和客观我不一致，自我愿望与社会要求相冲突的矛盾。埃里克森认为，同一性是青春期的核心问题，也是青少年在这一时期应该完成的主要任务。

# 第二节　中学生团体心理辅导

## 一、中学生团体心理辅导的优势

中学阶段是心理问题的高发期,加强心理健康教育与辅导显得格外重要。道宁(L. N. Downing)认为,团体心理辅导用于学生,具有很多优势[①]。

(1)了解和体验支持与被支持。团体可以让学生了解并体验到自己是被其他学生支持的。团体的参与者能够认识到别人也有跟自己相同的问题,自己支持别人,也得到别人的支持,从而获得道义心,可以增进信心。

(2)从相互帮助中获益。让每一个学生能够从与别人的相互关系中有所收获,在团体心理辅导中学生的收获将大于单独与咨询师接触的收获。

(3)鉴别需要特别予以帮助的学生。在团体中凡是具有敏锐观察力的咨询师,都可以鉴别需要特别援助的个人。

(4)增进个别的咨询。团体的经验可以提高咨询的需求,促进成员更快地走向成熟。

(5)有益于发展社会性。在团体里可以得到社会上的相互关系、交换意见、共拟计划等现实的经验,社会化的实际经验则可以促进学习、改进行为。

(6)获得治疗的效果。在团体中可以提高治疗效果,使成员洞察自己以及有更好的适应能力。团体咨询虽然并不等于团体心理治疗,但是却可以获得好的治疗效果。

(7)咨询师可以与更多学生接触。学生与咨询师的接触,可以克服胆怯,减轻压迫感,改进自己的态度。同时,咨询师可以了解更多学生的问题所在,提供更好的服务。

---

① 樊富珉. 团体心理咨询[M]. 北京:高等教育出版社,2005:11－12.

(8)使学生获得安全感,增强信心。学生体验到自己也有朋友,可以与朋友交往,在友伴中也有所作为,这些均能增进其安全感。并且,当学生学会与人相处,了解自己的价值并以此为荣时,可以增强其自信心。

(9)提供接近咨询师的机会。在团体的场合认识咨询师,或者体验到与咨询师和友伴一起的愉快经验,可以消除过去的疑惑戒心,不再避开咨询。

(10)综合各种教育经验以获得最大的利益。经过团体讨论,使方法明确化,这将使学生更加认可学校的各项活动,能够产生更和谐的关系。

(11)松弛学生的紧张和不安。在友好、包容的环境里率直交谈,并决定其行为的方向,可以减少学生的烦恼,达成更有效的目的。

(12)咨询师和教师的工作将更加有效。在有组织的团体里,与更多的学生相处将可以为更多学生服务,工作更高效。

## 二、中学生团体心理辅导的注意事项

(1)方案应围绕团体目标进行设计。团体辅导应设定明确可行的目标,团体方案的设计、团体活动的选择都应该紧紧围绕团体目标进行,团体效果评估也要在团体目标基础上进行。

(2)选择适合中学生的团体活动。选择活动时应考虑团体成员的年龄特征、性别特征、理解力、心理问题类型等因素。中学生比较喜欢运动、绘画、音乐等活动,过多的谈话、纸笔类练习可能会让学生感觉厌倦。

(3)了解团体活动的后果。选择活动需要考虑成员的心理准备情况,考虑活动使用的时机和可能的后果。例如,"自画像"容易引发成员潜意识的负面自我体验,不适合在团体初期进行,在团体足够安全、成员准备好自我探索时则是很好的备选活动。

(4)选用带领者熟悉的团体活动。不熟悉的活动可能导致操作不熟练,活动内涵挖掘不足等问题。当然,带领者也很难把所有活动都体验一遍,尤其是新手团体领导者,对于很多团体活动都不太熟悉,这种情况下建议找小范围的对象预演一次,听取反馈意见,这样正式使用时才能相对熟悉。

(5)设身处地体验成员的感受。团体辅导是通过体验式活动达到心理辅导的作用,团体氛围、成员的感受决定了团体辅导的效果,了解成员的感受,可以准确判断团体辅导的效果,出现偏差及时觉察纠正。

(6)避免以活动代替辅导。团体活动不是为了吸引学生注意力、为了"好玩",团体活动就像一个"引子",引发成员产生团体所期待的体验、感悟、收获。因此,活动之后的分享、体悟、升华、总结至关重要。有的初学者在做团辅时一个活动接着一个活动,把团体辅导变成了团体游戏,活动让成员很开心,但是具体收获是什么却说不上,难以达成团体目标。

(7)活动应多样化。团体活动类型很多,包括纸笔练习、运动、音乐、舞蹈、美术与工艺、阅读、媒体应用、心理剧、布偶剧、人际沟通、娱乐性练习等,选择团体活动时应多种类型结合使用,动静结合,避免重复使用单一类型的活动。如果一次团体的四个活动中,有三个都是纸笔练习,成员很容易感到厌倦无聊。

(8)活动安排应注意逻辑性、层次性、连贯性。一般来说,单次团体包括热身活动、主要活动和结束活动。热身活动的目的是为了帮助成员进入本次团体,如果热身活动与本次团体目标有关,可以很自然地将成员带入主要活动。主要活动要紧扣单元目标,如果设计两个或以上的主要活动,则浅层次活动安排在前,深层次活动安排在后,层层递进。结束活动是对主要活动的总结、升华,需要紧扣主要活动进行设计。从热身活动到主要活动,再到结束活动,应该是有内在逻辑性和连贯性,层层递进,为达成单元目标服务。

(9)浅层自我表露安排在初期,深层自我表露安排在团体后期;正性反馈在初期,负性反馈在后期。团体形成初期,成员安全感不足,团体凝聚力差,成员之间信任感低,互动带有试探性质,是建立团体安全感和凝聚力的重要时期,应设计浅层次自我表露和正性反馈活动。如果这时候开展深层次的自我暴露,成员可能会拒绝自我表露,破坏团体安全感;负性反馈也很容易导致成员之间的冲突加剧,团体凝聚力难以建立,对团体发展十分不利。当团体进入工作阶段之后,团体凝聚力已经建立起来,成员安全感比较稳定,成员之间信任感也建立起来,这时候成员自然愿意表露深层自我,探讨彼此负性感受也更容易被成员接受,并从负性反馈中获益。

(10)活动应该让所有成员都能参与。美国团体工作专业者协会在《团体咨询师职业道德指南》中提出,团体咨询师应努力为每个成员提供个体化和平等的治疗。活动设计中,需要设计一些让所有人都能参与的活动,如轮流发言等;如果有的成员占用过多团体时间,而有的成员却一直沉默不语,领导者需要对前者进行适当的限制,给后者更多的发言机会。

(11)考虑场所条件。团体辅导经常不在专业的团体辅导室进行,这个时候团体活动方案的设计就需要考虑场所条件。例如,在教室里面进行团体辅导,需要考虑桌椅挪动是否方便,团体活动声音是否对其他班级学生造成干扰,或其他班级的学生是否会对团体造成影响。如果设计盲人之旅,盲行路线是否便于设计?是否安全?

(12)充分评估活动时间。中学生学习时间安排比较满,团体辅导应在计划时间内完成,避免超时影响学生上课或其他活动安排,或者匆匆结束团体导致部分成员没有表达或参与机会。这需要带领者对团体活动时间有比较准确的估计,带领时也应关注团体进度。

**参考文献:**

林甲针.班级团体辅导活动课[M].福州:福建教育出版社,2012.

樊富珉.团体心理咨询[M].北京:高等教育出版社,2005.

# 第二章 中学生团体心理辅导方案设计

## 第一节 中学生心理辅导团体的发展阶段

### 一、团体的准备

老师在上课之前需要备课，包括"备课程标准、备教材、备学生、备教法学法、备教学过程"。"备课程标准、备教材"涉及"教什么"，"备学生"涉及"教给谁"，"备教法学法、备教学过程"涉及"怎么教"，只有三者都准备好了，才算完成了有质量的备课，备课的质量直接影响教学效果的好坏。团体心理辅导也需要做好团体准备，任何团体辅导的成功都与开始前的精心准备密不可分。如果领导者在团体开始之前没有充分的准备，考虑不周全，活动设计不合理，那么在实际团体辅导过程中很有可能发生难以处理的情形，妨碍团体的发展，影响团体的效果。

（一）了解学生的潜在需要

结构式团体辅导具有明确的目标，目标是基于服务对象的心理需要设定的，因此，团体辅导第一步是了解学生的潜在需要。中学生的心理困扰类型很多，有的是学习动力不足，有的是学习焦虑，有的是自卑，有的是恋爱和性困扰，有的是情绪困扰，有的是同学关系问题，有的是亲子关系问题，不一而足。没有哪一个团体可以"包治百病"，也不是所有学生都适合所有的团体。团体设计首先应该明确团体为谁服务、服务对象的年龄、心理困扰是什么、他们对团体有什么心理需要等。

了解学生潜在需要的方式很多,最常见的方式是通过直接接触、观察,发现学生常见的问题。班主任、任课教师、学校心理咨询师都有大量机会与学生接触,从中发现问题。我们也可以通过问卷调查、心理测验等形式,相对客观地发现有某类特定心理困扰的学生。我们还可以通过与家长、老师交流,间接了解学生的心理问题。

(二)确定团体的性质、主题与目标

针对学生的问题和需要,初步选定了服务对象,就需要考虑团体的性质、主题和目标。哪种类型的团体适合你要帮助的对象?结构式团体还是非结构式团体?采用精神分析团体、人本团体、认知行为疗法团体还是心理剧团体?治疗性团体、咨询性团体还是发展性团体?

团体辅导的目标大致分为三类。

一是治疗性团体目标。治疗性团体一般针对有较深层心理冲突、有心理障碍的人群,治疗中重视潜意识问题,需要花费较多时间才能达成目标。一般在医疗机构、教育机构开展,要求治疗师有专业训练背景。目标是缓解症状、恢复心理平衡、达到心理健康。本书不涉及这一类团体目标。

二是训练性团体目标。训练性团体是以敏感训练为主要活动方式的团体辅导,目的是训练如何有效地处理人际关系,训练生活技能,增进社会适应。这类团体辅导在欧美十分流行,适用于正常人群,学校也常常用此类团体来训练学生,帮助他们有效地掌握社交技能,建立良好的人际关系,学会处理冲突。本书部分涉及这类团体目标。

三是成长性团体目标。成长性团体以开发心理潜能、促进人格成长、增进心理健康为目标,对象多为正常的、健康的或有一定心理困扰的、处于成长过程中的青少年。成长性团体可以用于没有明显困扰的学生,帮助其某一方面健康成长,如本书涉及初中生学习心理团体辅导、高中生自我认识辅导、中学生情绪管理团体辅导、中学生性心理健康辅导、中学生职业生涯规划团体辅导等；成长性团体也可以帮助在发展中有一定困扰、但没有构成心理障碍的学生，帮助其顺利度过困扰，如本书涉及的中学生厌学心理辅导、初中生自我同一性探索、初中生学校恐惧辅导、初中生焦虑情绪管理、高中生自信心提升等团体目标。

确定了团体的目标，就需要为团体取一个名称。成长性团体的对象多是处于成长中的青少年，采用新颖的、独特的、易于理解的、积极向上的名称具有很好的吸引力，例如，"网络伴我健康成长""花开应有时——高中生两性交往团体"" 克服焦虑，无惧考试""Better Me——中学生自我认识"。团体名称既要考虑新颖具有吸引力，也要点明活动的主题，清晰明确。

（三）搜集相关文献资料和计划书

确定了团体的性质、主题与目标之后，就要开始设计团体方案。团体方案设计需要参考很多已有研究，一方面是团体主题相关的论文、书籍、理论等资料，为团体设计提供理论支撑；另一方面可以查阅已有的相关主题的团体计划书，别人已经采用过的活动有哪些？有哪些问题需要避免？

（四）设计团体辅导方案

对搜集到的相关文献资料和计划书进行详细的梳理，去芜存菁，梳理出脉络；结合团体目标，将整体目标拆解为阶段性目标，围绕团体整体目标和阶段目标选择适合的单元主题，设计团体辅导的框架和流程，进而设计团体单元活动方案。团体方案设计好之后，最好请相关专业人员提提意见或建议，不断修改完善。

（五）招募并甄选组员

招募成员可以通过海报、老师推荐、校园广播等传统形式，也可以通过网站、微信、QQ、美文等现代网络媒介进行招募。不管哪种形式,都需要对招募广告进行设计,力求简洁生动,主题明确,具有吸引力。招募广告应说明团体名称、目的、时间、地点、费用、联系方式等信息。招募广告应客观真实,清楚具体,切忌过分夸张,多用正面积极词汇,不用消极敏感词汇。

团体成员一般采取自愿报名原则。对于报名的成员要进行评估和甄选,并非所有报名的人都适合团体。可以通过个别面谈、调查问卷、集体面谈等形式,清晰告知报名者团体的目标和要求,考查成员的心理需要与团体目标是否匹配,如不匹配需告知原因。

在选择成员时还可以参照考虑性别比率。一般男女比例1∶1最佳,性别比例严重失调容易导致少数性别者感觉孤单,容易产生不安全感。如果是专门针对同一性别的团体则不在此列,如"女性恋爱心理辅导团体"。

甄选组员应遵循一些排除标准,如极端自我中心者、自恋狂、有攻击性、过度自闭、处于危机中的人一般不适合参加团体。

**二、团体发展阶段**

一个典型的恋爱婚姻过程,从相爱到老去,一般包括四个阶段。

第一阶段:热恋期。这个时候都会把自己最好的一面展现给对方,隐藏自己不愿被人看到的一面,看对方也是"情人眼里出西施",带有许多理想化投射,你侬我侬,甜蜜幸福,对未来充满期待,同时对关系的稳定性没有足够的把握,隐藏着担忧和焦虑。

第二阶段:磨合期。两人相处几个月后,随着关系稳定,彼此更加了解,荷尔蒙激素水平下降,理想化投射慢慢消失,彼此的"本性"会不自觉地呈现出来,两个人的差异逐渐凸显,矛盾冲突也会随之而来,这个阶段两人需要不断磨合,彼此理解和包容。这段时期是关系最危险的时期,磨合不好可能会分手,也可能将冲突持续到此后的婚姻关系,影响婚姻的质量。

第三阶段:生儿育女期。如果两人的关系经受住了磨合,可能走进婚姻殿堂,生儿育女,努力工作,承担起家庭、事业等各种人生任务,自己也不断成长成熟。这个阶段最为辛苦,时间也很漫长,需要付出很多努力。

第四阶段:分离期。两人退休后,慢慢回顾自己的一生,有失望,有满足;展望剩下的人生,时日不多,面对着即将到来的分离,纵使心中有万般不舍,也要接受分离的事实。

不只是恋爱婚姻过程,其他许多人际关系也有类似的特点。团体心理辅导是一种特殊的人际互动形式,其发展阶段也与恋爱婚姻发展阶段相似。

科瑞(Corey)认为,一个完整的团体发展会经历四个阶段:初期阶段、转换阶段、工作阶段、结束阶段。我国樊富珉教授也认为团体发展会经历创始阶段、过渡阶段、工作阶段、结束阶段。这四个阶段和恋爱婚姻四个阶段可以进行类比,见图2-1。

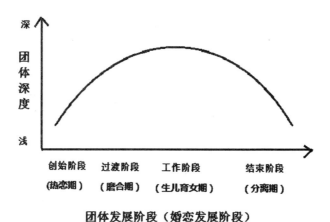

图 2-1　团体发展阶段与深度图

一方面,团体发展按照四个阶段依次推进,具有不可逆性。另一方面,成员之间的关系深度、自我探索的深度随着团体的发展,呈现倒 U 型曲线的特点。团体设计应遵循团体发展规律,单元活动的主题和目标设计应与该阶段团体特点相吻合。

（一）创始阶段

团体创始阶段就像热恋期，成员之间比较礼貌客气，自我暴露较少，互动停留在较浅层面，容易对带领者理想化。成员带着希望和好奇，也带着担心和恐惧进入团体，因此成员之间的互动浅尝辄止。这个阶段最重要的任务是建立信任感，帮助成员彼此熟悉，明确自己及团体目标，建立团体规范。

团体的创始阶段不宜占用太长时间，应把握在团体总会面次数的五分之一以内，一般包括团体的第一、二次会面。团体第一次会面要完成的创建团体的任务，具体包括：成员彼此认识，明确团体和自己的目标，建立团体契约，增强信任感。如果团体见面次数多至 8 次以上，可以考虑第二次见面时进一步加强成员之间的理解和接纳，增强团体凝聚力，同时开始初步探讨团体主题。团体创始阶段成员的开放较低，安全感不足，活动设计要选择正向、浅层面互动、低开放度的活动。如果成员出现负性情绪，也不宜深入，可以先采取支持性的干预技术，以免成员过度自我暴露导致无法建立团体安全感。

（二）过渡阶段

过渡阶段就像婚恋磨合期，成员互动深度进一步加深，相互之间有一定熟悉度后，开始试探性陈述自己的问题，但是又担心表达会受到伤害，产生焦虑和不安，成员之间可能产生矛盾和冲突，或者对团体失望。这个阶段是最敏感的时期，领导者要鼓励成员认识并表达他们的焦虑，创造支持性的氛围，帮助成员逐步开放，帮助成员顺利度过过渡阶段。

过渡阶段也不宜占用过多时间，应控制在团体会面总次数的五分之一以内，一般会面 1～2 次。过渡阶段的特点有时候不突出，和工作阶段也不容易明确区分。过渡阶段的工作任务，一方面要注意处理本阶段成员可能有的矛盾冲突，继续创造支持性氛围，鼓励成员认识表达他们的焦虑，增强安全感和团体凝聚力，另一方面可由浅入深探讨团体主题,随着成员的互动程度逐渐加深,团体活动设计也应该逐步深入,但是要随时注意成员的安全感程度,避免过度暴露。

创始阶段和过渡阶段所做的工作都是为工作阶段做准备的,一个团体顺利度过了这两个阶段,就进入了最重要的工作阶段。

(三)工作阶段

工作阶段就像婚恋生儿育女期,团体凝聚力进一步增强,成员之间互动进一步加深,建立了较好的安全感和信任感,成员自由坦诚地交流,主要精力用在面对和处理自己的问题,团体达到最深入水平。

工作阶段是团体最重要的阶段,团体目的的达成主要是通过工作阶段的活动来完成,因此占用的时间是最多的,建议占团体活动时间二分之一以上。工作阶段活动设计应紧紧围绕团体目标进行,每次会面都应达成一个分目标,确保在工作阶段结束的时候达成团体总目标。这个阶段领导者应采用各种技术,帮助成员解决问题,学习新的行为模式。

(四)结束阶段

结束阶段就像婚恋分离期,成员们总结收获,整合团体里面学到的知识和经验,领导者协助他们将收获应用到生活实践中去;成员之间可能有明显的离愁别绪,不愿意分离,领导者要帮助成员表达和处理离别情绪,这个时候不适合再处理深层次的问题,避免没有时间处理造成伤害,自我探索和相互表达可以相对浅一些。结束阶段所用的时间不宜过长,一般不超过团体会面次数的五分之一,一次会面为宜,少数可设计两次会面。

我们以刘晓玲和樊富珉教授设计的"快乐成长之家:初中生班级团体辅导"为例说明团体四个阶段的活动设计,见表2-1。

表 2-1 "快乐成长之家:初中生班级团体辅导"团体活动方案

| 团体发展阶段 | 单元 | 主题 | 目标 |
|---|---|---|---|
| 创始阶段 | 一 | 有缘来相聚 | 成员相互认识,消除陌生感,建立团体凝聚力和信任感,阐明团体契约 |
| | 二 | 相亲相爱一家人 | 增强团队成员的信任感和团结协作能力 |
| 过渡阶段 | 三 | Who am I | 引导成员认识和接纳自我 |
| | 四 | 天生我才 | 帮助成员发现并认识自己的优点,提升自信,学会欣赏别人的优点 |
| 工作阶段 | 五 | 我爱我家 | 帮助成员重新认识父母的关爱,改善与父母的关系 |
| | 六 | 做一个受欢迎的人 | 提高人际交往能力,改善人际交往状况 |
| | 七 | 五彩心情 | 帮助成员认识和了解情绪,并学会管理情绪 |
| | 八 | "画"说生活 | 帮助成员用积极的态度看到生活,乐观地面对困难 |
| | 九 | DAY DAY UP | 帮助成员提高时间管理能力,更高效地学习 |
| | 十 | 调一调心灵的弦 | 帮助成员认识压力,解决困扰,缓解压力 |
| | 十一 | 未来的我 | 帮助成员了解自己的才能,初步规划未来 |
| 结束阶段 | 十二 | 明天会更好 | 整理收获,帮助成员自信乐观地面对未来,结束团体 |

　　这个方案共 12 次会面,每次会面 2.5 个小时,其中创始阶段会面两次,目的是成员相互认识,消除陌生感,建立团体凝聚力和信任感,阐明团体契约,增强团队成员的信任感和团结协作能力。结束阶段会面一次,整理收获,目的是帮助成员自信乐观地面对未来,结束团体。创始阶段和结束阶段会面均控制在两次以内。过渡阶段和工作阶段的区分不是很明显,如果要从中进行区分,过渡阶段大约设计了两次会面,工作阶段大约设计了七次会面。过渡阶段和工作阶段不容易明确区分也是多数团体方案的一个

特点,在过渡阶段一方面要围绕团体目标展开前期、浅层次的探索工作,另一方面要关注和处理成员的矛盾、焦虑,提升团体凝聚力和信任度,所以过渡阶段和工作阶段常常有较大重合。工作阶段重点围绕如何班级建设和自我成长各方面开展工作,共五次会面,占团体会面的一半。

团体深度也随着团体发展呈现倒"U"型曲线,从创始阶段到过渡阶段,团体探索逐步深入,在工作阶段的探索达到最深入水平,而在工作阶段后期(第十一次会面)和结束阶段,团体互动又回到正向积极互动,团体深度也逐渐回到一般水平。

## 第二节　中学生团体方案设计方法

团体方案就像上课的教案一样,团体怎么设计,怎么开展,都需要进行提前设计。设计良好的团体方案是团体活动成功的基础。团体方案包括 12 个方面。

- 团体名称
- 团体性质
- 团体目标
- 团体领导者
- 团体对象和规模
- 团体活动时间
- 团体活动场所
- 团体设计的理论依据
- 团体流程设计
- 单元活动设计
- 团体评估
- 其他

接下来我们对这些方面一一进行阐述。

### 一、团体名称

团体名称可以分为"宣传名称"和"学术名称",宣传名称是向外宣传以及团体成员之间交流使用,力求新颖、生动、具有吸引力,尽量使用正面积极词汇,切忌负面消极词汇,同时也要契合团体的主题。学术名称是为了专业需要而设,体现了团体的真实目标和服务对象。如对于失恋者进行心理辅导的团体,宣传名称可以取"在爱中成长",学术名称可以取"失恋大学生心理成长团体";针对汶川地震灾后青少年设计的团体,宣传名称是"鸡蛋团(积极、淡定、团体)",学术名称是"灾后青少年心理健康艺术治疗辅导团体"。

## 二、团体性质

团体性质是指团体属于发展性、训练性还是治疗性的,是开放式团体还是封闭式团体,是同质性团体还是异质性团体,是结构式、半结构式还是非结构式团体。不同性质的团体设计风格差异很大,开放式团体因其成员流动性大,安全感低,因此不适合深度探讨;非结构式团体不预先设计团体活动,活动变动性大,具有灵活性和不确定性的特点。一般来说,中学生团体心理辅导以发展性或训练性、封闭式、同质性、结构式团体为主。

## 三、团体目标

团体目标是团体活动设计的依据,是团体设计的出发点,是团体之所以存在的意义。没有清晰的目标,团体就没有方向,团体目标是设计是团体设计中至关重要的组成部分。团体目标应该和成员要解决的问题,或者要达成的目标一致,它决定了成员的选择标准;团体目标应该具有可行性,团体领导者的能力、团体总体时间等也限制了目标的设置。一般来说,团体目标包括整体目标、阶段目标和每次聚会目标。如果更简化些,可以分为整体目标和具体目标。整体目标是团体总体要达成的目标,具体目标是对整体目标的细化。

团体每单元活动也要有清晰的目标,单元目标之间应该围绕团体整体目标进行设计,是团体具体目标的体现。团体活动又是为达成单元目标服务的,每个团体活动也应该有清晰的活动目

标,这样就构成了四级目标体系:

整体目标—具体目标—单元目标—活动目标

例如,"初中生学习心理团体辅导计划书——让心灵插上智慧的翅膀"的目标体系如下。

整体目标:帮助学生学会学习,增长智慧。

具体目标:

(1)培养学生拥有良好的学习习惯。

(2)对学生进行学习策略和问题解决策略辅导,提升学生的学习技能并发展学生的创造力。

(3)通过时间管理的相关理论技术与方法的运用,使学生找到时间管理上存在的问题并学会自主规划学习时间。

(4)进行注意、观察、记忆方法以及思维品质等方面的训练与指导,促进学生智力发展和学习能力提高。

以上具体目标分别从学习习惯、学习方法、时间管理、学习能力四个方面入手,最终支撑起团体的整体目标"帮助学生学会学习,增长智慧"。

单元目标:

本团体方案的单元目标见表2-2。

表2-2 "初中生学习心理团体辅导计划书——让心灵插上智慧的翅膀"流程图

| 单元 | 单元目标 | 活动 |
| --- | --- | --- |
| 一、潜龙勿用(逐梦伊始) | 1. 简介团体目的及意义;<br>2. 小组初步建立信任;<br>3. 确立团体公约;<br>4. 预告下次内容引起成员兴趣。 | 1. 逐梦伊始<br>2. 大风吹<br>3. 名字接龙<br>4. 共同的约定<br>5. 预告小翅膀 |
| 二、见龙在田(学习习惯) | 1. 提升学生自控力;<br>2. 激发学生学习动机。 | 1. 智慧小翅膀<br>2. 我们都是木头人<br>3. 我们都是木木木头人<br>4. 跳伞小能手<br>5. 总结 |

续表

| 单元 | 单元目标 | 活动 |
|---|---|---|
| 三、终日乾乾（学习方法） | 1. 通过对榜样的观察学习，了解到榜样行为的结果，期待出现与榜样相同的行为；<br>2. 学生通过对七加减二的组块记忆法来增强自身对材料的记忆效果。 | 1. 智慧小翅膀<br>2. 大神你好！<br>3. 大神不遥！可及！<br>4. 神奇的"七加减二"<br>5. 留作业，结束 |
| 四、或跃在渊（规划时间） | 1. 发现时间管理上存在的问题；<br>2. 学习规划时间；<br>3. 学习有效利用时间，练习集中注意力，提高学习效率。 | 1. 智慧小翅膀<br>2. "时间日记"<br>3. "心晴园地"<br>4. 一起种番茄<br>5. 留作业，结束 |
| 五、飞龙在天（提升学习力） | 1. 训练学生集中注意力的能力。<br>2. 学习解决问题遵循的步骤并锻炼解决问题的思维方式。 | 1. 智慧小翅膀<br>2. 我比你猜<br>3. 两熊"赛蜜"<br>4. 追踪测验<br>5. 总结 |
| 六、亢龙有悔（鹏程万里） | 1. 处理离别情绪，整理自己在团体中的收获；<br>2. 分享在团体活动过程中的成长，进一步激励自己。 | 1. 智慧小翅膀<br>2. 经风历雨在成长<br>3. 插上翅膀去翱翔<br>4. 结束语 |

从表 2-2 中不难看出，团体在过渡阶段和工作阶段的单元目标与团体的具体目标——学习习惯、学习方法、时间管理、学习能力——是一一对应的。

活动目标：

以第四单元为例，单元目标设置为：1. 发现时间管理上存在的问题；2. 学习规划时间；3. 学习有效利用时间，练习集中注意力，提高学习效率。

活动目标则是：

活动 1. 智慧小翅膀，目的：热身。

活动 2. 时间日记，目的：发现学习时间管理上存在的问题。

活动 3. 心晴园地,目的:解决学习时间规划问题。

活动 4. 一起种番茄,目的：学习有效利用时间学习;练习集中注意力,提高学习效率。

活动 5. 留作业,目的:巩固活动成果,增强成员信心。

本单元的活动 2、3、4 依次围绕本单元的三个目标进行设计。

这个案例表明,团体目标是一个完整的目标体系,活动目标支撑单元目标,单元目标体现了具体目标,具体目标支撑整体目标。整体目标最终需要落实到一个个活动中来,通过一个个活动最终达成整体目标。

### 四、团体领导者

不同团体对领导者的要求不同,如治疗性团体对象是有严重情绪问题的患者,需要带领者具备团体心理治疗师的资质;咨询性团体针对有暂时性或持续性困扰的人,需要大量情感卷入,需要领导者接受过心理咨询专业的训练;而辅导性团体注重认知和知识层面,注重预防和发展性,接受过团体辅导的心理老师或班主任可以胜任。

团体领导者的专业训练背景会影响其方案设计和活动选择,领导者的性格、风格也会影响方案设计,作为方案设计者需要了解自己的性格和风格对团体的影响。例如,笔者性格偏内向,不喜欢过多的肢体运动,因此在设计方案时候更倾向于选择纸笔练习,这对于高年级的大学生比较容易接受,但是对于初中生来说,就需要考虑调整活动和带领技术,多一些活泼、肢体性活动。

一个合格的团体领导者,应该具备相应的心理品质、能力和经验,具体来说应该包括以下几方面。

一是良好的人格特质。成功的团体领导者具有以下人格特质:有勇气和自信心;关怀他人,平易近人,热情开朗;不自我防卫;有充分的想象力和判断力;有幽默感、真诚、坦率、友善。

二是具备建立良好人际关系的能力。对团体成员信任、理解,创设尊重和自由的团体气氛,接纳每一个团体成员;具有同理心,能准确地回应成员的感受;善于观察,勇于示范。

三是具有丰富的心理咨询经验。不仅要有个别心理辅导的经验,也要有带领团体辅导的经验;熟知团体发展的各个阶段及自己作为领导者的职责。

四是严格遵守职业伦理道德。团体领导者要以成员的利益为重,保护当事人利益不受侵害,保守秘密,尊重成员的隐私权;尊重成员参加团体的自愿选择权;精心选择团体活动方式;了解哪些行为是违反职业道德的,严格遵守心理咨询工作者的伦理要求。

### 五、团体对象和规模

团体成员是团体服务对象,团体方案的设计应考虑团体成员的年龄、性别、规模、心理困扰等因素。例如,在团体方案和活动设计时候,团体成员年龄小更适合动态性活动,成员年龄大倾向于静态性活动;同性组成的团体可设计肢体活动,异性组成的团体要考虑肢体接触的影响,选择不容易引起不适的肢体接触活动;学历高的成员倾向于认知性活动,学历低的成员倾向于技能性、训练性活动;团体成员多可设计简单易操作的活动,便于控场;成员少的团体可设计复杂、深入的活动;以治疗为目的的团体可以设计深入潜意识层面的活动,以成长性为目的的团体宜多设计认知层面活动。

团体成员的规模会对团体动力产生重要的影响,人数太少,团体动力不足;人数太多,成员之间难以充分互动,领导者难以照顾每个成员。亚隆(Yalom,1985)认为 7 人团体最理想,5 到 10 人可以接受;慕兰(Mullan,1978)认为分析性团体人数应该是 7 到 10 人。一般来说,以治疗为目标的团体人数不宜太多,一般 5 到 8 人为宜。成长性团体,人数可以适当增加,但一般不超过 12 个人,超过 12 人不容易充分互动。也有多到 20 至 30 人的团体辅导,但是这类团体最好设置多名助手,在分小组活动时每个组成员少于12人,每个助手协助一个小组活动,这类大团体可以用于班集体建设、新生适应训练、职业生涯规划等偏积极、正面互动的团体,但是不适合进行潜意识探讨。

团体成员的招募可由家长、班主任、任课教师推荐,也可以通过海报、校园广播等形式招募。对于报名成员,还应该进行甄选,通过面谈或问题调查形式,甄选心理困扰、目的、需要与团体目标一致的成员。具体操作要求见本章前述"招募并甄选组员"部分。

## 六、团体活动时间

团体辅导计划多少次?每次聚会多长时间?中间是否需要休息?聚会频率是多少?这些团体辅导的时间及次数是需要考虑的。前面我们谈到,团体发展需要经历创始阶段、过渡阶段、工作阶段、结束阶段,只有经过创始和过渡阶段,才能进入工作阶段。

团体时间安排分为集中式团体和分散式团体。集中式团体是连续半天至三五天,集中开展团体活动。分散式团体一般是每周1~2次或2周一次,时间应相对固定,稳定的时间安排可以让成员和带领者更好安排其他事情,确保出勤率,也给团体更大的稳定感。

中学生学业负担重,学习时间安排比较满,团体辅导时间选择应充分考虑到学校的教学安排情况。一般来说,团体辅导要在一学期内完成,这样不会因为寒暑假而中断。最好安排在一学期的前期到中期,不宜安排在期末最后两周,最后两周学生面对紧张的考试复习,团体辅导容易出现效果不理想、成员脱失的情况。

## 七、团体活动场所

如果团体辅导过程中,如果能在安全、不受打扰的环境中进行,团体辅导的效果会更好。因此,团体活动的场地设置很重要。理想的团体活动场所应该满足以下几个条件。

功能性:场地的安排和布置,道具选择都应该配合团体的性质和目标来设计,如多媒体、音响、白板、纸笔、录像录音设备等。房间一般选择方形或近似方形,便于互动交流,避免长条形的房间。如果需要进行较大幅度的身体运动,则需要更宽大的场地。如果需要席地而坐的活动,则选择有地毯的场地。房间一般需要轻便可移动的椅子,方便成员交流;团体中间一般不放置桌子,以免影响成员移动和交流。

保密性:除特殊的团体外,一般的团体辅导都需要在室内进行,保护成员隐私;团体房间一般不选择底楼,以免被外面的人听到或看到;可选用半透明纱窗,透光不透明。做好保密性可以提高成员安全感和开放度。

舒适性:团体辅导场所应通风、房间温度、湿度、亮度适宜,布置简洁大方,椅子应轻便舒服,背景和色彩应舒适、温馨,使人情绪放松。

非干扰性:团体辅导时应该不受外界干扰,使成员能够集中精力投入团体。房间不宜在人流量大、吵闹的地方,如大楼入口,楼梯间旁,厕所旁。门窗可以正常关闭,非团体成员不得随意进入。靠过道的门窗应该是隔音、隔光的,不会被团体外的人看到团体内部情况。

如果没有理想的场地,办公室、会议室、教室等房间可以用时,可以带领成员一起动手挪动桌椅,空出场地来进行。团体成员一般围圈而坐,可以让所有参与者面对面互动。

## 八、团体设计的理论依据

团体方案如果没有理论支撑,团体辅导的活动和过程就可能是凌乱的、随意的,缺乏内在逻辑联系,团体难以取得预期效果。团体理论依据可以是某个心理咨询或团体心理咨询理论流派的理论,如合理情绪疗法、以人为中心疗法、精神分析疗法等设计而来;也可以是根据针对特定对象(或问题)的理论,如埃里克森的"自我同一性"理论对于中学生的自我认识团体设计就有指导意义;还可以参考已有的团体辅导方案,借鉴其理念、设计思路和活动,来完成自己的团体方案设计;还可以是与团体主题相关的研究成果,如对于初中生性生理发育和性心理现状调查数据,对中学生性心理健康辅导团体设计具有可以很好的指导意义。团体所依据的理论依据不同,团体的模式、介入处理的原则和操作步骤就不同。此外,团体辅导方案还须详细列出引用文献、参考资料、参考方案,等等。

## 九、团体流程设计

团体流程设计是团体具体活动方案的简要版,以表格形式概要呈现团体的单元名称、单元目标、单元活动。团体方案一般包括多次会面,少则三四次,多至十余次会面。各单元的主题设计、目标设计、活动设计,单元之间的内在逻辑联系,都需要在团体流程设计表里面呈现出来。

### (一)团体深度与团体发展阶段

前面我们谈到团体发展阶段包括创始阶段、过渡阶段、工作阶段、结束阶段,各阶段活动深度是不同的,呈倒"U"型曲线,见图 2-1,具体详见本章第一节"团体发展阶段"部分。

### (二)团体流程设计要有内在逻辑关系

团体设计是基于一定的理论基础开展的,单元活动应存在逻辑顺序。单元主题之间逻辑顺序有两类:第一类是"串联式",第二类是"递进并联式"。

#### 1."串联式"流程设计

"串联式"团体流程设计包括五个组成部分:创始—what—why—how—结束。创始阶段的目的是创建团体,一般可安排一到两次活动;结束阶段总结团体收获,处理离别情绪,一般安排一次活动,后面"单元活动设计"部分会详细阐述如何进行首次和最后一次团体活动设计。在"串联式"团体流程设计的过渡阶段和工作阶段,设置了"what—why—how"三个环节。"what"是指"我的困扰、问题是什么?"可以帮助成员认识和自己的困扰和问题是什么,为之后的团体辅导确定目标。"why"是指"我为什么有这个问题?"帮助成员厘清问题的成因。"how"是指"怎么解决这个问题?"帮助成员运用心理学的方法解决问题。其中,"what"和"why"是基础,根据团体总体次数,可以设计一到两次活动;"how"是团体辅导的核心和关键,可以设计多次团体活动。如某位老师的"中学生考试焦虑辅导团体方案"就是采用这种模式,见表 2-3。

表 2-3 "中学生考试焦虑辅导团体"流程表

| 阶段 | 单元 | 主题 | 目标 |
|------|------|------|------|
| 创始阶段 | 单元1 | 你和我 | 彼此认识接纳,了解团体目标 |
| 过渡阶段 | 单元2 | 体验焦虑 | **What**:认识焦虑是什么,焦虑的表现及对生活的影响 |
| | 单元3 | 焦虑的表现及后果 | |
| 工作阶段 | 单元4 | 焦虑归因 | **Why**:认识考试焦虑的原因 |
| | 单元5 | 不合理认知和我 | **How 1**:采用合理情绪了解处理考试焦虑 |
| | 单元6 | 合理认知和我 | |
| | 单元7 | 放松训练 | **How 2**:学会用放松技术处理考试焦虑 |
| 结束阶段 | 单元8 | 再见,焦虑 | 总结巩固团体收获,结束团体 |

2."递进并联式"流程设计

"递进并联式"流程设计包括几个组成部分:创始—目标 1—目标 2—目标 3……结束。"递进并联式"团体设计的创始和结束阶段与"串联式"设计类似,在此不赘述。"递进并联式"流程设计把团体总目标分解为多个相互并列、由浅入深、依次递进的多个子目标,在过渡阶段和工作阶段的每个单元达成一个子目标,这种团体设计方式更为常见。

某心理老师设计的"中学生生涯探索团体"就是采用"递进并联式",见表 2-4。

表2-4 "中学生生涯探索团体"流程表

| 阶段 | 单元 | 主题 | 目标 |
|---|---|---|---|
| 创始阶段 | 单元1 | 相见欢 | 引发参与兴趣,彼此认识接纳,了解团体目标 |
| | 单元2 | 爱的路上你和我 | 增加成员互动和信任,提升凝聚力 |
| 过渡阶段 工作阶段 | 单元3 | 魔镜 | 目标1:了解自己,肯定自我 |
| | 单元4 | 福尔摩斯 | 目标2:了解自己的兴趣及有兴趣的职业 |
| | 单元5 | 珍珠项链 | 目标3:了解自己的人格特质及适合自己特质的职业 |
| | 单元6 | 大拍卖 | 目标4:了解自己的价值观和重视的工作价值 |
| | 单元7 | 寻才启事 | 目标5:了解毕业可能的出路、社会需要的人才、求职方法 |
| 结束阶段 | 单元8 | 道路无限广 | 帮助成员整理团体所得,准备离开团体 |

在这个团体方案的过渡阶段和工作阶段,从自我认识、兴趣与职业、人格特质与职业、价值观与职业、职业选择五个方面进行设计,这些单元目标是并列的,但是由浅入深,依次递进,又具有内在逻辑联系。

## 十、单元活动设计

团体辅导的落实由单元活动来完成,单元活动设计相当于团体辅导的"操作手册",所以,单元活动设计直接影响到团体辅导的效果。

### (一)单元目标和活动目标

在前面关于团体目标部分我们已经谈到,团体目标是一个完整的目标体系,活动目标支撑单元目标,单元目标体现了具体目标,具体目标支撑整体目标。整体目标最终需要落实到一个个活动中来,通过一个个活动最终达成整体目标。单元目标不宜过多,多则惑,反而什么目标都无法达成。

(二)单元活动的结构

1. 热身活动

热身活动为团体开场打破僵局,促使成员进入团体,增强团体凝聚力,增进团体成员彼此互动,为团体开展暖身。例如,"大风吹小风吹""桃花朵朵开""五毛和一块"等都是很好的热身活动,也可以采用"天气预报"等形式让成员简要回顾过去一周发生的事情作为团体开场。热身活动可以每次更新,也可以固定采用某一个热身活动,固定活动有助于成员形成心理定式:开始这个热身,意味着进入团体了。例如,白羽、樊富珉设计的"网络伴我健康成长:大学生网络依赖团体辅导"团体,从第二次到最后一次活动的热身都采用"天气预报"。

热身活动切忌过长或过短,一般 15 到 20 分钟为宜。热身时间过长占用过多时间,本末倒置,不能很好地达成团体目标,成员也可能因为重复的热身活动感到倦怠;热身活动时间过短则达不到热身的效果,团体气氛沉闷,成员没做好进入团体的心理准备,后续活动的开放度不足,影响团体效果。

热身活动可以仅仅是为了团体热身,和团体主题没有任何关联,如某次团体活动主题是"认识我自己",热身活动可以选择"大风吹小风吹"等。但是,如果热身活动和团体主题有一定关联,能够带领成员自然过渡到主要活动,则是最佳的选择。例如,陶婧等人设计的"鸡蛋团:地震灾后青少年心理康复艺术治疗团体"第四次团体的主要活动是"我的自我画像"(在脸谱里面画)和"整合创作:我的世界",热身活动选择"四川特色的变脸"(引导成员回忆川剧变脸,大家看过川剧变脸吗?变脸有哪些意义?不同脸有什么差别?)这种热身活动的选择可以帮助成员自然进入主要活动。

2. 主要活动

主要活动是为了达成该次团体目标而设计的活动,是团体活动的重心,关系团体成败,尤其要认真设计。主要活动的设计要紧扣该单元的主题和目标,如单元团体的目标是"学会从他人视角反观自己",主要活动可以选择"他人眼中的我",而不是"自画像"。根据团体时间安排,主要活动可以设计一个,也可以多达三四个,这些活动之间应该有内在逻辑联系,都是围绕单元主题和目标进行设计,活动应该由浅入深;活动形式应该丰富多样,单一的活动形式容易导致倦怠感。例如,某次活动主题是"我眼中的我",如果设计"20个我是谁""我的盾牌"这两个活动,因为都是纸笔练习,组员容易感到单调乏味,如改为"20个我是谁"(纸笔练习)和"自画像"(绘画练习),则更能引发成员的参与兴趣。主要活动作为团体的主体,占用的时间相对较长,一般要占用团体一半以上的时间,活动设计时要评估该活动是否能达成该次团体的目标。

3. 结束活动

结束活动一般安排在团体结束前5～10分钟,成员分享心得和收获,领导者总结团体活动内容和经验,预告下次团体主题,安排家庭作业。结束活动一般是单独的活动形式,但有时候可以把主要活动的最后分享环节作为结束活动,如樊富珉教授"让我们扬帆起航:大学新生生涯规划团体辅导"方案,把第五单元的最后一个主要活动"价值观探索"(40分钟)的讨论环节作为结束活动,不再单独设置结束活动。不论是否专门设置结束活动,都要为结束预留5～10分钟的时间,整理本次团体收获,准备聚会结束。

(三)单元活动的深度

单元活动与团体发展阶段类似,活动深度呈现倒"U"型曲线,见图2-2。

我们以体育锻炼来类比单元团体活动。团体热身活动就像体育锻炼中的热身。体育锻炼开始之前,一般要进行几分钟到十几分钟的热身,拉伸筋骨,避免体育锻炼中受伤,时间短,强度低。因此,热身活动设计不宜太深,宜选择积极正面、简单易懂、充满趣味的活动,活跃气氛,帮助成员投入团体。

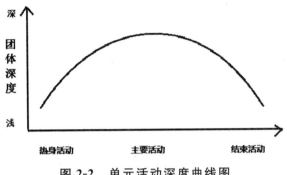

图 2-2 单元活动深度曲线图

团体的主要活动就像体育锻炼中的主要项目锻炼,占用时间最多,难度最大,需要投入的精力最多。主要活动是为了达成单元团体目标服务的,"任重道远",团体深度也最深,所占用时间最多。如果有多个主要活动,要遵循"由浅入深""循序渐进"的原则,同时照顾活动之间的内在逻辑性。

团体的结束活动就像体育锻炼中的休整活动,体育训练完之后肌肉处于兴奋状态,这个时候不宜马上坐下休息,应该做一些简单的放松练习,如慢跑、抖腿等,帮助身体恢复正常状态。团体结束活动也应该简单、轻松一些,不宜过深,可以回顾本次团体活动内容和成员的收获、体验,总结经验,帮助成员做好离开团体的准备。

(四)首次团体活动设计

俗话说"万事开头难",团体开始时,成员之间比较陌生,不知道接下来会发生什么,带着忐忑、怀疑和不确信走进团体,第一次团体的"首因效应"对成员接下来的投入度、出勤率都有重要的影响。因此,设计和带领好首次团体非常重要。首次团体一般选择正面、积极、轻松、自我暴露不太多的活动,让成员自然融入团体,建立良好的人际关系和对团体的积极期待。一般来说,首次团体

要达成的目标比较多,至少应包括四个方面:

(1)帮助成员了解团体以及带领者;

(2)帮助成员初步认识;

(3)建立团体契约;

(4)帮助成员建立信任感,建立团体凝聚力。

首次团体目标还可以包括:澄清成员对自己和团体的期待、初步探索团体主题等。

选择团体活动时应围绕团体目标,表2-5是刘晓玲和樊富珉教授设计的"快乐成长之家:初中生班级团体辅导"第一次团体设计。

表 2-5 首次团体活动设计

| 主题 | 目标 | 练习 |
|------|------|------|
| 有缘来相聚 | 成员相互认识熟悉,消除陌生感,建立团体凝聚力和信任感,阐明团体契约 | 1. 简单介绍活动目的和意义<br>2. 刮大风<br>3. 寻找我的快乐组合<br>4. 介绍和商定小组契约 |

(五)最后一次团体活动设计

团体结束阶段最常见的是放在团体最后一次活动,也可能是最后两次活动。和首次团体活动一样,最后一次团体活动也很重要,既要总结、巩固团体带给成员的收获,也要帮助成员面对团体结束后的生活。理想的状态是团体经过创始、过渡和工作阶段,达成团体目标和个人目标,成员准备好分离。不太理想的状态可能是部分成员的问题没有很好解决,在最后一次团体时呈现出来,这个时候可以进行一些支持性干预,不宜再进行深度探索,以免没有充足时间处理问题而造成伤害。

最后一次团体一般来说应设置以下目标。

(1)总结回顾团体历程、收获;

(2)处理离别情绪;

（3）展望团体结束后的生活。

最后一次团体的活动选择应围绕团体目标进行,检验团体目标达成情况。表2-6是刘晓玲和樊富珉教授设计的"快乐成长之家:初中生班级团体辅导"团体方案的最后一次团体活动设计。

表2-6  最后一次团体活动设计

| 主题 | 目标 | 练习 |
|------|------|------|
| 明天会更好 | 整理收获;<br>帮助成员自信乐观地面对未来;<br>结束团体 | 1. 写给自己的一封信<br>2. 合唱:相亲相爱一家人 |

## 十一、团体评估

团体评估是指通过不同的方法,搜集有关团体目标达成的程度、成员在团体内的表现、团体特征、成员对团体活动的满意程度等信息,帮助团体领导者及团体成员了解团体辅导的效果。

### （一）团体评估的目的

团体评估的目的有四个:一是通过评估来有效监控团体方案的执行状况,发现问题并及时修正;二是通过评估检验团体目标的达成状况,检验团体的效果;三是通过评估改进团体方案的设计和实施;四是通过评估协助团体领导者改进领导技能,提升专业水平。

### （二）团体评估的类型

团体辅导的评估可根据不同的标准分为不同类型。根据评估时间,可分为团体开始前、过程中、结束时评估及追踪评估;根据评估对象,可分为对团体领导者的评估和对团体成员的评估;根据评估方法,可分为主观评估和客观评估;根据评估的主体,可分为领导者自评、成员评估、观察员评估等。一个完整的评估至少应该包括团体计划评估、团体过程评估、团体效果评估。

1. 团体计划评估

团体计划是团体实施的"施工方案"，设计良好团体计划是团体成功的基础。团体目标是否清晰？团体流程的逻辑性是否清晰？单元目标能否支撑团体目标？单元活动能否达成单元目标？活动深度、衔接是否恰当？活动中可能出现哪些问题？有没有预防措施？成员招募筛选方法是否妥当？对团体计划各个方面进行充分的评估，有助于发现方案中的不足，完善团体方案。

2. 团体过程评估

对团体辅导过程进行评估称为团体过程评估，包括对团体的关系、气氛、计划执行、团体事件处理、团体结束是否妥当、单元目标达成情况等进行评估。Levy(1983)认为过程评估很重要，如果团体领导者做出任何不适当的措施，通过过程评估都可能得到重新思考或判断的机会，从而修正或改变计划、活动、领导方式等补救性措施才有可能。团体的过程与团体效果息息相关，要对团体的效果进行评估，只做前后测比较，很难找到团体有效或无效的原因，但如果将过程和结果一起评估分析，就可以获知更详细的因果关联，对团体的成效有更多的洞察。

3. 团体效果评估

团体效果评估是在团体结束时对团体的有效性的评估，是团体辅导结束时必须做的工作。团体效果评估可采用标准化测验，在团体前后进行施测，对数据进行统计分析来确定；也可以采用团体领导者设计的评估表，在团体结束时请成员填写，了解团体成员对团体的满意程度，个人目标达成情况等。

（三）团体评估的方法

团体评估的方法有很多，由于不同的团体评估的侧重点不同,选取的评估方法也会有区别。一般来说,常用的团体评估方法有三类。

### 1. 行为计量法

行为计量法是要求团体成员观察自己某些行为出现的次数并进行记录,或者请成员相互之间,或成员的老师、父母朋友等人观察记录成员的行为,以评估成员行为是否改善。例如,为脾气急躁的人开设的人际关系改善团体中,领导者可以设计一份行为观察表,让成员自己记录他们在团体外与人交往时发脾气的次数,然后进行评估。行为计量法也可以记录成员的情绪和思维,帮助成员学会自我监控。

### 2. 标准化心理测验

团体评估中,选用信度和效度都比较高的心理测验量表,可以真实而准确地反映团体成员行为和情绪的变化情况。选用心理测验应该与团体目标一致,如团体目标是降低中学生学习焦虑,可以选用《焦虑自评量表》,团体目标是促进中学生自我认同,提升自信心,可以选用《自尊量表》《自我和谐量表》。标准化心理测验一般要进行团体前后测,通过前后测数据比较了解团体效果。

### 3. 自编调查问卷

调查问卷是由团体领导者设计一系列有针对性的问题,让团体成员填写,搜集成员对团体咨询过程、内容、成员关系、团体氛围、团体目标的达成、领导者的态度及工作方式等方面的意见。问卷的问题可以是封闭式,也可以是开放式,或者二者结合的。自编调查问卷不及标准化心理测验严谨,但是可以让成员自由地发表他们的想法和感受,搜集到其他方法难以获得的第一手资料。表2-7是钟思嘉教授编制的团体辅导过程评估问卷,供学习者参考。

表 2-7　我的感想

| 第一单元 |
| --- |
| 1. 我觉得今天的活动 _____ |
| 2. 我觉得团体的气氛 _____ |
| 3. 我觉得团体的伙伴 _____ |
| 4. 我觉得团体指导者 _____ |
| 5. 我觉得我在团体中 _____ |
| 6. 我喜欢今天的 _____ |
| 7. 今天让我印象最深刻的一句话是 _____ |
| 因为 _____ |
| 8. 我对今天活动的建议是 _____ |
| 9. 今天,我的收获是:非常同意——5 分;同意——4 分;一般——3 分;不同意——2分;非常不同意——1 分。 |
| （　　）①认识我的伙伴 |
| （　　）②认识我们的团体 |
| （　　）③了解生涯的含义 |
| （　　）④了解影响一个人做决定的因素很多 |
| （　　）⑤_____ |
| 姓名_____　　　　　　日期_____ |

　　除了上述三种方法之外,还可以通过成员日记、自我报告、领导者的工作日志、观察记录等方法来评估团体的发展和效果。

## 十二、其他

　　团体辅导如果涉及经费预算、招募广告、成员筛选工具、团体契约书、团体评估工具、多媒体设备、录音录像及其他相关资料,都应该列入团体方案里面,以便提前准备。

**参考文献:**

樊富珉,何瑾. 团体心理辅导[M]. 上海:华东师范大学出版社,2010.

樊富珉. 团体心理咨询[M]. 北京:高等教育出版社,2005.

田国秀,谢莒莎. 团体心理游戏实用解析[M]. 北京:学苑出版社,2010.

# 第二篇　学习辅导

## 第三章　让心灵插上智慧的翅膀——中学生学习心理辅导团体

### 第一节　理论依据

班杜拉的社会认知理论认为,多数人的学习都发生在社会环境里,通过对他人的观察,人们获得知识、技能、规则、策略、信念和态度。最为典型的就是榜样效应,从榜样那里了解到某个行为的功能和适宜程度,以及了解到榜样行为的结果。如果个体对自己的能力有自信,同时对某个榜样的行为结果产生期待,他就会出现与榜样相同的行为。

布鲁纳的认知心理学理论认为,信息加工中陈述性知识的提取需要有意识的回忆,程序性知识的提取可以自动进行,不需要有意识的回忆。做到有效学习首先需要学生排除干扰,持续对任何有意义的学习维持较长时间的注意。其次是原有知识与新旧知识的联系与编码,在刚开始讲课时进行广泛性陈述,帮助学生在新知识和旧知识之间建立联系,促进学习迁移。最后学生必须对进入感觉登记的信息进行筛选,激活和提取与学习任务有关的原有知识。学生的学习策略与元认知水平是影响学习效率的重要条件。

基于以上理论指导,同时参考田文编著的《中小学心理健康教育活动设计与实施》中对中学生学习心理的辅导的设计,结合作者的教学经验和对学生们的接触,发现学生的学习问题主要表现在学习习惯、学习方法、规划时间、提升学习力方面,以此设计本团体辅导方案。

# 第二节　团体设计方案

## 一、团体名称

让心灵插上智慧的翅膀——中学生学习心理辅导团体

## 二、团体性质

本团体属于心理教育成长性、结构式、同质性团体,以提高初中生学习心理为主要目标,为该群体学习心理辅导提供建议和依据,每次团体活动都有明确的目标和方案设计,团体成员都是学习上存在一定问题的初中生。

## 三、团体目标

(一)总体目标

帮助学生学会学习,提升学习能力。

(二)具体目标

(1)培养学生良好的学习习惯;

(2)对学生进行学习策略和问题解决策略辅导,提升学生的学习技能并开发学生的创造力;

(3)通过时间管理的相关理论技术与方法的运用,使学生找到时间管理上存在的问题并学会自主规划学习时间;

(4)进行注意、观察、记忆方法以及思维品质等方面的训练与指导,促进学生智力发展和学习能力提高。

#### 四、团体成员招募甄选

团体成员由 8～12 名初级中学生组成。团体成员是由家长、班主任、任课教师观察发现的存在一定学习困扰的学生。

#### 五、团体领导者及训练背景

团体领导者接受过系统心理学专业训练,具备心理咨询和团体辅导的相关知识技能和经验,同时应具备一名教师的基本素养和扎实的专业素养。

#### 六、团体时间及次数

团体共六个单元,每周进行一单元,单次团体活动的时间为80 分钟。会面时间最好固定。

#### 七、团体场地

学校团体心理辅导室。若无团体心理辅导室,可用约 30 平方米左右安静、不易被打扰的房间或教室替代。

#### 八、团体效果评估

可采用成员自评、班主任和家长评价、考试成绩前后测对比方式进行效果评估。

#### 九、团体设计总方案

团体活动方案共有六个单元,方案概要见表 2-2。每个单元都有自己的分目标和活动内容,六次活动的分目标之间存在逻辑顺序,都为团体总目标服务。

# 第三节  团体实施

单元一:潜龙勿用——逐梦伊始

目标:形成团体,初步建立信任,确立团体契约,引发成员对团体的兴趣。

内容与操作:

| | |
|---|---|
| 目的:引入主题,说明团体组建的意义。<br>材料:可移动的椅子若干<br>时间:10分钟 | **1. 逐梦伊始**<br>在只有凳子的室内,全体成员围坐成一个圆圈,领导者对新团体的内容形式、持续时间以及整个团体的意义进行简单介绍。 |
| 目的:活跃氛围,成员初步了解彼此,消除陌生感。<br>时间:20分钟 | **2. 大风吹**<br>(1)将刚刚围成的圆圈向外扩为一个更大的圆圈,领导者讲解活动规则并扮演主持人做示范;<br>(2)站在中间发出口令"大风吹"后,全体成员齐声询问主持者"吹什么"?例如主持人说"吹穿黑裤子的人",等主持人话音刚落,穿黑裤子的成员要立即起立从椅子上起来去寻找其他空位坐下;此时不穿黑裤子的人只需要坐在椅子上不动就可以;<br>(3)成员没有坐到空位或者坐到的是本轮起身的位置将成为下一轮主持人,若是本轮主持人没有坐到位置将继续担任主持人;<br>(4)主持人说"吹所有人"时,在座的所有成员都要离开座位寻找新位置;<br>(5)一般而言,要尽量确保所有成员都要担当一次主持人,在每轮中尽量不要说重复的"吹什么";<br>(6)讲解演示完毕后进行活动。 |
| 目的:建立亲密感,增强团体凝聚力。<br>时间:15分钟 | **3. 名字接龙**<br>大家围成一圈,自我介绍,每人可以说自己名字并加一项内容,如爱好,第一个人说"我叫XXX,我喜欢打篮球",第二个人必须说,"我是坐在喜欢打篮球的XXX旁边的喜欢看电影的YYY",第三个人就必须说前面两个人的特性和名字了以此类推。这样一圈,名字就都记住了。 |

续表

| 目的： | 4. 共同的约定 |
|---|---|
| 1. 保证团体正常发挥功能，实现团队领导者与成员间的相互尊重和配合；<br>2. 建立团体成员需要共同遵守的契约和规范。<br>材料：A4 纸若干，大白纸 1 张(缩版参照附录 1)，黑色粗笔一支，签字笔若干，胶带一卷。<br>时间：25 分钟 | (1)领导者将 A4 纸发给大家，并带领成员进行头脑风暴，共同探讨团体规范；<br>(2)成员先将自己的建议写在 A4 纸上，讨论完后成将建议一条一条地告知领导者；<br>(3)所有成员全部赞成后，领导者将团体规范写在大白纸上；<br>(4)如有遗漏，领导者可在成员说完后在团体中提出，与全体团员商量后加上；<br>(5)团体契约建立后请每位成员在大白纸上签上自己的名字。完成后将团体契约书粘贴于活动室内最显眼处，全体起立，一齐大声宣读团体契约书上的内容。 |
| 目的：<br>1. 总结内容整理反馈；<br>2. 预告下次团辅内容，引起成员兴趣。<br>时间：10 分钟 | 5. 预告小翅膀<br>总结本次活动,告诉成员从下次团体辅导开始每人都会拥有一双小翅膀,且每次团体辅导后这双小翅膀都会长大一点点,到最后一次活动时大家都可以展翅飞翔。至于这双翅膀究竟长什么样子,敬请期待。提醒下次活动时间。 |

# 附录 1　团体契约书

　　我承诺全程参加学习心理团体辅导，我愿意以真诚、坦诚的心遵守下列要求：

　　对以上承诺我愿意接受团体中任何人的监督。

承诺人：

## 单元二:见龙在田——学习习惯
目标:提升学生自控力,激发学生学习动机。
内容与操作:

|  |  |
|------|-----------|
| 目的:<br>1. 使成员专心投入团体活动中来;<br>2. 巩固活动成果。帮助学生在新知识和旧知识之间建立联系,促进学习迁移。<br>时间:10分钟 | 1. 智慧小翅膀<br>翅膀一对分两只,一只是同学过去一周的学习生活感触和完成团体作业情况,另一只是团体领导者在开始讲课前的广泛性陈述。每次团体活动开始时,团体成员用5分钟分享过去一周的学习生活情况,以及对某些学习事件的感触。团体领导者用5分钟时间完成以下三个内容:<br>(1)对同学反馈进行回应;(2)对上次团体中涉及的理论核心用通俗精准的语言进行总结;(3)根据当天活动主题进行广泛性陈述,帮助学生在新知识和旧知识之间建立联系,促进学习迁移。<br>注:从单元二开始,每次活动开始时都有"智慧小翅膀"。 |
| 目的:引出主题。<br>时间:10分钟 | 2. 我们都是木头人<br>(1)报数分组,两两一组;<br>(2)游戏规则:两人齐声大喊"我们都是木头人,不能说话不能动"。语音刚落,比赛立即开始。两人对视对方的眼睛,不能眨眼,谁先眨眼谁就输;<br>(3)三局两胜,输的一方可以答应获胜的一方一个小要求,但不可过分,最好是能在团队中完成的要求。 |
| 目的:通过活动,学生提高自我控制的能力。<br>时间:25分钟 | 3. 我们都是木木木头人<br>(1)现在分为两大组,两组成员依次进行,一组不动时,另一组可以在不触碰对方身体的情况下用任何方式逗笑对方,直到将所有人逗笑为止;<br>(2)被定住的一方不只是不能笑,身体的其他部位也是不能动的。然后进行下一组,规则相同。最后看哪组坚持的时间最长则为获胜的一方;<br>(3)结束后小组内分享经验。 |

| | |
|---|---|
| 目的:通过活动,学生学会"空降学习法",激发学生的学习动机。<br>材料:将成员们正在学习的难度中等偏上的数学练习题打印在 A4 纸上,保证每人一份。<br>时间:30 分钟 | 4. 跳伞小能手<br>(1)领导者告诉学生现在要参加一个跳伞小能手的培训,经历过这个培训后每个人都将会成为跳伞小能手;<br>(2)给学生发放要着陆的地点,那就是学生正在学习的数学单元中一道难度较大的题目。学生可以自己独立完成,也可以自由组队完成。解答完成后就算是安全着陆;<br>(3)在这个过程中要求学生全力以赴把题目做出来,不必为没有打好基础而自卑;<br>(4)完成后在同学间进行分享,之后领导者明晰刚才的方法就是"空降学习法",并引导学生在今后的学习中使用。 |
| 目的:总结收获,培养学生的良好学习习惯。<br>时间:5 分钟 | 5. 总结<br>领导者小结良好的学习习惯,并鼓励成员在团体中和团体外的日常生活中养成这些习惯。 |

## 单元三:终日乾乾——学习方法

目标:

1. 通过对榜样的观察学习,了解到榜样行为的结果,期待出现与榜样相同的行为;

2. 学生通过对七加减二的组块记忆法来增强自身对材料的记忆效果。

内容与操作:

| | |
|---|---|
| 时间:10 分钟 | 1. 智慧小翅膀 |
| 目的:引出主题。<br>材料:PPT<br>时间:20 分钟 | 2. 大神你好!<br>(1)事先搜集这批成员都共同认可的他们学校里的一位榜样的事迹,并请到这位同学到现场来分享;<br>(2)收集到的资料做成 PPT,播放给同学们看。 |
| 目的:通过对榜样的观察学习,产生榜样行为结果期待,出现与榜样一致行为。<br>时间:约 30 分钟 | 3. 大神不遥! 可及!<br>(1)在同学对榜样十分感兴趣时,请他们的"大神"偶像分享自己的学习心得;(约 20 分钟)<br>(2)同学们说自己的一些想法。(约 10 分钟) |

续表

| 目的:学生通过对"七加减二"组块记忆法来提高自身对材料的记忆效果。<br>材料:选取课文中未学过且比较难背的两段要求背诵默写的现代文,打印在A4纸上,保证每人一份。<br>时间:约25分钟 | 4. 神奇的"七加减二"<br>(1)将成员分为3组,选出小组长;<br>(2)请大家用自己的方法背诵第一段材料,3分钟后到小组长处背诵,小组长也要背诵;<br>(3)领导者讲解示范组块记忆法;<br>(4)请大家用自己的组块记忆法背诵第二段材料,3分钟后到小组长处背诵,小组长也要背诵;<br>(5)分享:两种方法记忆效果有何不同?你学会了什么记忆诀窍? |
|---|---|
| 目的:巩固以上的学习方法,提高学生的学习技能。<br>时间:约5分钟 | 5. 留作业,结束<br>请成员用组块记忆法学习掌握接下来一周的学习内容。 |

## 单元四:或跃在渊——规划时间

目标:

1. 发现学习时间管理上存在的问题,解决学习时间规划问题;

2. 学习有效利用时间学习,练习集中注意力,提高学习效率。

内容与操作:

| 时间:10分钟 | 1. 智慧小翅膀 |
|---|---|
| 目的:发现学习时间管理上存在的问题。<br>材料:每人一张A4纸、一支签字笔。<br>时间:10分钟 | 2. "时间日记"<br>(1)团体成员用5分钟完成从当天早上起床到现在做过的事情的"时间日记",要包括所做事情的时间段和用时长短,自评做事效率。可边想边写,想不起或者是不能评估时间的可以留空;<br>(2)"时间日记"完成后,小组内用5分钟进行分享。考察自己的时间知觉,找出时间管理上存在的问题。 |

续表

| | |
|---|---|
| 目的:解决学习时间规划问题。<br>材料:每人一张 A4 纸、彩笔两盒(12 色即可)。<br>时间:15 分钟 | 3."心晴园地"<br>(1)随机分成两个组;<br>(2)准备好每人的"心晴园地":在 A4 纸上画出一个大大的圆,将圆两次对折,然后在最上面写上数字 24,在最下面写上 12,在圆左边写上 18,圆右边写上 6,接着依次将数字补齐,这些数字代表时间整点数;<br>(3)结合上一活动中的"时间日记"、课程表以及自己的学习小目标,将"心晴园地"进行区域划分。划分时注意要保证睡眠区域大小和位置的合理性,同时也要保证劳逸结合;<br>(4)用 5 分钟时间对园地中的学习区域进行进一步的加工。可小组讨论,如明确区域内的每个时段要用于某个科目的学习,要解决的问题,以及要达到的目标等。 |
| 目的:学习有效利用时间学习;练习集中注意力,提高学习效率。<br>材料:一个有关"番茄工作法"具体操作的视频;一个神秘信封(数学作业、一篇古文或者一篇英文课文)。<br>时间:35 分钟 | 4. 一起种番茄<br>(1)5 分钟时间学习番茄工作法的方法及注意事项,为体验独立种一个"番茄"做好准备;<br>(2)拿出神秘信封,例如信封内是一篇最近英语老师要求默写的课文;<br>(3)成员在"心晴园地"的学习区域中找到英语区,取出 25 分钟对当前的英语课文进行记忆;<br>(4)领导者进行计时,成员在此期间可以运用任何自己喜欢的记忆方式来完成对课文的记忆;<br>(5)计时完毕停止记忆。休息的 5 分钟在大组内就刚才的记忆情况、感受以及遇到的问题进行分享。 |
| 目的:巩固活动成果,增强成员信心。<br>时间: 10 分钟 | 5. 留作业,结束<br>(1)方法要领:①可适当减少番茄工作时间但不能少于 20 分钟;②一个番茄时间不能被划分,需全情投入学习;③每完成 4 个番茄后要有一个较长时间的休息 15~30 分钟,清空大脑;④完成一个番茄后要在作业清单上划掉一个相应的任务以此来增加自己的成就感。<br>(2)活动总结:使用番茄工作法不仅会增加做事的热情和决心,在心情烦躁或者身体健康不好的时候,运用这个方法可以高效的学习。<br>(3)家庭作业是根据"心晴园地"的区域划分,练习运用番茄工作法来高效学习。 |

## 单元五:飞龙在天——提升学习力

**目标:** 提升学生集中注意力的能力,提升学习效率。

**内容与目标:**

| 时间:10分钟 | 1. 智慧小翅膀 |
|---|---|
| 目的:引起注意,引出主题。<br>材料:卡片若干、彩色珠子若干、线1卷。<br>时间:10分钟 | 2. 我比你猜<br>(1)两人一组,领导者给每组中的一人出示一张卡片,另一人不能看到,然后看图的人描述卡片的内容,没看的人根据描述的内容猜词语;<br>(2)要求在描述的过程中用手比划,不能用言语表达;<br>(3)两轮结束后做简短分享。 |
| 目的:训练学生集中注意力的能力。<br>时间:25分钟 | 3. 两熊赛蜜<br>(1)从领导者右手边开始报数,所有成员都参与报数,并记住自己报的是奇数还是偶数;<br>(2)领导者开始讲"两熊赛蜜"的故事(附录2),其中"蜂蜜"和"蜜蜂"两个词会出现多次,听到"蜂蜜"时刚刚报奇数的同学站起来,听到"蜜蜂"时刚刚报偶数的同学站起来;<br>(3)出错或者反应慢者要接受惩罚。<br>15分钟完成,之后用10分钟在小组内分享。 |
| 目的:提升视觉注意力。<br>材料:每人一张追踪测验(附录3)。<br>时间:25分钟 | 4. 追踪测验<br>本测验是一个视力追踪测验(附录3)。要求你用眼睛从左侧开始追踪一条曲线,并将该线起始时的序号,用笔写到右侧曲线结束的方格内。请注意:<br>(1)必须用眼睛追踪,不用手指或笔尖辅助追踪,否则算错;<br>(2)图中的曲线一般都比较圆滑;<br>(3)每条曲线可能有上有下,但无中途停断的现象,都是起于左侧而结束于右侧;<br>(4)请先找A图各线,然后再找B图各线;<br>(5)分享经验。 |
| 目的:总结团体活动内容。<br>时间:10分钟 | 5. 总结<br>领导者梳理本次团体内容,进行总结,结束本次团体活动。 |

# 附录2 两熊赛蜜[①]

黑熊和棕熊喜食蜂蜜,都以养蜂为生。它们各有一个蜂箱,养着同样多的蜜蜂。有一天,它们决定比赛看谁的蜜蜂产的蜜多。

黑熊想,蜂蜜的产量取决于蜜蜂每天对花的"访问量"。于是它买来了一套昂贵的测量蜜蜂访问量的绩效管理系统。在它看来,蜜蜂所接触的花的数量就是其工作量。每过完一个季度,黑熊就公布每只蜜蜂的工作量;同时,黑熊还设立了奖项,奖励访问量最高的蜜蜂,而没有按照酿造蜂蜜数量进行奖励。

棕熊与黑熊想得不一样。它认为蜜蜂能产多少蜜,关键在于它们每天采回多少花蜜——花蜜越多,酿的蜂蜜也越多。于是它直截了当告诉众蜜蜂:它在和黑熊比赛看谁产的蜂蜜多。它也花了很多钱买了一套绩效管理系统,测量每只蜜蜂每天采回花蜜的数量和整个蜂箱每天酿出蜂蜜的数量,并把测量结果张榜公布。它也设立了一套奖励制度,重奖当月酿造蜂蜜最多的蜜蜂。如果一个月的蜜蜂产的蜂蜜总产量高于上个月,那么所有蜜蜂都受到不同程度的蜂蜜贡献奖。

一年过去了,两只熊查看比赛结果,黑熊的蜂蜜不及棕熊的一半。

黑熊的评估体系很精确,但它评估的绩效与最终的绩效并不直接相关。黑熊的蜜蜂为尽可能提高访问量,都不采太多的花蜜,也不关心酿造蜂蜜,因为采的花蜜越多,飞起来就越慢,每天的访问量就越少。另外,黑熊本来是为了让蜜蜂搜集更多的信息才让它们竞争,由于奖励范围太小,为搜集更多信息的竞争变成了相互封锁信息。

而棕熊的蜜蜂则不一样,因为它不限于奖励一只蜜蜂,为了酿造更多的蜂蜜,蜜蜂相互合作,嗅觉灵敏、飞得快的蜜蜂负责打探哪儿的花最多最好,然后回来告诉力气大的蜜蜂一齐到那儿去采集花蜜,剩下的蜜蜂负责贮存采集回的花蜜,将其酿成蜂蜜。虽然采集花蜜多的能得到最多的奖励,但其他蜜蜂也能捞到部分好处。

---

① 改自 https://wenku. baidu. com/view/a6734d1cff00bed5b9f31dab. html? rec_flag=default&sxts=1577616865712.

# 附录3    追踪测验

本测验是一个视力追踪测验。要求您用眼睛从左侧开始追踪一条曲线,并将该线起始时的序号,用笔写到右侧曲线结束的方格内。如下图:

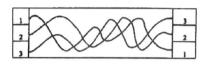

请注意:

1. 必须用眼睛追踪,不用手指或笔尖辅助追踪,否则算错;

2. 图中的曲线一般都比较圆滑;

3. 每条曲线可能有上有下,但无中途停断的现象,都是起于左侧而结束于右侧;

4. 请先找 A 图各线,然后再找 B 图各线;

5. 希望您能又快又准确地完成本测验,谢谢!

测验图形

现在开始1

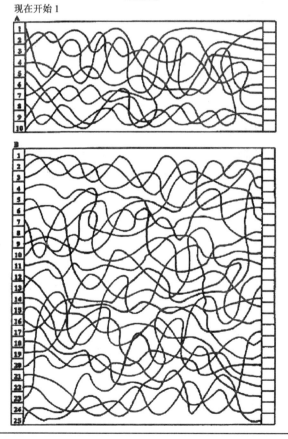

单元六:亢龙有悔——鹏程万里

目标:处理离别情绪,整理自己在团体中的收获,分享在团体活动过程中的成长,进一步激励自己。

内容与操作:

| 时间:10分钟 | 1. 智慧小翅膀 |
|---|---|
| 目的:回顾团体历程。<br>材料:整理、筛选活动中的照片,录制合适的音乐,按单元进行顺序完成PPT制作。<br>时间:15分钟 | 2. 经风历雨在成长<br>(1)放映并讲解PPT;<br>(2)若在播放期间同学有特别感触的地方,做停留,成员进行分享,领导者进行适当的引导。 |
| 目的:处理离别情绪,给予彼此祝福与鼓励。<br>材料:带有翅膀的彩纸,每人一份。<br>时间:40分钟 | 3. 插上翅膀去翱翔<br>(1)每位成员会拿到一张带有翅膀的彩纸,并在开头写上自己的昵称如"致XX",自己去邀请团体中每位成员为自己写一句祝福语或是建议;<br>(2)所有的成员都为彼此写完祝福语后回到座位上,观看自己的祝福。成员可以在大组或个别感触特别深的也可以私下交流;<br>(3)请邻近的同学将带有彼此祝福的彩纸用透明胶带贴在背上——插上智慧的翅膀。 |
| 目的:感谢和祝福。<br>时间:15分钟 | 4. 结束语<br>(1)对整个学习心理辅导团体辅导做简要总结,表达对所有成员积极投入和配合的感谢,祝福所有的训练成员能够更好地投入到学习生活中去;<br>(2)所有成员围在一起,将双手叠放在一起,对彼此表示真诚的感谢并大声喊出学习心理团体辅导的主题——让心灵插上智慧的翅膀,同时大家一起将手向上举。 |

**参考文献：**

田文．中小学心理健康教育活动设计与实施［M］．北京：清华大学出版社，2010．

樊富珉．结构式团体辅导与咨询应用实例［M］．北京：高等教育出版社，2015．

樊富珉，何瑾．团体心理辅导［M］．上海：华东师范大学出版社，2010．

# 第四章　让学习变得更美——中学生厌学心理辅导团体

## 第一节　理论依据

所谓厌学，是指学生对学习生活失去了兴趣，厌恶和排斥学习，产生厌倦的情绪，持有冷漠的态度等心理状态以及外在行为中的不良表现方式，在中学学校教育中是普遍存在的。

根据马斯洛需要层次理论，每个人除了生理需要与安全需要外，还有归属与爱、尊重和自我实现的需要；在教育方法上要善于激发学生的好奇心和求知欲，培养学生探究学习的能力，敢于提出问题、发现问题，培养发散思维，实现自我挑战，在学习和生活中不断获得成就感和满足感；作为中学生来讲，生活中的很多时间都是在学习，如果在学习中他们能够满足这些需要，自然就不会产生厌学心理了。

从行为主义的学习理论来说，如果某行为能够长久地持续下去，那么该行为一定受到了某种强化。面对学生的厌学情绪，在学习过程中教师应该正确地选择强化物。如果学生在学习中能够不断地得到鼓励或其他形式的强化，学生就会认为学习是一件快乐的事，就不会有厌学心理了。

根据班杜拉的社会学习理论中的自我强化，依赖于社会传递的结果，社会向个体传递某一行为标准，当个体的行为表现符合甚至超过这一标准时，他就会对自己的行为进行自我奖励。作为一个学生来说，他们需要不断地给自己加油鼓气，让自己在学习中努力前行，而通过给自己一定的奖励，可以促进他们对学习的热情，更加积极向上。

厌学作为一种心理状态，不是某一特定学生所具有的，而是每个学生在某种程度上共同具有的潜在的问题,所以我们对每一位学生都不可掉以轻心,时刻关注着学生的心理状况。

# 第二节　团体方案设计

## 一、团体名称

让学习变得更美——中学生厌学心理辅导团体

## 二、团体性质

同质性、封闭式、结构式的团体。

## 三、团体目标

(一)总目标

帮助学生减轻厌学心理,并激发学生的学习动机和学习热情。

(二)具体目标

(1)通过团体活动,帮助学生客观地认识和面对学习中的苦与乐;

(2)通过团体活动,帮助学生解决学习中遇到的认识上的误区,情绪上的困扰;

(3)通过团体活动,引导学生树立正确的学习观,更好地规划自己的未来。

## 四、成员及招募甄选

本团体适用于七到九年级学生,学生自愿报名,通过个别面谈或小组面谈,筛选厌学心理的学生十二人组成团体。

## 五、团体领导者

团体领导者应是专业的心理咨询师,受过专业的培训,掌握团体咨询的理论与应用,具有扎实的专业知识与娴熟的团体实操技能;具备良好的心理素质,对组员能够做到共情、尊重与真诚;具备良好的语言组织和表达能力;遵守专业伦理道德。

## 六、时间及次数

团体分为六个单元,每周进行一次,每次时间为 90 分钟。

## 七、活动场所

学校团体辅导功能室。

## 八、团体效果评估

采用华中师范大学王昀莉制定的《初中生厌学心理量表》,该量表共 49 个项目,分为社会成因厌学态度、家庭成因厌学态度、自身成因厌学态度、学校成因厌学态度、厌学动机、厌学情绪、厌学具体行为表现、厌学性格特征八个维度来进行前后施测,还包括学生之间的相互评估、学生自己的感觉评估、老师以及父母对学生前后进行的评估等(附录 1)。

## 九、团体设计总方案

团体活动方案共六单元(表 4-1),每单元都有具体的单元目标及其具体活动内容,各单元的具体目标都是围绕总目标而展开的。

表 4-1 中学生厌学心理团体辅导总方案

| 单元 | 目标 | 研讨与练习 |
|---|---|---|
| 一、学识相约 | 1. 领导者与成员相互熟悉,认识彼此;<br>2. 帮助成员了解团体的性质和目标;<br>3. 了解成员参加团体活动的愿望;<br>4. 领导者协助团体制订团体规范契约。 | 1. 介绍团体主题、目的<br>2. 松鼠搬家<br>3. 从我说起<br>4. 各言其愿<br>5. 团队建设<br>6. 领导者小结 |

续表

| 单元 | 目标 | 研讨与练习 |
|------|------|-----------|
| 二、学中之苦 | 1. 通过活动让成员更好的融入团体；<br>2. 通过分享自己在学校是一个怎样的人及学习习惯，促进成员间的共鸣；<br>3. 在活动中，初步认识到自己的学习烦恼，了解厌学情绪；<br>4. 通过活动，增强成员的信任感，相信自己，相信同伴，共同面对困难。 | 1. 突围闯关<br>2. 学校的我<br>3. 我的烦恼<br>4. 团体小结 |
| 三、追根求源 | 1. 探索学生在学习中存在好的和不好的情绪；<br>2. 分析归纳厌学的原因。 | 1. 大风吹<br>2. 忆美好校园<br>3. 小小烦恼情绪<br>4. "原"来是"你"<br>5. 团体小结 |
| 四、学之有法 | 1. 引导学生挖掘有兴趣的材料，激发学生学习兴趣；<br>2. 通过活动，让学生掌握解决厌学问题的方法；<br>3. 引导学生树立正确的学习观。 | 1. 解开千千结<br>2. 我是科代表<br>3. 头脑风暴<br>4. 团体小结 |
| 五、学而不厌 | 1. 通过活动让成员体验到成功的喜悦；<br>2. 通过活动帮助成员制作自己的学习计划，学会怎样更好地学习，并鼓励他们运用于学习生活中。 | 1. 群龙戏珠<br>2. 我的未来"我做主"<br>3. 甜甜圈<br>4. 一句话的总结<br>5. 领导者总结 |
| 六、未来可期 | 通过活动，让成员分享自己参加团体辅导的感受，成员之间相互祝福，结束团体活动。 | 1. 进化论<br>2. 忆往昔<br>3. 一路相随<br>4. 领导者总结 |

# 附录1 初中生厌学量表

亲爱的同学您好!

为了全面了解本校学生学习方面的具体情况,我们正在进行中学学生学习现状的调查研究。本问卷调查内容不涉及个人隐私,不涉及对个人的评价,填写问卷可能会花费您的一些时间、衷心感谢您的支持与合作! 每个问题后面都设有五个选项,请在对应的信息后打"√",每个问题只选一项。

| 题 目 | 完全符合 | 较符合 | 不好说 | 较不符合 | 完全不符合 |
|---|---|---|---|---|---|
| 1. 父母的期望太高,我压力太大而无心向学 | | | | | |
| 2. 我认为只有努力学习,提高自己的能力才能更好地立足社会 | | | | | |
| 3. 我常做在很紧张的考试之类的梦 | | | | | |
| 4. 我一直很看重各种奖励,有机会就去争取 | | | | | |
| 5. 我有记日记的习惯 | | | | | |
| 6. 校园发生的一切仿若在梦中,很遥远 | | | | | |
| 7. 即便到了考试前,我也不愿意看书,也看不进去书 | | | | | |
| 8. 每天的上课、学习让我有快崩溃的感觉 | | | | | |
| 9. 父母对我学习要求太严,这使我对学习更加反感 | | | | | |
| 10. 早上起床不得不面对学习时我感觉很累 | | | | | |
| 11. 我觉得只有做自己感兴趣的事情才有价值 | | | | | |
| 12. 很多时候我一边在网吧上网,一边因为没去上课而内疚 | | | | | |

续表

| 题　目 | 完全符合 | 较符合 | 不好说 | 较不符合 | 完全不符合 |
|---|---|---|---|---|---|
| 13. 我很羡慕别人听课津津有味的样子 | | | | | |
| 14. 绝大多数考试,我考满30分钟时间就走人 | | | | | |
| 15. 家人从来不对学习施压,我觉得学得很轻松 | | | | | |
| 16. 我就读的学校根本没有学习的氛围 | | | | | |
| 17. 在路上看见狗,我因为害怕而躲着它走 | | | | | |
| 18. 我萌生过好多次退学的想法 | | | | | |
| 19. 我经常一边听课一边兼顾其他的事情 | | | | | |
| 20. 我要不能去上课,肯定会请假 | | | | | |
| 21. 我从来不记日记 | | | | | |
| 22. 父母就只关心我的成绩从来不关心我的其他 | | | | | |
| 23. 我信奉"60万岁,61分浪费" | | | | | |
| 24. 我觉得打小我就不是块学习的料 | | | | | |
| 25. 一到期末,我会更加焦虑不安 | | | | | |
| 26. 课堂讲过的内容很多细节我都能有很深的印象 | | | | | |
| 27. 我读书更多的是为了报答父母,否则他们会失望 | | | | | |
| 28. 要是老师管严格点,我想我成绩会好点 | | | | | |
| 29. 家人从来不管我的学习,我学习好坏他们从来不过问 | | | | | |
| 30. 为了观看自己特别喜欢的球赛,我觉得逃课是值得的 | | | | | |
| 31. 我家有很好的社会关系,我今后的一切他们都已经安排好了 | | | | | |

| 题　目 | 完全符合 | 较符合 | 不好说 | 较不符合 | 完全不符合 |
|---|---|---|---|---|---|
| 32. 学习的事,我一般都会强迫自己去做好 | | | | | |
| 33. 我甚至都开始讨厌看到书本了 | | | | | |
| 34. 我把极少时间和精力放在学习上 | | | | | |
| 35. 家人在批评我时,老是拿我的学习与别人比较 | | | | | |
| 36. 其实我特想成绩好,就是管不了自己 | | | | | |
| 37. 老师只要一布置作业,我就不舒服 | | | | | |
| 38. 我从来不怕狗 | | | | | |
| 39. 考试一来,我就会挑灯夜战去努力过关 | | | | | |
| 40. 我有了学习困难或压力,会很自然地与家人沟通 | | | | | |
| 41. 一想到考试和学习我就心烦意乱 | | | | | |
| 42. 在教室我有时会有坐立不安的感觉 | | | | | |
| 43. 一到考场,我就会有想寻找机会作弊的冲动 | | | | | |
| 44. 我的作息时间很有规律 | | | | | |
| 45. 上课我觉得无聊,不上课更无聊 | | | | | |
| 46. 和同学的关系紧张,使我无法专心学习 | | | | | |
| 47. 我从来没有学习时间的安排计划 | | | | | |
| 48. 除非老师讲得很吸引人,否则我就开小差 | | | | | |
| 49. 上课时我没精神,下课精神就来了 | | | | | |

计分方法及解释：

（1）题项分布

| 因子 | 正向题 | 反向题 |
|---|---|---|
| F1 厌学态度家庭原因(a) | 1、9、22、29、31、35 | 40 |
| F2 厌学态度社会原因(b) | 23 | 2 |
| F3 厌学态度学校原因(d) | 16、28、48 | |
| F4 厌学态度自身原因(e) | 8、11、18、24、36、46 | 32 |
| F5 厌学情绪(c) | 3、6、10、12、25、33、37、41、42 | |
| F6 厌学动机(f) | 4、15、27 | |
| F7 厌学性格特征(g) | 14、43、45、47 | 44 |
| F8 厌学具体行为表现(h) | 7、13、19、30、34、49 | 20、26、39 |

（2）计分方式

采用 5 级计分法，正向题，即完全符合得"5 分"，较符合得"4 分"，不好说得"3 分"，较不符合得"2 分"，完全不符合得"1 分"；反向题项反向记分。按照陈雪松（2008）制定的厌学诊断标准，将量表得到的均分在 4 分及 4 分的学生判定为厌学者，均分越高表示厌学问题越严重。

（3）测谎题

2 组，每组为：正向题—反向题

测谎题：第一组：5～21  第二组：17～38

## 第三节　团体实施

单元一：学识相约

目的：

1. 领导者与成员相互熟悉，认识彼此；

2. 帮助成员了解团体的性质和目标；

3. 了解成员参加团体活动的愿望；

4. 制订团体规范契约。

内容与操作：

| | |
|---|---|
| 目的:让小组成员了解团体辅导的目的,调动组员积极性,为后面活动顺利进行提供条件。<br>时间:20分钟 | 1. 介绍团体主题、目的,说明团体的性质和目标。<br>2. 松鼠搬家<br>(1)3人一组,其中两人面对面,举高双手呈拱桥状,扮成树;另一人就蹲在拱桥下扮成松鼠,另外有一位主持;<br>(2)游戏中有三个指令,包括松鼠搬家,樵夫砍柴及森林大火。主持发号施令后,大家要按指令重新组合,主持人迅速抢占空位,未能够成组合则当输,成为下一轮主持;<br>(3)松鼠搬家:扮松鼠的人需要移到另一棵树;樵夫砍柴:扮树的人需要与另一人组成一棵新树;森林大火:所有玩家需要重新组成树和松鼠的组合。 |
| 目的:了解成员对自己加入团体的愿望,有何期待。<br>材料:A4纸。<br>时间:20分钟 | 3. 从我说起<br>(1)每位组员分配5颗折纸星星;<br>(2)组员各自去找不同的组员交谈,认识大家的背景资料,例如:姓名、兴趣、爱好等;<br>(3)谨记在交谈过程中每一句都要以"我"字开头,若一句没有以"我"开头(我的名字是……,我的兴趣爱好是……),便要让对方拿去1颗星星;<br>(4)主持人应提醒组员不要与一位组员交谈太久,要多与另一些组员交谈,2~3分钟后便要换人;<br>(5)游戏结束时,主持人找出哪个组员手上的糖果最少和最多,让他(她)谈谈自己的感受;<br>(6)分享:在刚才的游戏中,你一共记住了几个人的名字? 你采用了哪些方法来记住别人的名字?(或者你为什么没能记住别人的名字?) |
| 目的:加深组员互相认识,明确成员参加团体的目标。<br>材料:无。<br>时间:30分钟 | 4. 各言其愿<br>按顺时针的顺序让每个成员将下面的两个句子补充完整,以了解每位成员参加团体的动机和期望。<br>(1)我是_____,我喜欢_____<br>(1)我加入团体希望的是_____<br>(2)我希望我们的团体是_____ |

续表

| | |
|---|---|
| 目的:建立团体契约,增加组员的安全感。<br>时间:15分钟 | 5. 团队建设<br>(1)领导者说明制订团体契约的原因;<br>(2)团体成员共同讨论和制订团体规范;<br>(3)每个成员在《团体契约书》上签名以表示自己愿意遵守这些团体规范。 |
| 目的:通过活动,让成员分享自己参加团体辅导的感受,成员之间相互祝福,结束团体活动。<br>时间:5分钟 | 6. 领导者小结<br>领导者对本次团体活动进行总结,并以融洽的气氛结束团体辅导。 |

单元二:学中之苦

目的:

1. 通过活动让成员更好地融入团体;

2. 通过分享自己在学校是一个怎样的人及学习习惯,促进成员间的共鸣;

3. 初步认识到自己的学习烦恼,了解厌学情绪;

4. 增强成员的信任感,相信自己,相信同伴,共同面对困难。

内容与操作:

| | |
|---|---|
| 目的:活跃氛围,调动学生积极性,更好地融入活动。<br>时间:15分钟 | 1. 突围闯关<br>参与成员面朝里用手臂相勾形成包围圈,一位成员站在团体中间,作为突围者,突围者可以采用钻、跳、推、绕、拉、诱骗等任何想得到的方式,力求从圈子中突围出来,而构成包围圈的人尽力不让他出来,如果最后不能成功,可放弃。可以多人尝试突围者角色。 |
| 目的:通过分享自己在学校是一个怎样的人及学习习惯,促进成员间的共鸣。<br>时间:25分钟 | 2. 学校的我<br>各成员按顺时针方向依次介绍学校里的自己,包括:<br>(1)在同学眼中,我的性格是……<br>(2)在学校里面我喜欢做……不喜欢做……<br>(3)我喜欢哪科,不喜欢哪科,为什么?<br>说出自己在学校的一些感受…… |

| | |
|---|---|
| 目的:在活动中初步认识到自己学习的烦恼。<br>材料:A4 纸若干,笔若干。<br>时间:40 分钟 | 3. 我的烦恼<br>(1)领导者发给每位成员一张空白的 A4 纸,各成员用 5 分钟的时间写下自己在学习中遇到的烦恼;<br>(2)寻找相似烦恼的成员为一小组,小组成员分享自己的烦恼是什么;<br>(3)每组派代表发言,本小组成员的烦恼体现在哪些方面。 |
| 目的:回顾所学内容,加深认识,为今后运用这些知识做铺垫。<br>时间:10 分钟 | 4. 团体小结<br>总结成员的烦恼,预告下次团体内容。 |

## 单元三:追根求源

目的:

1. 探索成员在学习中的厌学情绪;

2. 分析归纳厌学的原因。

内容与操作:

| | |
|---|---|
| 目的:活动氛围,使组员更快地融入团体。<br>材料:椅子 12 把。<br>时间:15 分钟 | 1. 大风吹<br>所有人围成一个圆圈坐在椅子上,先由领导者站在圆圈中间说:"大风吹",成员问:"吹什么?",领导者说:"吹×××的人",那么所有×××的人就必须离开自己坐的位置,重新寻找新的位置,此时领导者趁机找位置坐下,没有找到位置的人将作为新一轮的发号施令者重新提问"大风吹",如此进行下去。 |
| 目的:使成员通过放松回忆自己美好校园生活,体验到快乐的情绪。<br>时间:20 分钟 | 2. 忆美好校园<br>首先制造一个安静放松的氛围,指导成员通过放松训练渐渐放松下来,然后引导成员回忆自己校园生活(回想一下我们的校园生活,一幕幕场景闪现在我们的眼前,如昙花一现……让我们记忆深刻,成为我们最美好的回忆,将是我们最想念的生活……)最后大家一起分享一下自己的美好回忆。 |

续表

| | |
|---|---|
| 目的:让成员体验到自己的厌学情绪,并表达出来。<br>活动材料:A4纸。<br>时间:20分钟 | 3. 小小烦恼情绪<br>首先回忆自己在学习中出现的烦恼情绪,它是什么原因导致的,当时发生了什么?然后用适当的词语或句子来描述下当时我们的心情是怎样的?最后我们把事件及相应的情绪简要地写出来,大家一起分享。 |
| 目的:分析归纳厌学的原因。<br>时间:25分钟 | 4."原"来是"你"<br>大家一起探讨厌学的原因有哪些?我们以后该怎样去改善自己的情绪。 |
| 目的:回顾所学内容,加深认识,今后运用这些知识做铺垫。<br>时间:10分钟 | 5. 团体小结<br>每个成员针对团体内容的所思所感,或是建议,进行轮流发言。 |

## 单元四:学之有法

目的:

1. 引导学生挖掘有兴趣的材料,激发学生学习兴趣;

2. 通过活动,让成员掌握解决厌学问题的方法。

内容与操作:

| | |
|---|---|
| 目的:活跃团体的氛围,让成员感受到成功的快乐。<br>时间:15分钟 | 1. 解开千千结<br>所有成员围成大圈,右手拉右边朋友的左手,左手拉左边朋友的右手(记住左右的同伴)。松开手,在圈内自由走动,领导者叫停,成员定格,位置不动,伸手牵自己先前拉的"左手"和"右手",从而形成许多结,见到对面的朋友微笑点头,不能松手,但可以钻、可以绕,队员间善于观察,共同想办法解决困难,恢复到起始的状态。 |
| 目的:引导学生挖掘有兴趣的材料,激发学生学习动机。<br>时间:30分钟 | 2. 我是科代表<br>(1)如果你可以选择,你会选择做哪一科的科代表<br>成员自由选择,相同选择的成员为一组;<br>(2)小组内讨论:如何去发掘有意义并让同学们感兴趣的学习材料?如何激发同学们对本课程的学习动机?<br>(3)每个小组派代表分享。 |

续表

| 目的:激发成员的想象,探讨各种解决厌学情绪的方法。<br>材料:A4 纸。<br>时间:35 分钟 | 3. 头脑风暴<br>通过报数的形式把成员分为奇数和偶数两个小组,在小组内进行讨论当我们在学习中遇到不良情绪时,我们该怎样去解决它,然后我们一起来看一下哪组的方法多、新、奇特且最具有实用性的,最后归纳总结这些方法,便于以后的使用。 |
|---|---|
| 目的:谈谈本次活动的感受。<br>时间:10 分钟 | 4. 团体小结<br>(1)各成员总结自己本次团体活动的收获;<br>(2)领导者做最后的总结。 |

单元五:学而不厌

目的:

1. 通过活动让学生体验到成功的喜悦;

2. 通过活动帮助成员制作自己的学习计划,学会怎样去更好地学习,激发学生学习动力。

内容与操作:

| 目的:热身,体会团队合作,并且在变化中如何调节策略,如何聚焦目标。<br>材料:每人一个气球。<br>时间:15 分钟 | 1. 群龙戏珠<br>成员分为二组,并且每人一个气球。领导者说一个气球,小组成员抛出一个气球,然后小组成员保证这个气球不落地,依次增加,看哪组气球没落地的多? |
|---|---|
| 目的:让成员在以后的学习中,制订一个计划表,能够更好地、计划地去学习。<br>材料:A4 纸、笔。<br>时间:30 分钟 | 2. 我的未来"我做主"<br>领导者发给各位成员一张 A4 纸,各成员需要在上面写下自己未来的计划,其中包括自己定的一个或者两个大的目标(注:大的目标不能太多了)和为实现大的目标时所需要的小目标(注:要具体可操作),最后一起来分享一下该怎样去实现这些目标。 |

续表

| 目的:通过给自己奖励,让自己对学习更加充满热情。<br>材料:A4 纸。<br>时间:25 分钟 | 3. 甜甜圈<br>根据刚刚为自己制定的计划表,想象一下当我们完成一个目标时,我们应该给自己怎样的奖励,鼓励自己不断前行,让自己更加有动力。给大家几分钟时间在刚刚的计划表后面根据不同难度的目标,给予自己不一样的奖励,然后我们在以后的学习生活中去实际应用。 |
| --- | --- |
| 目的:回顾过程,体验一下自己的感受,从而获得成长。<br>时间:15 分钟 | 4. 一句话的总结<br>成员用一句话来总结本次活动的感受以及有什么收获。 |
| 目的:带领成员回顾此次团体内容。<br>时间:5 分钟 | 5. 领导者总结<br>领导者针对上个环节中小组成员的回答,做一个言简意赅的总结。 |

单元六:未来可期

目的:通过活动,让成员分享自己参加团体辅导的感受,成员之间相互祝福,结束团体辅导。

内容与操作:

| 目的:活跃团体氛围,让成员们感受到成长的过程。<br>时间:15 分钟 | 1. 进化论:小鸡变凤凰<br>游戏开始时,所有人都是鸡蛋。两个人"剪刀、石头、布",赢了的那个变成小鸡,输了的仍是鸡蛋;小鸡去找另一只小鸡 PK,如果又赢了则变为大鸡,输了变回鸡蛋;大鸡再去找另一只大鸡,如果很幸运又赢了,就成为胜利的凤凰;凤凰可以不找人 PK,依旧做凤凰,但是有凤凰来挑战时,不允许回避,赢了的仍是风光无限的凤凰,输了的又变回大鸡,大鸡和大鸡又 PK,赢了的变凤凰,输了的变成小鸡;再输变成鸡蛋。周而复始。 |
| --- | --- |

续表

| | |
|---|---|
| 目的:回顾历程,分享自己在活动中的感受。<br>材料:A4纸、笔。<br>时间:40分钟 | 2. 忆往昔<br>在本次活动开始前播放一首轻缓的音乐,接着让团体成员坐成一个圈,然后采用轮圈发言的形式,请每位成员将下列句子补充完整。<br>(1)我印象最深刻的团体活动是……因为……<br>(2)我觉得在这个团体中最大的收获是……<br>(3)我感觉自己参加团体后发生了……的变化。<br>(4)我觉得团体可以改进的地方是……<br>领导者鼓励成员将团体中所学到的知识继续运用于学习生活中,使自己对学习充满热情。 |
| 目的:通过写祝福语,鼓励成员在以后的学习中更加积极、充满热情。<br>材料:A4纸、笔。<br>时间:30分钟 | 3. 一路相随<br>给每位成员发一张心形的祝福卡,每人在卡的上端写下"对×××的祝福",然后依次向右传,每位成员都写下自己对其他成员的祝福、鼓励或建议,写完后,每位成员仔细阅读他人写给自己的祝福,并对他人表示深深的感谢。 |
| 目的:结束团体。<br>时间:5分钟 | 4. 领导者总结<br>领导者对团体最后总结,结束团体。 |

**参考文献:**

张宇. 基于马斯洛需要层次理论的中学思想政治教育工作研究[J]. 课程教育研究,2018,(1).

余勇. 厌学情绪的归因分析与辅导策略[C]. 中国心理卫生协会青少年心理卫生专业委员会第九届全国学术年会,2005.

邱绪帅. 班杜拉社会学习理论在初中生德育中的应用[D]. 贵阳:贵州师范大学,2017.

王昀莉. 中学生厌学成因及其团体干预的实验研究[D]. 武汉:华中师范大学,2015.

# 第五章　我叫"不走神儿"——七年级注意力训练团体

## 第一节　理论依据

所谓注意,是指人的心理活动对一定对象的指向和集中。当人对某一事物高度注意时,他就对这一事物反应得更迅速、更清楚、更完美、更深刻,记忆更持久。

青少年时期是人类认知发展的黄金时期,他们的注意、记忆、观察及思维等认知能力都在急剧提高。注意是一切心理活动的开端,并伴随着其他心理过程的始终。初中学生的注意力集中不能持之以恒,具有间断性的特点。第一次集中注意力只能持续十几分钟后开始发散。第二次十分钟左右,依次递减。同时,初中生的学习兴趣、态度以及知识水平的差异都会影响注意力。

七年级学生刚刚进入少年期,身体形态发生显著变化,身体机能逐步健全,心理也相应地产生变化,但童年和少年两个阶段之间是逐渐过渡的。在认知方面,孩子刚进入中学,理性思维的发展还有限,身体发育、知识经验、心理品质方面依然保留着小学生的特点;在心理方面,新鲜感和紧张感共存,一方面,对新环境、新老师、新同学、新学科感到新鲜;另一方面,由于学科增多且复杂性增强,课时延长,考试次数增多以及教法和学法都与小学不同,使其感到紧张。在注意力方面,表现出三种特征:(1)种类的过渡:注意力分为无意注意、有意注意和有意后注意,中学生的注意力由以无意注意为主向以有意注意为主过渡,有意后注意是三种类型中最重要的;(2)内容的深化:影响中学生注意力的因素由表面外在的因素逐渐地深入为自身内在的因素,主要是由外在刺激物转变为内在的爱好和兴趣。他们对事物有自己的观点,对自己感兴趣和喜欢的东西注意力更集中一些,会深入地了解自己感兴趣的内容,而且持续注意的时间也在增加;(3)品质的改善:注意力的品质主要包括注意的广度、注意的分配、注意的转移和注意的稳定性,这些品质在初中阶段发展到了较高水平。

　　人体感官能产生许多感觉,如视觉、听觉、味觉、嗅觉、触觉、平衡感等,人是通过这些感官来感觉外部世界的。如果大脑无法正常且有效地处理感官传递的信息,就会出现一些感觉综合失调的症状,造成孩子学习与行为上的困难或障碍。进行感觉器官相关的心理行为矫正训练,不但能促进孩子大脑的发育,还能促进注意能力、记忆能力等方面的改善。研究表明注意力不仅是智力的基本因素,也对学习成绩有很大影响,注意力在智力活动中担任着重要角色,注意力的改善有助于学生学习成绩的提高,也是提高学习效率的保障。

　　注意力是智力因素中最根本的因素,注意力不仅对学生的学习,而且对他们人生都有着不可估量的价值。所以,值得付出精力去帮助七年级的学生提高他们的注意力。

## 第二节　团体方案设计

### 一、团体名称

我叫"不走神儿"——七年级注意力训练团体

### 二、团体性质

　　本团体属于心理教育成长性、结构式、同质性团体,每次团体活动都有明确的目标和方案设计。

### 三、团体目标

（一）总体目标

提升注意力品质,掌握注意力调节的技巧。

（二）具体目标

（1）使学生在活动中掌握提升注意力的方法和技巧；

（2）使学生在活动中提高注意品质。

## 四、团体成员及招募甄选

团体成员由 10～12 名七年级学生组成（男女各约 50%，主要是注意力无法集中 15～20 分钟、容易走神的学生）；团体成员可由家长、班主任、科任老师推荐，也可以自愿报名，通过面谈和"注意力测验"进行筛选。

## 五、团体领导者及训练背景

团体领导者一名，应为学校的专业心理健康教育老师，要求接受过专业的注意力提升能力培训。

## 六、团体时间及次数

团体一共八个单元，每个单元会面一次，每次团体活动时间为 80 分钟。

## 七、团体场地

学校的团体心理辅导室，进行辅导时周围无其他人员打扰，环境安静。

## 八、团体效果评估方法及工具

采用殷婵娟等人编制的"注意力测验"（附录 1）进行前后测。

## 九、团体设计总方案

团体活动方案共有八个单元，方案概要见表 5-1。

表 5-1　七年级学生注意力训练团体总方案

| 单元 | 目标 | 活动操作 |
|---|---|---|
| 一、初次见面 | 1. 小组成员相互认识并初步了解<br>2. 帮助成员了解团体的性质和目标，说一说对这次团辅的期望<br>3. 领导者协作团体制订团体规范契约 | 1. 团体介绍<br>2. 大风吹<br>3. 串名字<br>4. 介绍和商定团体契约<br>5. 目不转睛 |
| 二、视觉与注意力（一） | 1. 活跃团体氛围<br>2. 通过活动训练成员的视觉注意力 | 1. 全脑启动<br>2. 我们都是神枪手<br>3. 丛林寻宝<br>4. 看谁写的数字多<br>5. 迷宫 |
| 三、听觉与注意力 | 通过活动训练成员的听觉注意力 | 1. 预备式<br>2. 听故事（顺风耳）<br>3. 听到就拍手<br>4. 你听到漏掉的数字了吗？<br>5. 比一比谁的反应快 |
| 四、视觉与注意力（二） | 通过活动训练成员的视觉注意力 | 1. 全脑启动<br>2. 舒尔特方格<br>3. 舒尔特图表变式<br>4. 找找错别字<br>5. 划消实验 |
| 五、身体协调与注意力 | 通过活动训练成员身体协调能力，提升注意力 | 1. 预备式<br>2. 手指互换<br>3. 五官指认<br>4. 闭目单脚直立 |
| 六、记忆与注意力 | 通过活动训练成员记忆力，提升注意力 | 1. 全脑启动<br>2. 恢复原样<br>3. 记一记这段话<br>4. 速记数字 |
| 七、抗干扰训练 | 通过活动训练成员的抗干扰能力和注意力 | 1. 预备式<br>2. 我不怕干扰<br>3. stroop 彩色字<br>4. 串珠子 |

续表

| 单元 | 目标 | 活动操作 |
|------|------|----------|
| 八、回首往昔 | 回顾前几个单元的活动,总结收获 | 1. 松鼠搬家<br>2. 回顾<br>3. 总结<br>4. 送祝福 |

# 附录1　注意力测验

测验前请填写下一行的情况,在符合您实际感觉的序号上画"√"

我现在的状态:很好　较好　一般　较差　很差

### 测验一

姓名:　　　　　性别:

说明:这是一个简单的测验,主要测量您从很多相似的图形中找到某些制定图形的能力。本测验的图形是由两个大小不同,都有缺口的圆环组成的。由于圆环的缺口方向不同,就组成很多相似但又不同的图形。

本测验要完成的任务是从很多相似的图形中找出其中指定的两种图形来。

### 测验一图形

从以下图中找出图形 和

**测验二**

说明:本测验要求从画有不同数目源泉的小方格内找出 4 个圆圈小方格,找到后请在该方格上画"√"。

请注意:1. 小方格内有 4 个小圆圈,不管圆圈的排列方式如何,都属于要找的小方格;2. 从测验的第一行开始自左至右依次寻找,查完一行再查下一行,直至全部查完;3. 如果有错画"√"的地方,请不要改正,继续往下找。

**测验二图形**

希望您能又快又准确地完成本测验,谢谢!

如果还有不明白的地方,请向主持人提出,保证完全明白测验的要求,没有听到"开始"请勿翻页!

续表

---

测验三

说明:本测验是一个视力追踪测验。要求您用眼睛从左侧开始追踪一条曲线,并将该线起始时的序号,用笔写到右侧曲线结束的方格内,如下图。

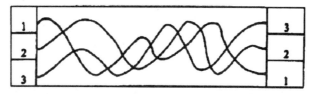

请注意:

1. 必须用眼睛追踪,不用手指或笔尖辅助追踪,否则算错;

2. 图中的曲线一般都比较圆滑;

3. 每条曲线可能有上有下,但无中途停断的现象,都是起于左侧而结束于右侧;

4. 请先找 A 图各线,然后再找 B 图各线;

5. 希望您能又快又准确地完成本测验,谢谢!

如还有不明白的地方,请向主持人提出,保证完全明白测验的要求,没有听到"开始"请勿翻页!

### 测验三图形

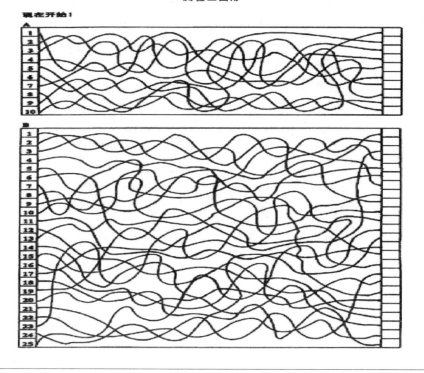

---

**测验四**

说明:本测验主要测量您的加减运算能力。请按下面的示范,交替进行一加一减运算,并将结果写在两个数中间,如下图。

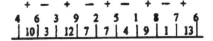

请注意:

1. 每行从左至右按先加后减的次序进行。

2. 希望您能又快又准确地完成本测验,谢谢!

3. 如还有不明白的地方,请向主持人提出,保证完全明白测验的要求,没有听到"开始"请勿翻页!

**测验四图形**

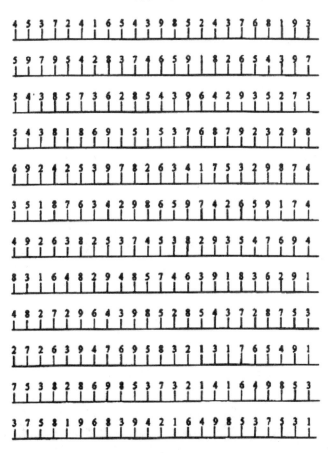

# 第三节　团体实施

单元一:初次见面

目标:

1. 了解团体的性质、目的;

2. 成员之间初步认识及了解;

3. 了解成员参加团体的原因及期待;

4. 制订团体规则。

内容与操作:

| | |
|---|---|
| 目的:1. 让团体成员了解团体的性质、意义及目的;<br>2. 活跃团体气氛。<br>材料:无。<br>用时:15分钟 | 1. 领导者介绍团体的性质及目的;<br>2. 大风吹<br>(1)成员围圈而坐,主持人立于中央,没有位置。<br>(2)主持人开始说:"大风吹呀大风吹!"大家问:"吹什么?"主持人说:"吹戴表的人。"(每次吹一个特征,尽量不重复。)<br>(3)凡是戴表的人,均要移动,另换位置,主持人抢到一位置,使得一人没有位置成为新主持人。 |
| 目的:促进成员之间相互认识。<br>材料:个人信息卡,小红花。<br>时间:20分钟 | 3. 串名字<br>任意提名一位队员自我介绍,第二名队员轮流介绍,但是要说:我是×××旁边的×××,第三名队员说:我是×××旁边的×××,依次下去……,直到每一位队员都说完自己是×××旁边的×××。 |
| 目的:规范团体,避免突发情况;增加团体成员的安全感,为成员提供安全和谐的环境。<br>材料:8k纸。<br>时间:20分钟 | 4. 团体契约<br>(1)领导者说明制定规则的原因;<br>(2)制订团体基本规则,如,尊重团体中的每一位成员,做到鼓励成员发言并耐心倾听成员发言;团体辅导的内容做到保密;等等。<br>(3)根据上一环节成员的自述以及团体的性质,领导者与成员共同讨论适合的本团体的规则;<br>(4)成员表示自己愿意遵守团体规则后在《团体契约》上签字。 |

| | |
|---|---|
| 目的:训练孩子视觉注意的稳定性。<br>材料:盯点图片(A4纸中心一个圆点)、秒表。<br>时间:25分钟 | 5. 目不转睛<br>发给每个学生一张盯点图片。<br>(1)保持正确的坐姿,坐正坐直,头部平视;<br>(2)两手持图,放到距离眼睛40cm左右的正前方,图和自己的面部基本平行;<br>(3)始终保持深呼吸;<br>(4)不要眨眼;<br>(5)维持1分钟。好,休息一下。怎么样?有什么感觉?(和学生交流1分钟)<br>好,再来试一下,看你能不能坚持更长的时间。(领导者计时2分30秒)<br>同样的方法可以多练几次。每次时间递增,鼓励学生不断超越自己。 |

## 单元二:视觉与注意力(一)

目标:通过活动训练成员的视觉注意力。

内容与操作:

| | |
|---|---|
| 目的:通过发声带动脑腔共振,最大限度做好大脑机能准备。<br>材料:无。<br>用时:15分钟 | 1. 全脑启动<br>(1)准备动作:双脚分开,与肩同宽站立。双手食指放到大概耳根和嘴角中间的位置,打开嘴巴,感觉一下牙根的张合。好,现在张开嘴巴,尽量打开上下牙齿的牙根部位,到差不多能够放下食指的开度。用食指戳一下试试;<br>(2)第一个音:保持准备动作,牙根处尽量保持打开的状态,用力吸气至腹部,然后快速并且用力将气息向外推,同时带动声带发出"嗡"的声音,感觉头顶的震动。带领学生做至少十遍发音练习;<br>(3)第二个音:恢复准备动作,张开嘴巴,保持牙根处打开,用力吸气至腹部,然后快速并且用力将气息向外推,同时带动喉部发出"啊"的声音,感觉喉部的震动。带领学生做至少十遍发音练习;<br>(4)第三个音:恢复准备动作,张开嘴巴,保持牙根处打开,用力吸气至腹部,然后快速并且用力将气息向外推,同时带动声带发出"呼"的声音,感觉胸腔的震动。带领学生做至少十遍发音练习。 |

续表

| | |
|---|---|
| 目的:锻炼成员的视觉分辨能力。<br>材料:印有图案的 4k 纸(附录 2)<br>12 张。<br>时间:10 分钟 | 2. 我们都是神枪手<br>每人一张附录 2 图,成员围圈而坐,在规定的时间内找出特定图案的个数。 |
| 目的:锻炼成员的视觉分辨能力。<br>材料:印有图案的 4k 纸(附录 3)<br>12 张。<br>时间:20 分钟 | 3. 丛林寻宝<br>成员围圈而坐,在两分钟内找出一组里面不同的数字、字母或文字,将其个数记下来。 |
| 目的:锻炼成员的视觉集中能力<br>材料:A4 纸 12 张。<br>时间:15 分钟 | 4. 看谁写的数字多<br>发给每位同学 A4 纸一张,要求学生一口气写完 1~200 个数字。写完之后,相邻的两个同学交换检查,每查出一处错漏,检查者获得一个星球杯;如果没有查出错漏,被检查的同学可以获得两个星球杯。 |
| 目的:锻炼成员的视觉集中能力。<br>材料:迷宫(附录 4)。<br>时间:20 分钟 | 5. 迷宫<br>(1)不限时间看谁先找到出口;<br>(2)两人一组合作,看哪个小组先找到出口;<br>(3)分享团体收获。 |

# 附录 2

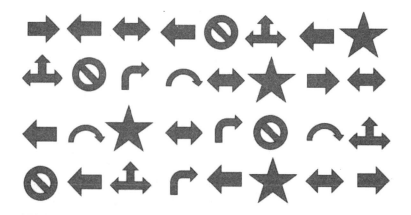

## 附录3

二三二二二三二二二二三二三二二三三二二二二二三二二二三二二二三二三
勺勺勺勺勺勺句勺勺句勺勺勺勺勺勺句勺勺勺勺句勺勺勺句勺勺勺句
哈哈哈哈哈哈哈恰恰哈哈哈恰恰恰哈哈哈恰哈哈哈哈哈恰哈哈哈
玉王王王王王王王王王王王玉王王玉王王王玉玉王王王王王玉王王
看看看看看看着看看看看看着看看看看看看看看着看看看看看着看着看看
白百白白白百白白白白白百白白白白白百白白白白白百百白白
清清清清清晴清清清清清清晴清清晴晴清清清清清清晴清晴清清晴清清
江江江江江江江江江江江江江江江江江江江江江江江江江江江江
田田田田田目田田田目田目田田田田田田田目目目田田目田田田田目
呢呢呢呢妮呢呢呢呢呢呢妮呢呢呢呢妮呢呢呢呢呢妮妮呢呢妮呢呢呢呢呢

## 附录4　迷宫

单元三:听觉与注意力
目标:通过活动训练成员的听觉注意力。
内容与操作:

| | |
|---|---|
| 目的:活动大脑和身体。<br>材料:无。<br>时间:15分钟 | 1. 预备式<br>(1)脑开关——接通左右脑。<br>脑开关是指两只手分别按摩锁骨下方的固定点,这个地方是中医足少阴肾经上的俞府穴。<br>怎么找这个地方呢?首先用一只手的拇指和食指找到两个锁骨的头儿,然后两指向两侧按摩,就会发现锁骨和第一根肋骨之间有个凹陷部位,这个地方就是我们要按摩的脑开关部位。<br>找到后,将一只手放在肚脐上,手掌盖住肚脐,用另一只手的拇指和中指分别放在脑开关部位上,然后轻轻地按摩,大概30秒左右,双手互换!<br>为什么要按摩这个位置呢?因为这个位置里面是我们从心脏往脑输送血液的两条主动脉。这种刺激可以增加身体向大脑的血液供应,而且还可以增加身体各个部分向大脑的信息交流,同时增进大脑的左右两个部分之间的信息传递。<br>(2)交叉爬行——开启学习主动性。<br>原地站好,伸右手的同时抬左腿,右手碰到左腿膝盖,然后恢复站立,再伸左手拍右腿,左手碰到右腿膝盖,然后恢复站立,好像在做原地踏步的动作。这个简单的动作可以让我们增强身体的协调性,更重要的是让我们大脑的左右半球可以协同工作,建立很多新的用于左右脑半球信息沟通的神经连接。<br>(3)挂钩——振作学习状态。<br>双脚脚踝交叉,然后平伸双臂,将手心相对(此时双手拇指朝上),然后翻转双手,让手背相对(此时拇指朝下),接着交叉双臂(根据个人习惯左臂在上或者右臂在上,没有要求),将双手十指交叉握拳(两只手十指交叉握成一个拳),将握好的拳向下,向身体这边翻转过来,将拳头翻到胸前。保持会儿。 |

续表

| | |
|---|---|
| 目的:训练听觉分辨力。<br>材料:两个童子的小故事(附录5)。<br>时间:20分钟 | **2. 听故事**<br>听老师读故事,将故事中出现的特定词语出现的次数记下来。 |
| 目的:训练听觉分辨力、快速反应能力以及感官协调能力。<br>材料:词语卡(附录6)。<br>时间:15分钟 | **3. 听到就拍手**<br>(1)我们来玩一个"听到就拍手"的游戏。仔细听我念词语,当听到的词语是动物的时候请拍一下手;当听到的词语是植物的时候请拍两下手;听到其他词语不做任何动作。看你能不能听准确且拍准确。<br>(2)适应性练习。领导者匀速念下列词语:老虎、铺子、电话、公鸡、葡萄、台灯……指导学生正确反应。<br>(3)游戏开始:<br>第一轮:领导者匀速念以下词语1。<br>第二轮:领导者快速念以下词语2。<br>第三轮:领导者再加快速度念以下词语3。 |
| 目的:锻炼听觉注意力和快速反应能力。<br>材料:数字表(附录7)。<br>时间:10分钟 | **4. 你听到漏掉的数字了吗?**<br>(1)带领者读出数字表。<br>(2)让成员把注意力集中在你的声音上然后指出你漏数的数。 |
| 目的:锻炼听觉注意力和快速反应能力。<br>材料:无。<br>时间:20分钟 | **5. 比一比谁的反应快**<br>(1)让成员站好,领导者说规则,要求成员按照指令做出相应的动作,反应越快越好。指认脸部器官,领导者报出哪个部位的名字,成员的手就指在相应的位置上。<br>(2)报数。在数字1～10以内领导者随意报数,让成员做出相应的反应。如"3",成员就伸出3根手指。同样反复几遍,让成员熟悉这种模式。<br>(3)方向指认。上下左右前后六个方向,若领导者说"左"就向左跨一步。上下依旧用手指指认。<br>在熟悉上面几种表现方式后,训练者可以将所有方法结合起来,要求成员做出相应的反应。节奏先慢后快。 |

# 附录5 两个童子的故事

两个童子商量,先把唐僧留住,师傅回来也好说一些,于是童子回到房中,假说果子一个也没有少,是自己刚才数错了,请唐僧他们原谅。接着,两个童子给唐僧师徒们准备了很多饭菜,趁他们吃饭时,关上门,又用一把大铜锁,把门锁上。孙悟空早就知道了两个童子的计谋,等到夜深人静的时候,用开锁法术,将一道道紧锁的大门都打开,拔毫毛变成两个瞌睡虫,扔在童子脸上,两童子便呼噜噜地睡着了。唐僧师徒四人这才趁着黑夜逃出来,向西天赶路去了。天亮时镇元子回到五庄观,发现两个童子被人施了法术,躺在那里睡大觉,连忙运用神功把他们叫醒。二童子一见师傅回来了,便急忙跪下,请师傅原谅他们,并把唐僧师徒偷吃仙果,毁坏仙树的事情告诉了师傅。镇元子想这一定是孙悟空干的,便去找孙悟空讲理。镇元子驾着云,眨眼工夫就追上唐僧师徒,让他们赔树。孙悟空看见情况不妙,拿出金箍棒就打。镇元子是地仙老祖,法力无穷,不像童子那样没用,他轻轻一闪,躲过棒子,将袍袖一张,把唐僧师徒连人带马一起吸了进去,就算孙悟空本事再大,也没法出来。大仙回到五庄观,叫童子们把唐僧师徒一个个绑在正殿的柱子上,要先打唐僧。悟空担心师傅可能受不住打,就要求先打自己。大仙见悟空倒还有些孝心,让童子打他三十一鞭……

# 附录6 词语卡

(1)南瓜、黄瓜、冬瓜、丝瓜、苦瓜、蛇瓜、佛手瓜、冬瓜、甜瓜、茭白、莲藕、竹笋、白萝卜、菜豆、豇豆、刀豆、豌豆、蚕豆、毛豆、番茄、辣椒、茄子、甜玉米、菱角、秋葵、冬瓜、甜瓜、茭白、莲藕、竹笋、白萝卜

(2)老虎 铺子 电话 公鸡 葡萄 台灯 南瓜 桌子 板凳 窗台 本子 地板 花盆 口袋 竹笋 老鹰 麻雀 鸽子 巴哥 茄子 盖子 灯光 管道 阳光 石头 楼梯 蜥蜴 壁虎 鳄鱼 老鹰 麻雀 鸽子 巴哥 老鼠 鲤鱼 草鱼 鲨鱼

(3)狗 猫 鸡 鸭 鹅 兔 狗 猫 蛇 龟 鳖 虎 狗 狼 鼠 鹿 狗 貂 猴

(4)麻雀 鸽子 玉米 巴哥 茄子 盖子 灯光 管道 阳光 石头 楼梯 手机 电脑 话筒 歌曲 成语 词语 玉米 事业 业主 荷花 课本 铅笔 单词 语文 数学 学习 写字 手工 彩色 画画

(5)桌子 板凳 窗台 本子 地板 花盆 麻雀 豇豆 刀豆 豌豆 蚕豆 毛豆 番茄 辣椒 茄子 鸽子 铺子 电话 话筒 歌曲 成语 词语 鳄鱼 刀豆 豌豆 蚕豆 毛豆 番茄

# 附录7　数字表

1 2 4 5 6 7 8 9 10 11 12 13 14 15 16 18 19 20 21 22 23 24 25
1 2 3 4 5 6 8 9 10 11 12 13 14 16 17 18 19 20 21
6 7 8 9 10 11 12 13 14 15 16 18 19 20 22 23 24 25 26 27
15 16 17 18 19 21 22 23 24 25 26 27 28 30 31 32 33 34 35 36
3 4 5 6 7 8 9 10 12 13 14 15 16 17 18 19 20 22 23 24 25

单元四：视觉与注意力(二)

目标：通过活动训练成员的视觉注意力。

内容与操作：

| | |
|---|---|
| 目的：通过发声带动脑腔共振，最大限度做好大脑机能准备。<br>材料：无。<br>用时：15分钟 | 1. 全脑启动<br>见单元二。 |
| 目的：训练成员视觉注意力。<br>材料：舒特尔方格12张(附录8)。<br>时间：20分钟 | 2. 舒尔特方格<br>让成员从数字排列不规则的几个表格中按照从小到大的顺序找出1~25来，用铅笔将数字连接起来。 |
| 目的：训练视觉注意力。<br>材料：舒尔特图表变式表12张(附录9)。<br>时间：5分钟 | 3. 舒尔特图表变式<br>按照顺序，快速地将数字1~25挨个指认并读出来。 |
| 目的：训练视觉注意力。<br>材料：错别字表12张(附录10)。<br>时间：20分钟 | 4. 找找错别字<br>两两一组，让成员找出错别字并划出。时间最短的组获胜。 |
| 目的：锻炼注意力和快速反应能力。<br>材料：划消实验表12张(附录11)。<br>时间：20分钟 | 5. 划消实验<br>出示图案，让成员划掉指定图形，时间最短的获胜。 |

# 附录8 舒特尔方格

| 24 | 10 | 13 | 21 | 14 |
|----|----|----|----|----|
| 20 | 17 | 12 | 19 | 2 |
| 5 | 3 | 15 | 8 | 1 |
| 9 | 6 | 16 | 7 | 18 |
| 25 | 22 | 4 | 11 | 23 |

| 24 | 15 | 20 | 16 | 8 |
|----|----|----|----|----|
| 4 | 12 | 23 | 25 | 11 |
| 7 | 3 | 9 | 1 | 2 |
| 13 | 5 | 10 | 14 | 17 |
| 6 | 21 | 19 | 22 | 18 |

| 20 | 1 | 18 | 6 | 5 |
|----|----|----|----|----|
| 23 | 25 | 19 | 7 | 24 |
| 3 | 12 | 8 | 15 | 16 |
| 11 | 21 | 10 | 9 | 2 |
| 17 | 4 | 14 | 22 | 13 |

| 13 | 20 | 3 | 14 | 11 |
|----|----|----|----|----|
| 24 | 18 | 1 | 22 | 21 |
| 2 | 7 | 10 | 8 | 19 |
| 16 | 12 | 4 | 17 | 15 |
| 9 | 25 | 6 | 5 | 23 |

| 22 | 16 | 8 | 23 | 7 |
|----|----|----|----|----|
| 10 | 24 | 13 | 15 | 20 |
| 9 | 5 | 21 | 3 | 17 |
| 6 | 2 | 18 | 12 | 19 |
| 25 | 11 | 4 | 1 | 14 |

| 21 | 22 | 7 | 2 | 10 |
|----|----|----|----|----|
| 8 | 14 | 3 | 6 | 11 |
| 5 | 23 | 1 | 15 | 17 |
| 12 | 16 | 9 | 13 | 20 |
| 19 | 4 | 18 | 24 | 25 |

| 10 | 9 | 1 | 3 | 19 |
|----|----|----|----|----|
| 22 | 5 | 2 | 16 | 13 |
| 21 | 6 | 18 | 14 | 4 |
| 23 | 17 | 15 | 11 | 7 |
| 12 | 24 | 20 | 8 | 25 |

| 14 | 19 | 11 | 18 | 16 |
|----|----|----|----|----|
| 6 | 4 | 9 | 7 | 22 |
| 5 | 8 | 17 | 24 | 23 |
| 20 | 10 | 2 | 3 | 1 |
| 13 | 12 | 21 | 25 | 15 |

| 18 | 10 | 14 | 22 | 17 |
|----|----|----|----|----|
| 3 | 11 | 24 | 15 | 8 |
| 6 | 13 | 12 | 9 | 23 |
| 2 | 16 | 4 | 7 | 19 |
| 1 | 20 | 21 | 25 | 5 |

| 18 | 10 | 25 | 13 | 14 |
|----|----|----|----|----|
| 21 | 3 | 22 | 24 | 12 |
| 8 | 23 | 5 | 1 | 15 |
| 19 | 20 | 16 | 4 | 2 |
| 7 | 6 | 9 | 11 | 17 |

| 22 | 4 | 18 | 23 | 5 |
|----|----|----|----|----|
| 8 | 12 | 21 | 9 | 3 |
| 13 | 19 | 17 | 20 | 24 |
| 7 | 6 | 1 | 14 | 16 |
| 2 | 25 | 15 | 10 | 11 |

| 25 | 18 | 5 | 2 | 15 |
|----|----|----|----|----|
| 16 | 12 | 13 | 7 | 11 |
| 14 | 22 | 4 | 6 | 3 |
| 24 | 21 | 10 | 8 | 9 |
| 20 | 17 | 19 | 1 | 23 |

# 附录9 舒尔特图表变式

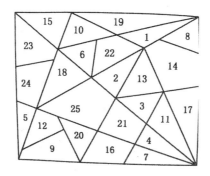

## 附录 10 错别字图表

| | | | | |
|---|---|---|---|---|
| 按步就班（　） | 专心致致（　） | 书声郎郎（　） | 查言观色（　） | 不记其数（　） |
| 情不自尽（　） | 夜暮降临（　） | 面面具到（　） | 爬山涉水（　） | 坚难困苦（　） |
| 千均一发（　） | 汗流夹背（　） | 身材魁悟（　） | 直接了当（　） | 小巧灵珑（　） |
| 累教不改（　） | 迫不急待（　） | 别出新材（　） | 换然一新（　） | 得意忘行（　） |
| 粉装玉砌（　） | 金壁辉煌（　） | 永往直前（　） | 欢渡节日（　） | 发扬广大（　） |
| 慢不经心（　） | 弱不经风（　） | 兴国安帮（　） | 万赖俱寂（　） | 令人恐布（　） |
| 眼花嘹乱（　） | 一口同声（　） | 因有尽有（　） | 一一不舍（　） | 棵粒归仓（　） |
| 公共次序（　） | 寒冬蜡月（　） | 欢渡春节（　） | 克苦耐劳（　） | 一窃不通（　） |
| 英雄气慨（　） | 明知固犯（　） | 哀声叹气（　） | 书写了草（　） | 决对服从（　） |

## 附录 11 划消实验表

```
IHIZIZINZNINZHNIZ
NZSHZHZHSINZIN
NZHSIZZIHHSNHSHZN
HZINZINHZINHSIZ
ZHISIHZISHZHZIHS
ZHINZHZHIZHIZHZNIHZI
```

单元五:身体协调与注意力

目标:通过训练成员身体协调能力提升注意力。

内容与操作:

| | |
|---|---|
| 目的:活动大脑和身体。<br>材料:无。<br>时间:15分钟 | 1. 预备式<br>见单元三。 |
| 目的:锻炼学生手指的灵活性;加强学生注意力。<br>材料:无。<br>时间:20分钟 | 2. 手指互换<br>(1)先伸出右手的拇指和小指,呈一个"六"的手势,同时伸出左手的拇指和食指,呈一个"八"的手势;<br>(2)接着把右手的"六"换成左手的"八",同时把左手的"八"换成右手的"六"。 |

续表

| | |
|---|---|
| 目的:锻炼学生肢体反应能力提升注意力。<br>材料:无。<br>时间:20分钟 | 3. 五官指认<br>(1)每组成员相对而坐,一方一只手手心向上摊开交给对方,另一只手点着鼻子做指认准备。另一方一只手托着对方的手掌,另一只手边拍这只手掌边喊口令。听到口令,指认的一方要迅速做出相应的指认动作;<br>(2)第一轮做15组口令,喊口令的一方记下对方错误的次数,然后交换角色;<br>(3)第二轮反指。这一轮加大难度,先记住三项反向关系:额头—下巴,鼻子—耳朵,眉毛—脸。 |
| 目的:锻炼学生平衡能力提升注意力。<br>材料:无。<br>时间:25分钟 | 4. 闭目单脚直立<br>让成员站在平坦的地面上,做三次深呼吸,引导成员呼吸的节奏,呼气时要满,吐气时要均匀,让情绪进入一种平静放松的状态。抬头挺胸,慢慢举起双臂,并保持在侧平状态,然后轻轻抬起右脚(或左脚)至小腿的中间位置,以一条腿做支撑,收紧臀部,保持平衡。最后,轻轻地闭上眼睛。看谁坚持的时间最长。 |

## 单元六:记忆力与注意力

**目标:**通过活动训练成员记忆力提升注意力。

**内容与操作:**

| | |
|---|---|
| 目的:通过发声带动脑腔共振,最大限度做好大脑机能准备。<br>材料:无。<br>用时:15分钟 | 1. 全脑启动<br>见单元二。 |
| 目的:锻炼图案记忆能力<br>材料:图案表12张(附录12)。<br>时间:10分钟 | 2. 恢复原样<br>给成员呈现一幅图片,让成员看1分钟,之后让成员按照顺序恢复出这个图片。 |

续表

| 目的:锻炼文字记忆能力。<br>材料:文字表 12 张(附录 13)。<br>时间:25 分钟 | 3. 记一记这段话<br>领导者朗读从课本摘取的句子,看谁能复述出并写下来。 |
|---|---|
| 目的:锻炼学生平衡能力提升注意力。<br>材料:数字表 1 张(附录 14)。<br>时间:30 分钟 | 4. 速记数字<br>全体成员坐好,双手放在膝盖上,领导者朗读数字,看谁能完整地复述出来,从简单到难,从 5 个数字开始增加到 13 个,逐渐加深难度。 |

## 附录 12　图案表

## 附录 13　文字表

如果不能成为太阳,就做一颗星星,一颗最闪亮的星星;

如果不能成为大海,就做一条小溪,一条最清澈的小溪;

如果不能成为大树,就做一棵小树,一颗最葱绿的小树……

# 附录 14　数字表

```
2 3 6 9 8 5 0 8 5 7 1 5 6 5 8 0 7 1 2 3 6 8 7 5 4 6 1 2 3
4 8 9 7 7 5 6 4 3 5 4 2 0 6 8 9 4 1 5 6 5 8 7 1 1 2 6 8 0
4 2 8 4 7 5 7 6 0 9 7 1 6 2 3 7 0 9 1 2 5 1 0 3 5 4 7 1 9
7 0 3 4 7 2 1 9 4 5 6 8 2 0 8 5 4 1 5 7 9 4 6 7 0 1 3 7
9 4 6 8 9 3 4 7 9 0 2 8 0 1 3 0 4 5 2 8 4 3 1 7 5 4 9 8 3
4 6 4 1 5 8 6 8 6 7 5 2 4 5 6 8 2 1 4 8 0 8 0 5 4 7 9
4 1 1 7 0 1 1 9 5 4 5 2 1 9 3 6 4 5 7 5 8 9 4 7 5 6 9 6 7
0 4 1 6 2 1 5 7 8 0 1 1 3 2 8 7 4 1 0 8 5 4 1 3 4 5 6 7
5 2 7 3 7 5 2 1 4 8 9 5 7 0 6 8 6 7 8 1 0 7 5 6 7 1 2 3 8
7 6 0 2 7 6 7 0 3 1 3 8 9 5 4 2 2 3 8 6 7 0 6 3 4 6 7
9 5 9 6 4 1 3 7 6 5 3 8 7 9 5 0 1 2 5 3 0 4 1 2 4 5 6 8 9
```

单元七:抗干扰训练

目标:通过活动训练成员抗干扰能力,提升注意力。

内容与操作:

| | |
|---|---|
| 目的:活动大脑和身体。<br>材料:无。<br>时间:15 分钟 | 1. 预备式<br>见单元三。 |
| 目的:锻炼学生视觉以及听觉抗干扰能力。<br>材料:词语卡片 1 张(附录 15)。<br>时间:20 分钟 | 2. 我不怕干扰<br>(1)一个成员头顶书本走指定的路线,其他人可以用声音进行干扰,但不能触碰成员;<br>(2)两个人为一组,读出纸条上的词语;<br>(3)其他成员可以用声音干扰,看看最后哪组记得的词语最多。 |
| 目的:锻炼学生多重视觉抗干扰能力。<br>材料:stroop 图表(附录 16)。<br>时间:25 分钟 | 3. stroop 彩色字<br>(1)呈现不同颜色的字,让孩子快速反应并读出字本身,重复呈现一遍,让孩子读出字体的颜色;<br>(2)指定一个字,让孩子说出这个字使用过的不同颜色,在指定一个颜色,让孩子说出这个颜色有些什么字。 |

| | 4.串珠子 |
|---|---|
| 目的:锻炼成员颜色抗干扰能力以及注意力的稳定性。<br>材料:珠子。<br>时间:20分钟 | 要求孩子将所有的珠子一粒粒穿进绳子里。指导者依次下不同的命令,让孩子配合行动,如按照一粒大珠子一粒小珠子来完成,或者按照不同的颜色来完成。训练者用秒表计时,观察孩子的速度和执行指令的完整度。 |

# 附录15　词语卡片

(1)南瓜 黄瓜 冬瓜 丝瓜 苦瓜 蛇瓜 佛手瓜 冬瓜 甜瓜 茭白 莲藕 竹笋 白萝卜 菜豆 豇豆 刀豆 豌豆 蚕豆 毛豆 番茄 辣椒 茄子 甜玉米 菱角 秋葵 冬瓜 甜瓜 茭白 莲藕 竹笋 白萝卜

(2)老虎 铺子 电话 公鸡 葡萄 台灯 南瓜 桌子 板凳 窗台 本子 地板 花盆 口袋 竹笋 老鹰 麻雀 鸽子 巴哥 茄子 盖子 灯光 管道 阳光 石头 楼梯 蜥蜴 壁虎 鳄鱼 老鹰 麻雀 鸽子 巴哥 老鼠 鲤鱼 草鱼 鲨鱼

(3)狗 猫 鸡 鸭 鹅 兔 狗 猫 蛇 龟 鳖 虎 狗 狼 鼠 鹿 狗 貂 猴

(4)麻雀 鸽子 玉米 巴哥 茄子 盖子 灯光 管道 阳光 石头 楼梯 手机 电脑 话筒 歌曲 成语 词语 玉米 事业 业主 荷花 课本 铅笔 单词 语文 数学 学习 写字 手工 彩色 画画

(5)桌子 板凳 窗台 本子 地板 花盆 麻雀 豇豆 刀豆 豌豆 蚕豆 毛豆 番茄 辣椒 茄子 鸽子 铺子 电话 话筒 歌曲 成语 词语 鳄鱼 刀豆 豌豆 蚕豆 毛豆 番茄

# 附录16　stroop图表

| | | | | |
|---|---|---|---|---|
| 蓝 | 绿 | 红 | 粉 | 粉 |
| 紫 | 白 | 紫 | 蓝 | 红 |
| 白 | 红 | 蓝 | 绿 | 绿 |
| 红 | 绿 | 黄 | 黄 | 黄 |
| 蓝 | 红 | 白 | 红 | 蓝 |

| 1 | 2 | 3 | 4 | 5 | 6 |
|---|---|---|---|---|---|
| 红 | 黄 | 蓝 | 绿 | 粉 | 紫 |

| | | | | | | | | | |
|---|---|---|---|---|---|---|---|---|---|
| 蓝 | 紫 | 绿 | 黄 | 粉 | | | | | |
| 粉 | 紫 | 蓝 | 绿 | 红 | | | | | |
| 红 | 蓝 | 绿 | 紫 | 绿 | | | | | |
| 红 | 黄 | 紫 | 黄 | 蓝 | | | | | |
| 红 | 绿 | 蓝 | 红 | 白 | | | | | |

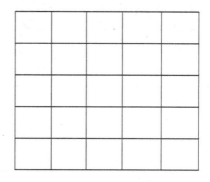

单元八:回首往昔

目标:回顾前几个单元的活动,总结收获;通过活动提升注意力品质。

内容与操作:

| | |
|---|---|
| 目的:锻炼听觉注意力和快速反应能力,活跃氛围。<br>时间:15分钟 | 1. 松鼠搬家<br>(1)3人一组,其中两人面对面,举高双手呈拱桥状,扮成树;另一人就蹲在拱桥下扮成松鼠,另外有一位主持;<br>(2)游戏中有三个指令,包括松鼠搬家,樵夫砍柴及森林大火。主持发号施令后,大家要按指令重新组合,主持人迅速抢占空位,未能够成组合则成为下一轮主持;<br>(3)松鼠搬家:扮松鼠的人需要移到另一棵树;樵夫砍柴:扮树的人需要与另一人组成一棵新树;森林大火:所有玩家需要重新组成树和松鼠的组合。 |
| 目的:引导成员回顾收获。<br>材料:团体历程PPT。<br>时间:10分钟 | 2. 回顾<br>播放团体历程PPT,带领成员回顾前几个单元的活动,总结收获。 |
| 目的:收集成员对活动的看法。<br>材料:无。<br>时间:25分钟 | 3. 总结<br>(1)引导成员总结参加团体之前与参加团体之后的变化?<br>(2)哪个活动你最喜欢,为什么?<br>(3)对这个团体有什么建议? |
| 目的:锻炼学生平衡能力提升注意力。<br>材料:空白卡片13张。<br>时间:30分钟 | 4. 送祝福<br>每人发13张卡片,写上一句祝福的话。12张分别送给其他成员,剩下一张送给自己。 |

**参考文献:**

[1]郭瑞立. 超级注意力训练教案[M]. 南京:南京大学出版社,2014.

[2]四快学习方法研究中心. 四快超强注意力[M]. 北京:中国广播电视出版社,2012.

# 第三篇　自我认识

## 第六章　关于我自己——中学生自我同一性探索团体

### 第一节　理论依据

美国精神分析学家埃里克森在 1950 年第一次提出人发展的八阶段理论,列出了个体从婴儿早期到成年晚期各阶段的任务与危机,其中青年期是人的一个重要发展阶段,最重要的任务是建立自我同一性。自我同一性起初被埃里克森描述为一种"模糊的情绪力量",根据埃里克森的观点,个体的自我同一性不是突然出现的,而是由儿童期的自居作用发展而来,在儿童期就对自己有一种角色预期,从精神分析的理论说,一个人最开始成为的人是以自己父母形象为基础的人。在青春期时,个体开始对自己进行探索,由于生理上的迅速发展,个体的内部和外部器官开始迅速发育,力比多能量也逐渐增多,这种模糊的力量就是比童年期的自居作用多了更多的力比多能量。根据埃里克森的理论,童年时期可有对自我的意识感知,但环境的意识形态结构直到青年期才变成自我的最根本的东西,在这个阶段,个体才产生"我是谁"之类的关于自身的哲学思考,对于自我的寻找便由此开始。

后来,埃里克森将这种"模糊的情绪力量"描述为:一个人在时空中存在的自我一致性和连续性的知觉,以及别人认识到一个人的一致性和连续性这一事实的知觉。自我同一性即一个人的个性风格具有一致性和连续性,也就是说,自我同一性的确立是个体在过去、现在和未来的身体、心理和社会的和谐统一。最令人满意的同一感仅仅被体验为一种心理社会的安宁之感。它的最明显的伴随情况是一种个人身体上的自在质感,一种自知"何去何从"之感,以及一种预期能获得有价值的人们承认的内心保证。

在人类生存的社会丛林中,没有同一感就没有生存感。自我同一性的发展将为成人期奠定坚实的基础,根据八阶段理论,建立起良好的自我同一性,个体将会获得"忠诚"的美德,即忠实于自己。个体会更好地认同自我,并且能够为自己找到更清晰的成长目标,以获得更好的发展。

埃里克森用美国社会青少年的不良社会现象为我们展示了同一性的危机:角色混乱和消极同一性,由此就会导致同一性扩散或者同一性拒斥。同一性扩散的个体很少会知道自己是谁,不知道自己想做什么,没有明确的发展目标;同一性拒斥的个体则表现为缺乏主见,显得刻板肤浅。总的来说,一个人同一感的丧失,往往表现为他对于自己家庭和社区对他所提供的以为是恰当的和称心的角色表示轻蔑和怠慢的敌视。如果总是无法获得明确的认同感、同一感,处于漫无目的的混乱状态,最终会使个体变得压抑、失去自信,也有可能导致艾里克森所说的消极认同,甚至成为害群之马。

良好的自我同一性的确立需要个人和社会的共同努力。青少年期的自我同一性探索被埃里克森称为"合法延缓期",在这期间,青少年可以去尝试、去探索、去寻找更适合自己的生活方式和未来目标,同时加深对自我的认知。

Marcia 根据探索和承诺的程度高低划分出四种同一性状态(identity status),即同一性形成的不同结果类型或个体解决同一性问题的方式:同一性获得、同一性延缓、同一性早闭和同一性扩散。具有高探索和高承诺的青少年,称为同一性获得者

(identity achievement)，这类个体已经体验了探索，仔细考虑过各种选择，并对特定的目标、信仰和价值观做出了坚定、积极的自我承诺；具有高探索和低承诺的青少年称为同一性延缓者（identity moratorium），这类个体正处于探索过程中，收集信息、尝试各种活动，希望发现引导他们生活的目标和价值观，他们积极地探索各种选择，但还没有对特定的目标、价值观和意识形态等做出有意识的投入；具有低探索和高承诺的青少年称为同一性早闭者（identity foreclosure），这类个体没有体验过明确的探索，但却做出了承诺，这种投入基于父母或权威人物等重要他人的期望或建议，他们接受了权威人物预先为他们准备好的同一性；低探索和低承诺的青少年称为同一性扩散者（identity diffusion），这类个体没有仔细思考或探索过各种同一性问题，从来不去探索各种选择，也不去尝试做出努力，缺乏清晰的方向，没有确定自己的目标和价值观，也未对特定意识形态、价值观或社会角色做出清晰承诺[①]。

在此期间，青少年会出现对父母老师等权威的轻蔑，或者是对整个社会的敌意，也或者会开始对生命意义的追求，对自由的渴望等，这些经验都是青少年们在对自身同一感的探索，权威不能强迫青少年去成为他们不愿意成为的人，坚持某种积极同一性主要不以父母型尊奉或矫饰为基础。这时的青少年需要被理性接纳，社会需要给予他们宽容和积极的指导，正如埃里克森所说："成人期的问题是，作为经历了同一性时期的人如何去照料他对之负有责任的那些人，如何去帮助他们建立同一性。"

---

① https://baike.baidu.com/item/％E5％90％8C％E4％B8％80％E6％80％A7％E5％BB％B6％E7％BC％93/17634021？fr＝aladdin.

## 第二节　团体方案设计

### 一、团体名称

关于我自己——中学生自我同一性探索团体

### 二、团体性质

本团体是成长性、结构性和同质性团体，专注于成员的心理发展与成长。

### 三、团体目标

（一）总目标

形成对自我的身体、心理及社会的认知，建立起一种过去、现在和未来的连续性，促进中学生同一性建立，防止同一性扩散、拒斥等问题。

（二）具体目标

（1）了解自我同一性，知道自我同一性发展不完善的后果，如同一性拒斥、同一性扩散等造成的问题；

（2）在团体中，帮助团体成员从身体、心理、社会文化中了解过去、现在的自己，为学生成长中的自我同一性的建立奠定基础；

（3）通过团体帮助学生树立对自己、对未来的信心，初步建立起较完整的自我同一性。

### 四、团体成员

本团体方案适用于八、九年级中学生，通过学生自愿报名，用自我同一性状态客观测量的标准化量表了解报名者情况，根据领导者经验，从报名者中选取十名同一性较混乱的学生组成团体。

## 五、团体领导者

从事过心理咨询或学生心理健康工作的老师,对青春期同一性有较丰富知识和经验,熟悉团体辅导,心理健康,有合格的职业道德。

## 六、团体时间

一共十次,每周一次,每次80分钟。

## 七、团体场地

学校团体心理辅导室。

## 八、团体效果评估方法及工具

采用青少年自我同一性状态问卷进行评估。

## 九、团体设计总方案

该团体活动方案共有十个单元,总方案见表6-1。

表6-1　关于我自己——中学生自我同一性探索团体辅导总方案

| 单元 | 目标 | 研讨与练习 |
|---|---|---|
| 一、你我他，是一家 | 1. 成员之间、成员与领导者之间的初步了解；<br>2. 明确成员愿望,指定团体规则。 | 1. 领导者介绍团体性质及目的<br>2. 连环球<br>3. 谁是谁<br>4. 自述环节<br>5. 定规则<br>6. 小结 |
| 二、我信任你 | 1. 融洽团体氛围,增加成员间的信任度；<br>2. 学会理解他人；<br>3. 帮助成员认识曾经的自己,为下一单元做铺垫。 | 1. 买东西<br>2. 信任跌倒<br>3. 镜中人<br>4. 哑口无言<br>5. 小结 |
| 三、曾经的我 | 1. 清晰地认识曾经的自己,并认识到自己正在成长；<br>2. 初步探讨原生家庭,引出下一单元。 | 1. 大风吹<br>2. 当我小的时候<br>3. 我的父母<br>4. 小结 |

续表

| 单元 | 目标 | 研讨与练习 |
|---|---|---|
| 四、我曾想…… | 1. 帮助成员理清自己曾经的梦想；<br>2. 通过梦想分享，了解自己曾经的梦想对现在的影响；<br>3. 让成员知道自己正在改变。 | 1. 蝙蝠侠与小丑<br>2. 我的小梦想<br>3. 它们是什么？<br>4. 小结 |
| 五、现在的我 | 1. 帮助成员认识现在的自己；<br>2. 帮助成员体验自己的情绪。 | 1. 破冰游戏<br>2. 我是谁？<br>3. 我觉得……<br>4. 小结 |
| 六、他们眼中的我 | 1. 帮助成员澄清自己在同伴、家长和老师眼中的形象；<br>2. 帮助成员理解原生家庭或者权威对自己的影响是自己可以改变的；<br>3. 增强成员的信心。 | 1. 雨点变奏曲<br>2. 他人眼中的我<br>3. 我可以改变<br>4. 小结 |
| 七、原来我是这样的 | 帮助成员澄清自己的价值观，更加了解自己。 | 1. 群龙戏珠<br>2. 讲故事<br>3. 小结 |
| 八、天生我才 | 1. 帮助成员学会欣赏自己；<br>2. 根据自己的优点探索现在的目标。 | 1. 解开千千结<br>2. 天生我才<br>3. 我的未来<br>4. 小结 |
| 九、我的未来我做主 | 1. 帮助成员澄清自己现在的目标；<br>2. 增强自信心。 | 1. 透支<br>2. 我该怎么做？<br>3. 突破困境<br>4. 小结 |
| 十、笑迎未来 | 1. 帮助成员澄清在团体中的收获；<br>2. 为成员送去美好祝福。 | 1. 炸气球<br>2. 谈收获<br>3. 大团圆<br>4. 歌曲结束 |

# 第三节　团体实施

单元一:你我他,是一家

目标:

1. 了解团体的性质、意义及目的;

2. 成员与领导者之间初步认识及了解;

3. 了解成员参加团体的原因及想要得到的收获;

4. 领导者与成员一起制订团体规则。

内容与操作:

| | |
|---|---|
| 目的:1. 让团体成员了解团体的性质、目的及意义;<br>2. 活跃团体气氛;<br>3. 成员之间的初步认识。<br>材料:无。<br>时间:15 分钟 | 1. 领导者介绍团体的性质、意义及目的<br>2. 连环球<br>(1)成员围圈而坐,每一个人用一句话介绍自己,一句话中要包括:姓名、年龄、自己与众不同的特征。如我叫小明,今年 14 岁,性格内向,不善言谈;<br>(2)当第一个人说完后,第二个人在介绍自己时必须从第一个人开始讲起,如:我是性格内向,不善言谈的 14 岁小明旁边的小张,今年 14 岁,我的性格开朗,喜欢交朋友。以此类推,第十个成员也要从第一个成员的介绍开始说。 |
| 目的:根据上一环节的初步认识,成员间已经有了初步认识,这一环节加深成员间的相互了解。<br>材料:个人信息卡(附录 1),小红花。<br>时间:20 分钟 | 3. 谁是谁<br>(1)领导者将在甄选成员时准备的个人信息卡发给每个成员;<br>(2)成员拿上信息卡后行动起来,问其他成员是否具有信息卡上的特征,若没有就换人询问;<br>(3)率先填写完信息卡的成员大声读出信息卡上的内容;<br>(4)最先填完信息卡的成员得到 3 个小红花,第二个得到 2 个,第三个得到 1 个。 |

续表

| | |
|---|---|
| 目的:1.了解成员对团体的看法以及在团体中的愿望;<br>2.为团体成员再次阐明团体的性质和意义;<br>3.为下一环节奠定基础。<br>材料:题目表。<br>时间:20分钟 | 4.自述环节<br>(1)为成员发放题目表;<br>(2)成员依次填写以下题目;<br>为何报名团体?<br>在团体辅导开始前怎么看待该团体?<br>希望团体如何发展?<br>在团体中想要获得什么?<br>(3)成员依次分享自己答案;<br>(4)领导者根据成员的回答结合团体的性质和目的,找出大家一致认同的观点再次进行阐述。 |
| 目的:规范团体,避免突发情况;增加团体成员的安全感,为成员提供安全和谐的环境。<br>材料:8k纸。<br>时间:20分钟 | 5.定规则<br>(1)领导者说明制定规则的原因;<br>(2)制订团体基本规则,如尊重团体中的每一位成员,做到鼓励成员发言并耐心倾听其他成员;团体辅导的内容做到保密等;<br>(3)根据上一环节成员的自述以及团体的性质,领导者与成员共同讨论适合的本团体的规则;<br>(4)成员表示自己愿意遵守团体规则后在《规则书》上签字。 |
| 目的:结束本单元活动。<br>时间:5分钟 | 6.小结<br>成员用一句话或一个词谈谈对本次团体的感受;领导者总结,结束本单元。 |

# 附录 1　个人信息卡

| 信息特征 | 符合条件的人的姓名 |
|---|---|
| 喜欢吃糖 | |
| 很爱学习 | |
| 对朋友很仗义 | |

续表

| 信息特征 | 符合条件的人的姓名 |
|---|---|
| 喜欢交朋友 | |
| 每天坚持打篮球 | |
| 有暗恋的人 | |
| 有正在恋爱的对象 | |
| 喜欢阅读 | |
| 说话总是有段子 | |
| 想要一直待在父母身边 | |

## 单元二:我信任你

目的:

1. 通过活动使成员更快更好地融入团体;

2. 在活动中体验成员间的相互信任;

3. 尝试一定程度的自我开放,增加成员间的亲密度;

4. 学会敏感观察其他成员,做到成员间相互接纳。

内容与操作:

| | |
|---|---|
| 目的:活跃团体气氛,使成员更好更快地融入团体,为团体分组。<br>材料:无。<br>时间:5分钟 | 1. 买东西<br>(1)成员围圈而站,领导者规定,每个人是面值5毛的人民币;<br>(2)领导者装作去购物的样子,选择钱币,当念到钱币数值时,相应面值的成员就抱在一起,如我今天要去买一个杯子,这个杯子值一块五。这时三个人就抱在一起,如果价值两块,就四个人抱在一起,依次类推;<br>(3)最后领导者以一块面值的商品结束,最终抱在一起的两个人分为一个小组。 |

续表

| | 2. 信任跌倒 |
|---|---|
| 目的:在上一单元的相互认识了解后,这一环节可增加成员间的相互信任程度,融洽团体气氛。<br>材料:无。<br>时间:20分钟 | (1)根据上一环节的游戏,每两人分为一个小组;<br>(2)两人选好站位,一人倒一人接,在倒下时说:"我准备好了,守护者准备好了吗?"接的人说:"准备好了。"前者即可倒下;<br>(3)两人互换角色;<br>(4)当倒者和接者的角色都体验过后,成员围圈而坐,做下一层次的信任跌倒;<br>(5)一个成员站在桌子上,其他成员在桌下接住,倒下前说:"我准备好了,守护者们准备好了吗?"当守护者们准备好了时便可倒下,每个成员体验一次;注意保护成员安全;<br>(6)成员分享感受。 |
| 目的:1. 在此活动中,学会理解他人,对他人做到接纳宽容;<br>2. 为后面团体中的自我开放奠定基础。<br>材料:无。<br>时间:10分钟 | 3. 镜中人<br>(1)成员组成一开始的两人组;<br>(2)一人自由做动作,一人模仿,轮流模仿,不可说话,用心体会;<br>(3)互换角色再来一次;<br>(4)模仿完后互相交流,看对方理解的是否正确;如果不准确,告诉对方理解得不准确的地方,并告诉他该怎么理解。 |
| 目的:1. 促进一定程度的成员自我开放;<br>2. 通过观察成员的动作和表情,能够理解成员的情感,训练自己对成员情绪的敏感性。<br>材料:无。<br>时间:30分钟 | 4. 哑口无言<br>(1)成员围圈而坐,闭上眼睛回想一下本周的生活感受,是疲乏、兴奋,还是焦虑、烦闷;<br>(2)想好后每人用手势、表情或肢体语言将情绪表达出来,其他成员猜这位成员想表达的是什么感受;<br>(3)被猜者说明其他人的猜测是否正确,并说明什么事情导致了这种感受或者情绪。 |
| 目的:活动后的升华,将体验转换成意识,帮助成员澄清在本单元中的情感状态。<br>材料:无。<br>时间:5分钟 | 5. 小结<br>成员用一句话或一个词来描述在本单元中的感受或收获,领导者适当总结,结束团体。 |

单元三：曾经的我

目的：

1. 成员通过活动融入团体；

2. 探讨过去对自我同一性的影响；

3. 认识到原生家庭成员对自己的影响。

内容与操作：

| | |
|---|---|
| 目的：活跃团体气氛，让成员迅速进入团体状态。<br>材料：无。<br>时间：5分钟 | 1. 大风吹<br>(1)成员围圈而坐，领导者站中间；<br>(2)成员听领导者指令活动，领导者也参与其中。指令如，当站中间的人说"大风吹"时，其余成员问"吹什么"，如果说"吹穿紫色外套的人"，那么穿紫色外套的人就要迅速站起来换位子(包括领导者)；当站中间的人说"小风吹"时，成员问"吹什么？"，如果说"吹穿红色外套的人"，这时穿红色外套的人不能动，没有穿红色外套的人必须迅速起来换位子。 |
| 目的：1. 回顾自己的曾经，从画中了解自己曾经的需要或渴求，重新认识曾经的自己；<br>2. 通过回顾曾经，明确今天的经历和曾经经历的关系；<br>3. 促进成员自我了解。<br>材料：8K纸，水彩笔。<br>时间：50分钟 | 2. 当我小的时候<br>(1)命题绘图"当我小的时候"；<br>(2)领导者引导成员回忆自己童年印象最深的经历，并将它画下来。这个经历可以是关于小时候住过的地方、曾经读书的学校、曾经的好朋友、同学和老师、曾经家里的环境、父母带我们做过什么、曾经周围的环境等；<br>(3)画完后成员分享自己画里的故事，领导者适时给予支持。 |
| 目的：本环节主要是让成员理解权威对自己的意义，正面理解权威。<br>材料：无。<br>时间：15分钟 | 3. 我的父母<br>(1)成员根据上一环节对自己过往的回顾，回想一下自己父母对自己的陪伴；<br>(2)在画的背后用一段话来描述自己在童年时感受到的父母并进行分享。 |

| | |
|---|---|
| 目的:本单元活动氛围较为沉重,谈收获帮助成员升华积极情感,用积极情绪结束本单元团体。<br>材料:无。<br>时间:10分钟 | 4. 小结<br>成员分享本单元团体的收获;领导者总结,结束团体。 |

单元四:我曾想……

目的:

1. 通过活动使成员更快进入团体状态;

2. 在前面单元的基础上,了解自己儿时的梦想和现在的梦想;

3. 帮助成员建立过去和现在的时间观念,建立个体自我体验连续性;

4. 让成员知道自己正在成长。

内容与操作:

| | |
|---|---|
| 目的:活跃团体气氛,让成员更快地融入团体。<br>材料:绳子,眼罩。<br>时间:10分钟 | 1. 蝙蝠侠与小丑<br>(1)在成员中选出一人当蝙蝠侠,四人当"安保",其余成员扮演小丑;<br>(2)安保将绳子围圈拉起来,蝙蝠侠和其他成员站在圈内,蝙蝠侠要戴上眼罩;<br>(3)当领导者说开始时,蝙蝠侠开始捉扮演小丑的成员,小丑不能发出声音,不能碰到围成圈的绳子;<br>(4)圈外的安保将圈子逐渐缩小,被捉到的小丑变身蝙蝠侠来捉人,圈外扮演安保的成员可以自愿换人。 |

续表

| | |
|---|---|
| 目的:1. 根据上一单元,本环节主要帮助成员意识到自己曾经的梦想,不对自己经历过的加以否认,初步建立对自己的忠诚性;<br>2. 本环节将成员儿时的梦想提出讨论,以增强成员的时间观念;<br>3. 引导成员承认自己儿时的梦想,进而承认自己儿时的自我观念。<br>材料:A4 纸,画笔。<br>时间:50 分钟 | 2. 我的小梦想<br>(1)成员静坐三分钟;<br>(2)在纸上写出或画出自己儿时的梦想,如科学家、医生等;<br>(3)根据问题思考:<br>a. 是在什么情况下有这样的梦想?<br>b. 当产生这一梦想时的心理感受?<br>c. 这一梦想是秘密吗?<br>d. 如果不是秘密,你将它告诉其他人了吗? 他人对此怎么看? 你怎么看待他人的看法?<br>(4)成员分享:一个问题结束后再分享下一问题;<br>(5)领导者注意给予积极支持。 |
| 目的:1. 这一环节帮助成员回忆曾经的理想自我是什么样,与现在的理想自我相比较,让成员清楚哪一个更适合自己;<br>2. 从现实的观念带领成员认识成员现在的自己;<br>3. 成员间的互相接纳,可增加成员对实现梦想的信心。<br>材料:无。<br>时间:15 分钟 | 3. 它们是什么?<br>(1)成员分享自己对儿时梦想的看法;<br>(2)思考现在的自己是否还能遵照曾经的梦想之路走下去,如果是,那该怎么做;<br>(3)如果不是,那么想一想根据自己现在的状况,自己将来可能做什么,为什么? 该付出怎样的努力?<br>(4)成员将自己的想法写在上一环节的画或文字上,并分享。 |
| 目的:谈收获增加对团体的信任,结束团体。<br>材料:无。<br>时间:5 分钟 | 4. 小结<br>成员用一句话分享收获,领导者小结。 |

单元五:现在的我

目的:

1. 通过活动使成员更快融入团体;

2. 帮助成员从自己的角度认识自己;

3. 体验自己做某件事时的情绪感受与当下的情绪感受,感受到真实的自己。

内容与操作:

| | |
|---|---|
| 目的:活跃团体气氛,让成员更好地融入团体。<br>材料:扑克牌,纸板,马克笔。<br>时间:5分钟 | 1. 破冰游戏<br>(1)准备一副扑克牌,领导者提前将扑克牌中的梅花剔除,剩下三个花样,抽到红心的三人为一组,抽到黑桃的三人为一组,抽到方块的四人为一组;<br>(2)成员为各自的小组取名字,将名字写在纸板上,每个组要根据指令发出不同的声音,如红心组鼓掌,黑桃组踩脚,方块组哈哈大笑;<br>(3)游戏开始后,由领导者举牌子,举到哪个组,哪个组就发出相应的声音,速度要逐渐加快。 |
| 目的:根据前两个单元成员对自己过去的探索,这一环节主要增强成员们的现实感,让成员体验到现在的自我,对当下的自我进行探索,与前面的单元结合起来,形成时间连续感。<br>材料:成长练习纸(附录2)。<br>时间:60分钟 | 2. 我是谁?<br>(1)领导者为成员发放练习纸,成员填写;<br>(2)成员填好后分享自己的成长表;<br>(3)领导者给予适当的积极支持。 |

续表

| | |
|---|---|
| 目的:本环节以体验情感来帮助成员澄清情绪状态,认识到自己的实体存在。<br>材料:无。<br>时间:10分钟 | 3. 我觉得……<br>(1)领导者指导成员闭上眼睛放松,想象过去自己印象深刻的一件事,体验当时的感情;<br>(2)体验当下在团体中的感情;<br>(3)成员以"当我……的时候,我觉得……"的句式分享感受。 |
| 目的:结束团体。<br>材料:无。<br>时间:5分钟 | 4. 小结<br>成员用一句话或一个词来分享本单元团体的收获,领导者总结,结束团体。 |

# 附录2  成长练习纸

性别:　　　年龄:

1. 最欣赏自己的2～3项;

2. 生命中最重要的人物2～3个;

3. 你记得童年最开心的经验是……

4. 如果危机降临在你身上,你生命将要结束,只有十个小时,你最想做什么?

5. 200年后,你希望别人怎么评价你,记得你?

6. 如果现在是一个礼物,你最想给自己一句话是什么?

单元六:他们眼中的我

目的:

1. 通过活动使成员快速进入团体状态;

2. 帮助成员认识自己在他人眼中是怎么样的,以他人视角观察自己;

3. 以上一单元为基础,帮助成员理解他人对自己的影响是自己可以改变的,增强改变自己的信心。

内容与操作：

| | |
|---|---|
| 目的:活跃团体气氛,使成员更快融入团体。<br>材料:无。<br>时间:5分钟 | 1. 雨点变奏曲<br>(1)全体成员围圈而坐,听领导者指令;<br>(2)当领导者说"小雨"时,成员打响指,说"中雨"时成员两手拍大腿,说"大雨"时成员大力鼓掌,说"暴雨"时成员跺脚,说"狂风暴雨"时,成员就要把所有的声音都用上。 |
| 目的:1. 通过活动可以让成员意识到自己不是一个孤独的个体,而是处在各种各样的关系中;<br>2. 从他人的角度看自己,帮助成员成为自己的客体,以客体的姿态更透明地观察自己;<br>3. 通过分享使成员认识到自己与他人的关系对自己的影响。<br>材料:关系表(附录3)。<br>时间:60分钟 | 2. 他人眼中的我<br>(1)每个成员拿到一张关系表,关系表上有爸爸眼中的我、妈妈眼中的我、老师眼中的我、兄弟姐妹眼中的我、同学眼中的我、好伙伴眼中的我这几个选项;<br>(2)成员填写完后,分享自己的关系表;<br>(3)领导者给予适当支持和指导。 |
| 目的:1. 了解自己的不足之处,形成"我要接纳自己的不足,并改变它"的观念;<br>2. 根据上一环节,了解关系对自己的负面影响是自己可以改变的;<br>3. 让成员了解到,以目前自身的发展状况,自己需要做出的努力是什么。<br>材料:无。<br>时间:10分钟 | 3. 我可以改变<br>(1)成员根据上一环节的内容,思考自己在什么地方可以做出积极的改变,这种需要改变的地方是可能阻碍成员个人的健康发展的;<br>(2)每个成员分享自己可能做出的改变,其他成员可提供意见以及鼓励,但不能消极对待。 |
| 目的:澄清成员在本单元的收获,强调成员自身的能量,增强成员的信心。<br>材料:无。<br>用时:5分钟 | 4. 小结<br>成员用一句话或一个词语来描述本单元的收获或感受,领导者总结澄清,结束团体。 |

# 附录 3　关系表

| 关系 | 他人眼中的我 |
|---|---|
| 爸爸 | |
| 妈妈 | |
| 老师 | |
| 兄弟姐妹 | |
| 同学 | |
| 好伙伴 | |

单元七:原来我是这样的

目标:

1. 认识自己的价值观;

2. 增强成员的现实感。

内容与操作:

| | |
|---|---|
| 目的:1. 活跃团体气氛,让成员更快进入团体;<br>2. 这个活动以合作为主,可增加团体成员的亲密程度。<br>材料:吹好的气球。<br>时间:10 分钟 | 1. 群龙戏珠<br>(1)成员拿着气球围圈而站,听领导者口令;<br>(2)当领导者说"一个气球"时,成员抛出一个气球,并保证这个气球不落地;气球个数逐渐增加,不论多少个气球,成员们都要想办法保护气球不落地。 |
| 目的:1. 这一环节通过听取他人意见,修改自己意见这一环节,帮助成员懂得,在生活中需要开放自己,接纳他人,总是以自己为中心是不积极的生活态度;<br>2. 前面的单元已让成员探索了现在的自己和他人眼中的自己,这一单元主要通过这一环节帮助成员探索个体价值观,更深层次地认识自己。<br>材料:顺序选择表,小组统计表。<br>时间:60 分钟 | 2. 讲故事<br>(1)领导者说明该环节的目的及性质;<br>(2)领导者为成员讲故事;<br>(3)成员按照故事,根据自己对人物的好感程度为人物排列出场顺序,并写明为什么要让某个人物这个时候出场;<br>(4)每个人分享自己选择的人物顺序,领导者填写小组统计表;<br>(5)成员分享自己选择某一人物出场的原因,成员可以根据其他人的意见修正自己的意见。 |

| | |
|---|---|
| 目的:加深对本单元收获的印象,用说出来的方式将情绪体验具体化。<br>材料:无。<br>时间:10分钟 | 3. 小结<br>成员用一句话或者一个词来谈谈在本单元的收获,领导者总结。 |

单元八:天生我才

目的:

1. 帮助成员根据自己的特点,认识自己的优点并欣赏它们;

2. 成员根据自己的优点,初步确立自己的近期目标。

内容与操作:

| | |
|---|---|
| 目的:活跃团体氛围,让成员更快进入团体,增加成员间的亲密度。<br>材料:无。<br>时间:10分钟 | 1. 解开千千结<br>(1)成员围圈而站,每个成员举起右手拉对面成员的右手,举起左手拉对面成员的左手,不能抓身边成员的手,如此形成一个个的结,拉住后记住自己所拉的成员,松开手;<br>(2)领导者播放歌曲,成员随着音乐在圈内自由走动,当音乐停止时,成员必须立即与自己之前所拉的成员"打结";<br>(3)在拉成结时,见到对面的成员微笑点头,不能松手,若遇到拉成的结缠绕,成员可以钻也可以绕,直到都拉好结并回到起初的状态游戏才结束。 |

| | |
|---|---|
| 目的:1. 帮助成员认识自己的优点并欣赏自己;<br>2. 在倾听和讨论的过程中,学会欣赏他人的优点;<br>3. 通过欣赏自己与他人,增强自己的自信,增加对他人的信任。<br>材料:天生我才练习表(附录4)。<br>时间:45 分钟 | 2. 天生我才<br>(1)领导者为成员介绍这一环节的目的;<br>(2)成员填写"天生我才练习表";<br>(3)成员分享自己的表格内容并进行以下问题的讨论:<br>a. 你是否同意每个人都有长处? 为什么?<br>b. 当你做了一件事,如"考了个好成绩"或"帮助了需要帮助的同学"时,你会欣赏自己的行为吗? 为什么?<br>c. 当你做了一件事,如"考试时完全不知道答案""上课迟到了"时,你会怎样看待自己呢? 为什么?<br>(4)领导者总结。 |
| 目的:帮助成员根据自己的自身情况重新制订未来目标和现在的计划,从小计划到未来目标,为下一环节奠定基础。<br>材料:无。<br>时间:20 分钟 | 3. 我的未来<br>(1)围绕自己的优点,成员思考:自己现在能做什么积极的事;<br>(2)结合"我曾想……"那一单元的"它们是什么"环节,想想自己的梦想是否可以改变,根据现实可以怎么改变;<br>(3)成员分享。 |
| 目的:以升华形式结束团体。<br>材料:无。<br>时间:5 分钟 | 4. 小结<br>成员用一句话或一个词来谈本单元的收获,领导者小结。 |

# 附录 4　天生我才练习表

请完成下列句子
1. 我最欣赏自己的外表是 _____
2. 我最欣赏自己对朋友的态度是 _____
3. 我最欣赏自己对求学的态度是 _____
4. 我最欣赏的一次学业成绩是 _____
5. 我最欣赏自己的性格是 _____
6. 我最欣赏自己对家人的态度是 _____
7. 我最欣赏自己对做事的态度是 _____

单元九:我的未来我做主

目的:

1. 确定自己未来的目标,加强自我同一性的构建;

2. 在游戏中增强成员的自信心,为自己即将做出的努力奠定基础。

内容与操作:

| | |
|---|---|
| 目的:1. 活跃团体气氛,使成员更快地融入团体;<br>2. 为后面的环节做铺垫。<br>材料:每人12厘米的绳子。<br>时间:10分钟 | 1. 透支<br>(1)成员将12厘米的绳子拉直后放在地上;<br>(2)成员们站在距绳子30厘米的地方后下蹲,双手紧握后脚跟;<br>(3)游戏开始后,成员保持动作跳过绳子;<br>(4)成员尽量尝试跳跃,直到游戏结束;<br>(5)分享游戏感受。 |
| 目的:前面的单元与成员一起探索了曾经的自己和现在的自己,这一环节主要为成员澄清,将来的自己该做什么,该怎么做。与前面的单元结合起来,便形成"过去一现在一将来"的连续性。<br>材料:计划拟定表(附录5)。<br>时间:20分钟 | 2. 我该怎么做?<br>(1)成员回忆上一单元为自己定下的目标;<br>(2)根据目标为自己制订细致的计划,精确到每个小时,将计划写在"计划拟定表"上;<br>(3)成员分享,可根据不合理性为成员提建议,也可以参照他人计划适当修改自己的计划;<br>(4)领导者提示:可根据自己情况适当改变计划。 |
| 目的:1. 帮助成员了解目前正面临的问题,并提出解决办法;<br>2. 在成员的互相协助中学会理解他人并使自己更加清楚自己的问题;<br>3. 在解决问题后增强成员对问题解决的自信心。<br>材料:白纸,画笔。<br>时间:45分钟 | 3. 突破困境<br>(1)领导者为成员说明该环节的性质;<br>(2)领导者带领成员做想象放松,让成员平静下来;发放白纸,成员在第一幅画上画出此刻的心情和感受,第二幅画上画上目前个人的一个最大困扰,第三幅画上画上解决问题的办法,第四幅画画上如果解决了这个困扰,生活将会变得怎样;<br>(3)成员分享自己的画,成员可以帮助其他成员解决问题。 |
| 目的:结束团体。<br>材料:无。<br>时间:5分钟 | 4. 小结<br>成员用一句话或一个词来描述本单元的收获,领导者总结。 |

# 附录5 计划拟定表

| 计划名称 | 用时 | 达成效果 | 是否满意 | 如何改进 |
|---|---|---|---|---|
|  |  |  |  |  |

单元十:笑迎未来

目的:

1. 做最后的总结,感受自己的收获;

3. 为成员写去祝福,收到给自己的祝福后结束团体。

内容与操作:

| 目的:活跃团体气氛,在团体最后一个单元再次记住彼此,记住与自己一起成长的人。<br>材料:纸条,气球。<br>时间:10分钟 | 1. 炸气球<br>(1)在成员中选出一个名字最好记的人,如李明;<br>(2)除李明外每人拿上一个气球和纸条,将自己的名字写在纸条上放入气球内,吹好气球;<br>(3)成员围圈而坐,将气球随机放在圈内,李明站到中间,从其他成员的气球中选出一颗气球;<br>(4)当领导者说"开始"时,李明将选中的气球弄破,并念出纸条上的名字;<br>(5)被念到名字的成员必须迅速选出一颗气球并弄破,念出纸条上的名字。以此类推,直到气球全部被弄破,游戏结束。 |
|---|---|
| 目的:明确自己在团体中的收获,升华在团体中获得的经验。<br>材料:白纸、笔。<br>时间:35分钟 | 2. 谈收获<br>(1)成员围圈而坐,领导者发放纸笔;<br>(2)成员们在纸上写下有关团体的感受和体会。如:在团体中我学到的三四件事、团体中对你最有帮助的经验是什么、你的个人目标完成的状况如何、团体是否符合你的预期、怎样才能将在团体中学到的运用到生活中等,用一句话来描述对团体结束的感受;<br>(3)写完后成员分享。 |

续表

| 目的:在团体最后一单元,成员互相送去祝福,成员学会宽容他人,处理离别带来的悲伤情绪。<br>材料:纸、笔。<br>时间:30分钟 | 3. 大团圆<br>(1)成员在纸条上写下对每一位成员的祝福,要求写上他人的姓名和自己的姓名,写完后将祝福纸给对方;<br>(2)拿到祝福的成员可以想一想,自己期待别人给自己什么祝福;<br>(3)看完祝福后感谢送祝福的人; |
|---|---|
| 目的:在告别中结束团体<br>材料:无。<br>时间:5分钟 | 4. 小结<br>领导者播放《明天会更美好》,大家一起合唱,结束团体。 |

**参考文献:**

埃里克·H.埃里克森著,孙名之译.同一性:青少年与危机[M].杭州:浙江教育出版社,2000.

张蕊,刘大文.论青少年的自我同一性对人格发展的影响[J].鲁东大学学报(哲学社会科学版),2007,(6).

赵彩梦.同伴关系对初中生自我同一性的影响:自尊的中介作用[D].漳州:闽南师范大学,2018.

# 第七章　我就是我,不一样的烟火——中学生自我认识团体辅导方案

## 第一节　理论依据

我是谁?自从人类产生自我意识开始,就在不断追问这个问题。古希腊德尔菲神庙上镌刻着流传千年的名言"认识你自己",古代中国的《道德经》提醒人们"知人者智,自知者明","认识自我"是一个贯穿古今的哲学命题,也是最重要的心理学命题。

弗洛伊德认为,心理结构由意识、前意识和潜意识组成,后面二者都称为无意识。意识只是心理结构的冰山一角,更大的心理结构是处于无意识状态的。不断认识自我,挖掘自己的潜意识成为精神分析师一生的工作。也正是潜意识中的矛盾冲突,我们对潜意识的不了解、不接纳,导致了各种心理障碍。通过释梦、自由联想、口误笔误分析、绘画、沙盘等技术,可以帮我们探索并化解潜意识冲突,达到更多的领悟和自知,解除心理冲突。

根据乔韩窗口理论,人的自我包括自己知道的部分、自己不知道的部分以及他人知道的部分、他人不知道的部分,结合起来形成自我的四个部分:公开的自我(自知他知)、盲目的自我(自不知他知)、隐秘的自我(自知他不知)、未知的自我(自不知他不知),每个人的自我都由这四部分构成(表7-1)。但每个人四部分的比例是不同的。而且,随着人的成长及生活经历,自我的四个部分发生着变化。

表7-1　窗口理论

|  | 自知 | 自不知 |
|---|---|---|
| 他知 | 公开的自我（公开区） | 盲目的自我（盲目区） |
| 他不知 | 隐秘的自我（隐秘区） | 未知的自我（未知区） |

团体使我们有机会了解自己的另外一面，即自己不察觉，同时不易被自己接纳的一面。当一个人自我的公开领域扩大，则其生活变得更真实，不论与人交往还是自处都会变得轻松愉快而有效率。盲目领域变小，人对自我的认识越清楚，越能在生活中扬长避短，发挥自己的潜力。在团体咨询和辅导过程中，公开领域的扩大是通过自我开放，使一部分隐秘区进入公开区；通过他人的反馈，使一部分盲目区进入公开区。通过团体咨询和辅导，敏感度增加，许多未知区的未知事物进入隐秘区或盲目区。在团体活动中，也可以逐渐被自己或他人了解、认识。通过各种团体内自我探索的机会，以及毫不伪装地、真实地表现自己的气氛，使我们对自己的认识更全面、更深刻。

# 第二节　团体方案设计

## 一、团体性质

发展性成长性团体，采用结构式团体设置。

## 二、团体目标

（一）总体目标

增进中学生的自我认识和自我接纳，促进自我认同和自我整合。

（二）具体目标

（1）正确认识和评价自己；
（2）挖掘自己及他人的积极特质；
（3）接受自己的优缺点，悦纳自我。

### 三、团体成员及招募甄选

本团体适用于 8 年级以上的中学生，有自我认识困惑者可自愿报名参加。成员 8~12 名，男女生比例差异不大。

### 四、团体领导者及训练背景

中学心理健康教师，接受过心理咨询和团体心理辅导相关专业训练，具备团体带领能力。

### 五、团体时间及次数

团体共六个单元，每单元活动时间 90 分钟。建议每周一次，团体时间固定，安排在学生均不受打扰的时间段，一学期中可以安排在学期中段，避免因开学适应期和期末备考期影响团体开展。

### 六、团体场地

安全、不受打扰的团体心理辅导室。

### 七、团体效果评估方法及工具

采用《自我描述问卷（SDQ）》在团体开始前、结束后一周内进行前后测。

### 八、团体设计总方案

团体活动方案共有六个单元，方案概要见表 7-2。

表 7-2　中学生自我认识团体辅导总体方案

| 单元 | 目标 | 练习 |
|---|---|---|
| 一、缘聚你我 | 相互熟悉，形成团体；了解团体任务，提升对团体的兴趣；建立团体契约。 | 1. 开场白<br>2. 大风吹<br>3. 知你识我<br>4. 组员心声<br>5. 小组契约<br>6. 小结 |

| 单元 | 目标 | 练习 |
|---|---|---|
| 二、心中的我 | 引导成员形成初步的自我认识;学会自我反思、自我观察。 | 1. 我是一只小小鸟<br>2. 猜猜我是谁<br>3. 自画像<br>4. 小结 |
| 三、镜中的我 | 学习从他人视角反观自我,进一步增进自我认识。 | 1. 无家可归<br>2. 照镜子<br>3. 他人眼中的我<br>4. 小结 |
| 四、小时候的我 | 觉察成长经历和重要他人对自己心理的影响,理解自己性格的成因。 | 1. 我是一只小小鸟<br>2. 影响轮<br>3. 结束 |
| 五、我就是我 | 引导成员发现自己的优势和长处、肯定自我、悦纳自我。 | 1. 突围<br>2. 优点轰炸<br>3. 结束 |
| 六、我的未来不是梦 | 回顾整理团体收获;<br>相互祝福,以饱满的精神面貌迎接新的生活。 | 1. 成长三部曲<br>2. 我的收获<br>3. 背上祝福向前进 |

## 第三节　团体实施

单元一:缘聚你我

单元目标:相互熟悉,形成团体;了解团体任务,提升对团体的兴趣;建立团体契约。

内容与操作：

| 时间:5分钟 | 1. 开场白:团体介绍 |
|---|---|
| 目的:热身,消除拘谨,促进成员相互熟悉。<br><br>时间:15分钟 | 2. 大风吹<br>(1)成员围圈坐,撤掉一张椅子,领导者在中间讲解游戏规则:领导者:"大风吹呀小风吹",成员回应"什么风?",领导者说"大风",成员回应:"吹什么?",领导者说出一样成员有的特征,如"吹穿牛仔裤的",则所有穿牛仔裤的需起立另找座位,带领者找个空座坐下,没座位的成员担任下一轮主持;<br>(2)领导者说"小风"则穿牛仔裤的不动,没有穿牛仔裤的起身另找座位。大风小风随意进行。没有位子的成员担任下一轮带领者,最后让熟悉的人、同性别的不要坐一起,帮助大家融入团体。 |
| 目的:相互认识、相互熟悉。<br><br>时间:25分钟 | 3. 知你识我<br>(1)所有成员站起来,随意走动,与每一个见面的人微笑,握手,并说"你好！我是×××,很高兴认识你!"要与所有人握手。带领者叫"停",大家停下后与正在握手或面对面的成员组成2人小组(如果成员为单数,带领者加入一组),找座位面对面坐下;<br>(2)两人一组作自我介绍,时间约6分钟。介绍内容包括姓名、兴趣、爱好、特长、个性特点、家庭情况,以及个人愿意让对方了解的有关自我的资料,如最引以为自豪的成就、曾遇过的最恐怖事件等。当对方自我介绍时,倾听者要全身心地投入,通过语言与非语言的观察,尽可能多地了解对方;<br>(3)四人一组互相做介绍,时间约8分钟,每个组员将自己刚才认识的朋友介绍给其他新朋友;<br>(4)大组介绍,成员把第3轮认识的新朋友介绍给大家。 |
| 目的:探索并交流团体成员对团体辅导的看法、期待,引导成员真诚沟通,缓解团体焦虑。<br><br>材料:《组员心声》练习表(附录1)、签字笔。<br><br>时间:20分钟 | 4. 组员心声<br>组员填写《组员心声》练习表,然后逐一向团体讲述自己填写内容(可以有选择性地分享,遵循自愿原则),增进彼此了解。带领者适当回应,对焦虑过高的组员适度平复其情绪,对期待与团体不符的组员给予适当说明和引导。 |

| | |
|---|---|
| 目的:制订小组契约,促进成员投入度。<br>材料:记号笔,A4白纸。<br>时间:15分钟 | 5. 小组契约<br>介绍小组契约,邀请成员列举出来,大家表决,带领者记下,最后大家签名。契约应该包括:准时出席、投入、真诚、不攻击、保密等内容。 |
| 目的:回顾团体,鼓励大家继续投入之后团体。<br>时间:10分钟 | 6. 小结<br>回顾团体活动,邀请每位成员用一句话谈谈今天的感受。 |

# 附录1 组员心声

| |
|---|
| 对我来说,参加团体是＿＿＿＿＿＿＿＿＿＿＿＿＿＿＿＿＿＿<br>当我进入这个团体,我感到＿＿＿＿＿＿＿＿＿＿＿＿＿＿＿<br>我信任的人是＿＿＿＿＿＿＿＿＿＿＿＿＿＿＿＿＿＿＿＿<br>在团体中,我最担心＿＿＿＿＿＿＿＿＿＿＿＿＿＿＿＿＿<br>我期望在团体中＿＿＿＿＿＿＿＿＿＿＿＿＿＿＿＿＿＿＿ |

单元二:心中的我

单元目标:引导成员形成初步的自我认识;学会自我反思、自我观察。

内容与操作:

| | |
|---|---|
| 目的:热身,通过一定身体接触增强团体凝聚力。<br>时间:10分钟 | 1. 我是一只小小鸟<br>(1)报数每两人成一组,其中一人当小鸟,另一人则是妈妈,妈妈用双手将小鸟围在中间,当成鸟巢;<br>(2)当领导者喊"小鸟"时,小鸟需换到别的鸟巢,鸟巢则不需动。喊"妈妈"时,则妈妈需找别的小鸟,小鸟则不能移动;喊"刮台风"时,则全部散开重新组合;<br>(3)第一次由领导者喊口令,之后由落单者喊口令;<br>(4)成员分享感受。 |

续表

| | |
|---|---|
| 目的:初步自我认识,促进成员用心观察和给予关注,反思自己眼中和别人眼中的自己的区别。<br>材料:签字笔,A4 纸。<br>时间:30 分钟 | 2. 猜猜我是谁<br>(1)每人发一张纸条,写下 3～5 句描述自己的句子,如"我是＿＿＿＿",不写名字;<br>(2)写完后将纸叠好,放在团体活动场地中央。每人随机抽取一张,打开纸上内容,让大家猜一猜是谁写的。猜中的人要说明理由;<br>(3)引导成员发表自己猜中别人和被猜中的感受。 |
| 目的:探索心中的自我形象。<br>材料:A4 纸,彩笔 3 盒。<br>时间:45 分钟 | 3. 自画像<br>(1)请每位成员画一幅自画像,形式内容不限;<br>(2)画好后轮流传看,开"画展",不加评论;<br>(3)大组里面分享自画像,回答成员的提问。<br>注意:这个活动容易出现深层情绪,引导不宜过深。 |
| 目的:总结团体收获。<br>时间:5 分钟 | 4. 小结<br>总结本次团体,预告下次团体。 |

## 单元三:镜中的我

单元目标:学习从他人视角反观自我,进一步增进自我认识。

内容与操作:

| | |
|---|---|
| 目的:热身。<br>时间:10 分钟 | 1. 无家可归<br>(1)开始时让全体成员围圈手拉手,充分体会大家在一起的感觉;<br>(2)领导者说明游戏规则(当领导者说"桃花朵朵开",成员说"开几朵?"领导者会说"开 N 朵"。成员必须重新组成 N 人手拉手的一组形成新的"家",领导者会多次变换人数,如 2,3,6,4,5……),领导者可以多次变换人数,让成员有机会去改变自己的行为,积极融入团体,让成员体验有家的感觉,体验团体的支持,从而更加愿意与团体在一起。每一个人在社会群体中都有自己的位置,要在群体中找到归宿还需要自己主动寻找和争取。 |

| | |
|---|---|
| 目的:培养成员对他人的敏感性,更好地沟通。<br>时间:30分钟 | 2. 照镜子<br>(1)成员两两一组,一人自由做动作,另外一个人模仿(不能说话),两分钟后交换;<br>(2)结束后相互交流,看看自己对他人以及他人对自己的理解是否准确;<br>(3)依然是刚才的小组进行,一人做动作同时叙述自己在做什么,另外一个人模仿,同样两分钟后交换;<br>(4)结束后两人交流,分享前后两次有什么不同的感触;<br>(5)团体内分享,领导者总结反馈。 |
| 目的:帮助成员认识到不同人眼中的自己。<br>材料:《他人眼中的我》练习纸(附录2),签字笔。<br>时间:50分钟 | 3. 他人眼中的我<br>(1)每位成员在 A4 纸上写下:爸爸眼中的我、妈妈眼中的我、老师眼中的我、兄弟姐妹眼中的我、朋友同学眼中的我、我眼中的自己,六个问题和答案(每个答案不少于两个);<br>(2)两人一组分享,六个不同问题的答案有哪些异同点;说一说哪个问题最难写,为什么?<br>(3)大组分享,带领者适当回应,成员可适当反馈;<br>(4)领导者总结成员分享情况进行反馈和引导。 |

## 附录 2　他人眼中的我

| |
|---|
| 爸爸眼中的我＿＿＿＿＿＿＿＿＿＿＿＿＿＿＿＿＿＿＿＿＿<br><br>妈妈眼中的我＿＿＿＿＿＿＿＿＿＿＿＿＿＿＿＿＿＿＿＿＿<br><br>老师眼中的我＿＿＿＿＿＿＿＿＿＿＿＿＿＿＿＿＿＿＿＿＿<br><br>兄弟姐妹眼中的我＿＿＿＿＿＿＿＿＿＿＿＿＿＿＿＿＿＿＿<br><br>朋友同学眼中的我＿＿＿＿＿＿＿＿＿＿＿＿＿＿＿＿＿＿＿<br><br>我眼中的我＿＿＿＿＿＿＿＿＿＿＿＿＿＿＿＿＿＿＿＿＿＿ |

单元四:小时候的我

单元目标:觉察成长经历和重要他人对自己心理的影响,理解自己性格的成因。

内容与操作:

| | |
|---|---|
| 目的:热身,导入成长经历。<br>时间:20分钟 | 1. 我是一只小小鸟<br>(1)报数,每两人成一组,其中一人当小鸟,另一人则是妈妈,妈妈用双手将小鸟围在中间,当成鸟巢。(根据人数可以三人一组,鸟妈妈、鸟爸爸和小鸟。不管三人或两人组,要形成一个人落单的情况);<br>(2)当领导者喊"小鸟"时,小鸟需换到别的鸟巢,鸟巢则不需动;喊"妈妈"时,则妈妈需找别的小鸟,小鸟则不能移动;喊"刮台风"时,则全部散开重新组合;<br>(3)第一次由领导者喊口令,之后由落单者喊口令;<br>(4)成员彼此分享感受。 |
| 目的:探索重要他人对自己的影响。<br>材料:A4纸,签字笔。<br>时间:50分钟 | 2. 影响轮<br>(1)请成员在纸上中央画一个圆圈代表自己,在周围画上3~5个大小不等的圆圈代表对自己性格产生影响的重要他人(依影响程度及关系亲疏决定圆圈的大小及远近);<br>(2)在每一圆圈周围写出该重要他人3~5项个人特质。并依个人喜好,标上「○」、「×」;<br>(3)3人小组分享所画的影响轮,每人表达五分钟,到点提醒轮换。 |
| 目的:探索重要他人对自己的影响。<br>材料:A4纸,签字笔。<br>时间:50分钟 | (4)大组分享自己的影响轮(叙事性少一点,概括性强一点)。<br>领导者引导成员讨论:<br>①影响你最大的人是谁?其人格特质你是不是喜欢?<br>②你最喜欢的有哪三项人格特质?最不喜欢的有哪三项人格特质?为什么?你自己是否具备以上的特质?<br>③你希望自己改变哪些人格特质?你希望自己再拥有哪些特质? |
| 目的:总结收获,结束活动。<br>时间:10分钟 | 3. 结束<br>带领者总结今天活动,成员用一句话表达想对童年的自己说什么。 |

单元五:我就是我

单元目标:引导成员发现自己的优势和长处、肯定自我、悦纳自我。

内容与操作:

| | |
|---|---|
| 目的:热身,体验突破自我。<br>时间:20分钟 | 1. 突围<br>(1)由一位成员站在团体中央,用任何方法(钻、跳、推、拉、诱骗等),力求突围挣脱;外围成员面向内圈站立,用手臂互相勾结,形成包围,各尽全身力气,绝不让被围者逃出。每人计时1.5分钟;<br>(2)分享过程中的感受及想法。 |
| 目的:发现自己和他人优点,增强自信。<br>材料:优点清单1,2各15张,签字笔15支。<br>时间:50分钟 | 2. 优点轰炸<br>(1)每人一张"优点清单1",在上面写下其他成员的优点;<br>(2)被轰炸者到每个成员前面,成员要站起来握着被轰炸者的手,真诚看着对分说出对方的优点。每个人都接受一轮优点轰炸;<br>(3)每人一张"优点清单2",签上自己的名字,顺时针传递,成员们把他的优点写上去,拿到自己的优点清单后仔细阅读;<br>(4)结束活动:成员分享被轰炸的感受及想法。 |
| 目的:总结收获,结束活动。<br>时间:20分钟 | 3. 结束<br>带领者总结今天活动,成员用一句话表达想对童年的自己说什么。 |

单元六:我的未来不是梦

单元目标:回顾整理团体收获;相互祝福,以饱满的精神面貌迎接新的生活。

内容与操作：

| | |
|---|---|
| 目的：热身。<br>时间：20分钟 | 1. 成长三部曲<br>(1)以"蹲着"代表"鸡蛋"，"半蹲着"代表"小鸡"，"站着"代表"大鸡"，然后与相同的成长阶段的人猜拳，获胜的就向上一个成长阶段进化；<br>(2)开始状态大家都是鸡蛋，然后两人两人猜拳，赢的人可以进化一步变成小鸡，输的就仍然是鸡蛋；<br>(3)小鸡和小鸡之间继续猜拳，赢的又可以进化一步变成大鸡，输的就要退变成鸡蛋，鸡蛋和鸡蛋之间也要继续猜拳，赢的就变成小鸡，输的继续保持鸡蛋状态，再继续找同类状态的人猜拳；<br>(4)变成大鸡以后也要继续猜拳，赢的可以做凤凰，而且可以坐着（代表胜利），输的要退回一步，变成小鸡，和其他小鸡继续猜拳，如此重复，直到时间结束。 |
| 目的：回顾团体历程，整理巩固收获。<br>准备：团体历程PPT（包括照片和活动概要），多媒体设备。<br>时间：40分钟 | 2. 我的收获<br>(1)展示团体历程PPT，带领成员回忆这几次团体的历程；<br>(2)轮流讨论，最喜欢、最有感悟的是哪个活动？自己在团体中有什么收获？ |
| 目的：相互祝福和道别，处理离别情绪。<br>材料：签字笔 15 支，A4纸15张。<br>时间：30分钟 | 3. 背上祝福向前进<br>(1)每人发一张纸，请成员在纸顶端写上"对某某某（自己姓名）的祝福"，然后贴在自己背上；<br>(2)每个人都在其他人背上写下祝福或建议并签名；<br>(3)完成后，成员细细阅读他人的祝福，表达对团体和成员的感谢。 |

**参考文献：**

颜苏勤．团体心理辅导主题活动方案［M］．北京：高等教育出版社，2015.

田文．中小学心理健康教育活动设计与实施［M］．北京：清华大学出版社，2013.

周园．团体辅导：理论、设计与实例［M］．上海：上海教育出版社，2013.

# 第八章 构筑坚实的堡垒——中学生自信心提升团体

## 第一节 理论依据

自信最早由人本心理学家 Maslow(1943)提出,他在需要层次理论中指出,自信是自尊需要获得满足时产生的一种情感体验,尊重需要不能获得满足时就会导致沮丧和自卑感。自信的本质是个体对自我价值的认知评价态度。Martin(1975)和 Weiner(1970)认为如果家庭气氛温暖,高中生有享有与年龄相适应的自主,那么就会表现出自信。自信心指的是一种健康的积极向上的心理品质,指一个人能客观地认识自己的能力,并能充分评估自身的价值。

埃里克森认为,青年期主要面临的问题和困惑是自我同一性,同一性混乱具体表现为自我认识不全面、不客观,自我目标不明确,自我与环境适应不良,由此导致了自我认识偏差、自卑、人际关系不良、生涯规划不明等一系列迷失性问题。因此,这一阶段的主要发展任务就是要建立同一性和亲密关系,即帮助青年人认识自我、了解自我,思考自身角色和责任,以及自己与周围环境的关系,确认自己的正确位置和发展方向。

马斯洛则认为,尊重的需要可分为自尊、他尊和权力欲三类,包括自我尊重、自我评价以及尊重别人。尊重的需要也可以分为:(1)渴望实力、成就、适应性和面向世界的自信心,以及渴望独立与自由;(2)渴望名誉与声望。声望来自别人的尊重、受人赏识、注意或欣赏。满足自我尊重的需要导致自信、价值与能力体验、力量及适应性增强等多方面的感觉,而阻挠这些需要将产生自卑感、虚弱感和无能感。基于这种需要，愿意把工作做得更好，希望受到别人重视，借以自我炫耀，指望有成长的机会、有出头的可能。显然，尊重的需要很少能够得到完全的满足，但基本的满足就可产生推动力。这种需要一旦成为推动力，就将会令人具有持久的干劲。

自我实现的需要是最高等级的需要。满足这种需要就要求完成与自己能力相称的工作，最充分地发挥自己的潜在能力，这是一种创造的需要。有自我实现需要的人，似乎在竭尽所能，使自己趋于完美。自我实现意味着充分地、活跃地、忘我地、集中全力全神贯注地体验生活。

中学生不断面临着一次次的学业检验，积极面对一次次的考验，对于自我的提升是有益的；而一旦一蹶不振无法从中走出来，陷入低迷，将会导致自信心的缺失。通过团体辅导积极引导和改善自我不正确的认知，提升中学生的自信心，寻求自我完善均有极大的现实意义。

团体辅导是在团体的情境中，提供心理帮助和指导的一种心理咨询与治疗的形式。以团体活动的方式，通过领导者的引领以及团体成员间的参与及相互学习，不断探讨彼此的优点与值得改善的地方。团体的熏陶和感染带动自我成长的能量运转，获取生命的活力，从而树立自信的自我。

## 第二节 团体方案设计

### 一、团体名称及性质

（一）团体名称

构筑坚实的堡垒——中学生自信心提升团体。

（二）团体性质

本团体属于心理教育成长性、同质性、结构式团体，团体成员为在校高中学生,自信心比较缺乏,有提升自信心的需求。

## 二、团体目标

整体目标:通过自信心提升训练,帮助学生建立更好的自信心,积极面对学习和生活。

具体目标:

(1)认识自我,对自我有一个准确的定位;

(2)通过团体,寻找自己的自卑点,接纳自卑,建立自信心;

(3)找到自己的自信支点,开发潜能,在认识自我的基础上,悦纳自我,提升自我。

## 三、团体成员

本团体适用于所有中学生,通过班级宣传、自愿报名的方式招募成员。用《个人评价量表》对招募对象进行筛选,分值越高表示自信程度越高。可以选择 10 名左右得分较低的学生加入团体,最好男女比例均衡为佳。

## 四、团体领导者

受过心理咨询以及团体辅导系统训练,具备设计与实施心理健康教育课程、设计与实施团体辅导的专业技能。

## 五、团体时间

团体分为六个单元,每周一单元,每个单元会面一次;每周团体活动时间需 90 分钟。

## 六、团体场所

团体辅导室或者安静、不受打扰的房间。

## 七、团体效果评估

采用美国心理学家施雷格编制的《个人评价问卷》(附录 1)进

行评估。

## 八、团体设计总方案

团体活动方案共有六个单元,方案概要见表 8-1。

表 8-1　构筑坚实的堡垒——中学生自信心提升团体辅导总方案

| 单元 | 目标 | 研讨与练习 |
|---|---|---|
| 一、相聚在一起 | 澄清目标,形成团体氛围,增进成员间的相互信任与接纳,拟订团体契约。 | 1. 团体导入<br>2. 棒打薄情郎<br>3. 信任之旅<br>4. 签订合约<br>5. 相亲相爱一家人 |
| 二、认识自我 | 探索自我,认识自我,从别人的积极反馈中了解自己的优点。 | 1. 可爱的小喵喵<br>2. 循环沟通<br>3. 猜一猜<br>4. 积极赋义<br>5. 总结分享 |
| 三、悦纳自我 | 寻找自信的支点,开发自身的潜能,在认识自我的基础上悦纳自我。 | 1. 口香糖,粘什么<br>2. 优点轰炸<br>3. 自我寻宝<br>4. 领导者总结 |
| 四、突破自我 | 利用团体的力量突破自我设限,学习和非理性信念对质的方法,从而克服自卑,树立自信。 | 1. 群龙戏珠<br>2. 我是谁?<br>3. 情绪 A—B—C<br>4. 布置作业 |
| 五、发展自我 | 利用团体的力量克服自卑,树立自信 | 1. "瞎子"背"瘸子"<br>2. 秘密大会串<br>3. 自信百宝箱 |
| 六、我的收获 | 回顾团体收获;相互祝福,处理离别情绪 | 1. 成长三部曲<br>2. 我的收获<br>3. 背上留言 |

# 附录1　个人评价量表

指导语：

以下列出了许多反映了普遍的情感、态度和行为的陈述，请仔细阅读每一个陈述，考虑一下它是否适用于你。尽量诚实、准确地回答，但没有必要每一条都刻意花太多时间。除非特别标明时间界限，否则请考虑一下近两个月内这些条目对你是否适用。请从下列四个选项中选出一个来表明你同意每一个陈述情况的程度。

| A | B | C | D |
|---|---|---|---|
| 非常同意 | 基本同意 | 基本不同意 | 极不同意 |

1. 我是个会交际的人。

2. 几天来有好几次我对自己非常失望。

3. 使我烦恼的是我的模样不能更好看点。

4. 维持一个令人满意的爱情关系对我来说没有困难。

5. 此刻比几周前更为快乐。

6. 我对我的身体外貌很满意。

7. 有时我不去参加球类及非正式的体育活动因为自己对此不擅长。

8. 当众讲话会使我不舒服。

9. 我愿意认识更多的人，可我又不愿外出和同他们见面。

10. 我擅长体育运动。

11. 学业表现是显示我的能力，让别人认识我成绩的一个方面。

12. 我比一般人长得好看。

13. 在公共场合演节目和讲话，我想都不敢想。

14. 想到大多数体育活动时，我便充满热情和渴望，而不是疑惧和焦虑。

15. 即使身处那些我过去曾应付得很好的场合，我仍然常常对自己没把握。

16. 我常怀疑自己是否有这份天资，能成功地实现我的职业和专业目标。

17. 我比与我年龄、性别相同的大多数人更擅长体育。

18. 我缺少使我成功的一些重要能力。

19. 当我当众讲话时，我常常有把握做到清楚自己的看法。

20. 我真庆幸自己长得漂亮。

21. 我已经意识到，与同我竞争的人相比，我并不是个好学生。

22. 最近几天，我对自己不满意的地方比以往更多。

23. 对体育运动不擅长是我一个很大的缺点。

24. 对我来说，结识一个新朋友是我所盼望的愉快感受。

续表

25. 许多时候,我感到自己不像身边许多人那样有本事。

26. 在晚会或其他许多聚会上,我几乎从未感到过不舒服。

27. 比起大多数人来,我更少怀疑自己的能力。

28. 在建立爱情关系上,我比大多数人困难更多。

29. 今天我比平常对自己的能力更无把握。

30. 令我烦恼的是,我在智力上比不上其他人。

31. 当事情变得糟糕时,我通常相信自己能妥善地处理它们。

32. 我比大多数人更为担心自己在公共场合讲话的能力。

33. 我比我认识的多数人更自信。

34. 当我考虑继续约会时,我感到紧张或没把握。

35. 大多数人可能会认为我的外表没有吸引力。

36. 当我学一新课时．我通常可以肯定自己在结束时成绩处于班上前 1/4 内。

37. 我像大多数人一样有能力当众讲话。

38. 当我参加社交聚会时,常感到笨拙和不自在。

39. 有时我因为不想当众发言而回避上课或做其他事情。

40. 当我必须通过重要的考试或其他专业任务时,我知道自己能行。

41. 我似乎比大多数人更擅长结识新朋友。

42. 我今天比平时更为自信。

43. 我希望我能改变自己的容貌。

44. 我比大多数人更少担心在公共场合讲话。

45. 现在我感到比平时更乐观和积极。

46. 假如我更自信一点,我的生活就会好一些。

47. 我追求那些智力上富有挑战性的活动,因为我知道我能比大多数人做得更好。

48. 我能毫无困难地得到许多约会。

49. 我在人群中不能像大多数人那样感到舒服。

50. 今天我比平时对自己更有把握。

51. 要是我长得更好看一些,我会在约会上更成功。

# 第三节　团体实施

单元一:相聚在一起

目标:澄清目标,形成团体氛围,增进成员间的相互信任与接纳,拟订团体契约。

内容与操作:

| | |
|---|---|
| 目的:让团体成员了解团体目标和过程,告知辅导的次数。<br>时间:15 分钟 | 1. 团体导入<br>领导者自我介绍和对团体进行介绍。如果成员相互之间比较熟悉,为自己取一个代号,作为团体之后活动的相互称呼;如果成员之间不熟悉,则直接用姓名相互称呼。 |
| 目的:热身,大家更快地进入团体氛围,增进大家的认识,建立熟悉感。<br>材料:报纸。<br>时间:20 分钟 | 2. 棒打薄情郎<br>(1)成员了解和记住彼此的名字(代号),促进了解;<br>(2)围圈就座,选一人手执报纸卷成的"棒子",指导者喊出一位成员的名字(代号),被叫者左右两侧的成员要马上站起来,否则由被叫者给予当头一棒,"棒打薄情郎",反复做,直到大家熟悉彼此的名字(代号)。 |
| 目的:增进成员的信任与接纳,让大家体验信任对自我的益处,开始感受到主题内容,快速进入角色。<br>材料:每人一个眼罩、盲行路线障碍物。<br>时间:30 分钟 | 3. 信任之旅<br>(1)准备眼罩,成员两人一组,一人盲行,一人引导,走完指定路线。盲行和引导者相互交换。通过助人与受助的体验,增加对他人的信任与接纳;<br>(2)讨论:在本次信任之旅活动中,你作为引导者,当时是怎么想的,作为被引导者你又是如何想的。参加本次团体辅导时,团体成员间应该是怎样的关系? |
| 目的:为保证团体正常发挥功能,建立团体成员需要共同遵守的契约和规范。<br>材料:A4 纸 1 张,签字笔 1 支。<br>时间:15 分钟 | 4. 签订合约<br>讨论哪些不好的行为会影响团体的正常进行,怎样让团体更好地进行? 我们应该遵守哪些规范? 大家各抒己见,列在纸上,一致同意后签名。 |

续表

| 目的:调节气氛,结束本次团体辅导。<br>材料:播放设备,音乐《相亲相爱一家人》。<br>时间:10分钟 | 5相亲相爱一家人<br>总结团体,播放音乐《相亲相爱一家人》,成员一起唱。 |
|---|---|

## 单元二:认识自我

目标:探索自我,认识自我,从别人的积极反馈中了解自己的优点。

内容与操作:

| 目的:热身,通过该活动,让分别一周的成员快速进入团体,并慢慢熟悉起来,避免彼此间的陌生感给后续辅导带来的尴尬。<br>时间:10分钟 | 1. 可爱的小喵喵<br>(1)全体围坐成圈,一人当小猫坐在中间;<br>(2)小猫走到任何一人面前,蹲下学猫叫。面对者用手抚摸小猫的头,并说"哦!可怜的小猫。"但是绝不能笑,一笑就算输,要换当小猫;<br>(3)抚摸者不笑,则小猫叫第二次,不笑,再叫第三次,再不笑,就得离开找别人;<br>(4)当小猫者可以装模作样,以逗对方笑。 |
|---|---|
| 目的:通过活动,探索自我概念,增进自我了解,在话题的带领下,无意识地对自我进行探索,加强自我了解。<br>时间:20分钟 | 2. 循环沟通<br>所有成员围成一圈,两两面对面站好,指导者提供话题,先由里圈成员谈话,外圈成员倾听,并相互交换角色。之后,里圈成员向右跨一步,交换谈话对象,指导者提供新的话题,开始新一轮交流,由外圈成员先谈,里圈成员倾听。依此类推。话题:假如我是一种动物(植物、颜色、交通工具、电视节目、上帝……)我希望——因为—— |
| 目的:探索自我形象,了解他人眼中的自我形象。<br>材料:每人一张 A4 纸,一支签字笔。<br>时间:25分钟 | 3. 猜一猜<br>让成员在一张白纸上对自我进行描述,包括优点和不足,越详细越好(从性格特征、交际、形象等)。写好后交给领导者,然后随机抽取一份让成员来猜,请大家说明猜中的理由。 |

| | |
|---|---|
| 目的:正确认识自己不好的一面,积极赋义,让自己能正确地看待不好的性格特征,并能从中看到好的一面,或许积极的看待能带给自己更好的结果。<br>材料:A4纸2、3张,签字笔2、3支。<br>时间:30分钟 | 4. 积极赋义<br>分小组(5~6人)围成圈坐好,对每个成员写下的不好的性格特征进行积极赋义,如:多疑——积极赋义就是自我保护意识强;竞争意识不强——积极赋义就是不争强好胜;鲁莽冲动——积极赋义就是勇敢积极;畏首畏尾——积极赋义就是小心谨慎。每组一人做记录,将小组所作的所有积极赋义的例子进行团体分享,并讨论某些性格特征什么情况下具有积极作用,什么情况下具有消极作用,如何避免其消极作用。 |
| 目的:巩固辅导内容,清晰地认识自我,积极地看待自己的性格特征。<br>时间:5分钟 | 5. 领导者总结 |

## 单元三:悦纳自我

目标:寻找自信的支点,开发自身的潜能,在认识自我的基础上悦纳自我。

内容与操作:

| | |
|---|---|
| 目的:打破彼此的距离感,增进亲密度,激发活力。<br>时间:10分钟 | 1. 口香糖,粘什么<br>人数为偶数,有一人做发令员。所有人问发令员"口香糖,粘什么",发令员发令,如"口香糖,粘肩膀",所有的参加者包括发令员必须迅速地找到另一个人,两人的肩膀粘在一起。最后剩下一个人,变成发令员,继续游戏。 |
| 目的:通过彼此的互相赞美,发现自己一些没有被自我发现的优点,开发自身的潜力。<br>时间:40分钟 | 2. 优点轰炸<br>小组成员轮流坐到中央,其他成员从他身上找特别的地方,然后用发自内心地用语言赞美对方。<br>团体分享:当别人赞美你时,你的感觉如何?你赞美别人时,通常赞美哪些地方?你能给所有的人不同的赞美吗?你在赞美别人时,感到自然吗?为什么会这样?是否有一些优点是自己以前没有意识到的?是否加强了对自身优点、长处的认识? |

续表

| | |
|---|---|
| 目的:学生发现自己更多的优点,找到自信的依据,建立理性的自信系统。<br>时间:30分钟 | 3. 自我寻宝<br>(1)寻宝方式:我开始喜欢我自己,因为……<br>(2)寻宝要求:①必须实事求是;②必须是自己的优点或特长,也可以是自己的进步;③每个人至少找到自己的5个珍宝;<br>(3)团体分享,成员可以给予反馈。 |
| 目的:总结团体收获,增强自我悦纳。<br>时间:10分钟 | 4. 总结分享<br>成员分别分享本次团体自己的收获 |

## 单元四:突破自我

**目标:**利用团体的力量寻找自卑的根源,学习和非理性信念对质的方法,从而克服自卑,树立自信。

**内容与操作:**

| | |
|---|---|
| 目的:热身,体会团队合作,并且在变化中如何调节策略,如何聚焦目标。<br>材料:每人一个气球。<br>时间:15分钟 | 1. 群龙戏珠<br>成员分为二组,并且每人一个气球。领导者说一个气球,小组成员抛出一个气球,然后小组成员保证这个气球不落地,依次增加,看哪组气球没落地的多? |
| 目的:深入挖掘自己,寻找自己的内心深处。<br>材料:每人一张 A4 纸,一支签字笔。<br>时间:15分钟 | 2. 我是谁<br>每个人在一张纸上写下至少 10 个对自己的评价,可以是任何方面:如长相、性格特征、学习、人际关系等,写得越多越好。 |
| 目的:学习情绪 A—B—C 理论,学会剖析自己,学会自己与自己对质。<br>材料:情绪 A—B—C 表格(附录2),签字笔。<br>时间:50分钟 | 3. 情绪 A—B—C<br>(1)领导者跟成员讲解情绪 A—B—C 理论;<br>(2)根据前面的自我评价,分析我存在哪些非理性信念,选择其中一两个成员的自我认知进行对质,教会成员学会自我对质的方法;<br>(3)分成三人一小组,发放情绪 A—B—C 表格,每人选出一项负面自我评价,其他两人进行对质,建立合理信念;<br>(4)回到大组分享这个过程中的收获是什么。 |

| 目的:领悟情绪 A—B—C,实践运用,合理调节自我。<br><br>时间:10 分钟 | 4. 布置作业<br>每个成员把今天学习的情绪疗法运用到最近的生活实例中,找出自己的不合理点是什么,该如何改变? |
|---|---|

# 附录 2　情绪 A—B—C 表格

| 序号 | 事件 A | 情绪和<br>行为 C | 当时的<br>想法 B | 与想法<br>对质 D | 新的情绪<br>和行为 E |
|---|---|---|---|---|---|
| 1 | | | | | |
| 2 | | | | | |
| 3 | | | | | |

单元五:发展自我

目标:利用团体的力量克服自卑,提升自信。

内容与操作:

| 目的:热身,沟通配合能力,活跃气氛。<br>材料:眼罩、盲行路线。<br>时间:20 分钟 | 1."瞎子"背"瘸子"<br>当场选六名成员,三男三女,男生背女生,男生当"瞎子",用眼罩蒙住眼睛,女生扮"瘸子",为"瞎子"指引路,绕过路障,达到终点,最早到达者,为赢。其中路障设置可摆放椅子,须绕行;气球,须踩破;鲜花,须拾起,递给女生。 |
|---|---|
| 目的:帮助成员面对与处理目前的困扰,使其能拥有较愉快的生活,并能顺利发展未来。<br>材料:每人一张 A4 纸,1 支签字笔。<br>时间:40 分钟 | 2. 秘密大会串<br>(1)请成员将目前最感困惑的一件事写在纸上,并将纸折叠好置于团体中央;<br>(2)领导者抽取一张纸并读出其内容,请成员共同思考问题的解决方法;<br>(3)解决问题的方式可以采用讨论、示范、角色扮演、书面资料提供等;<br>(4)逐个解决问题。 |

续表

| 目的:帮助成员处理困扰,也自己找寻自信值。<br>材料:每人一张心形卡,一支签字笔。<br>时间:30 分钟 | 3. 自信百宝箱<br>(1)在心卡上填写"在自信心方面,我无法做到……";<br>(2)4 人为一小组进行脑力激荡:小组成员对心卡上无法做到的事献策,不评价,重数量,为自己挣"自信值";<br>(3)回到大组,每组派一名代表总结收获。 |
| --- | --- |

## 单元六:我的收获

目标:结束团体,处理离别情绪,反思总结收获。

内容与操作:

| 目的:热身。<br>时间:10 分钟 | 1. 成长三部曲<br>以"蹲着"代表"鸡蛋","半蹲着"代表"小鸡","站着"代表"大鸡","坐着"代表"凤凰"。开始状态大家都是鸡蛋,然后两人两人猜拳,赢的人可以进化一步变成小鸡,输的就仍然是鸡蛋。与相同的成长阶段的人猜拳,获胜的就向上一个成长阶段进化。成为凤凰后还可以继续猜拳,输的降一级,直到时间结束。 |
| --- | --- |
| 目的:回顾团体历程,总结自己的收获。<br>时间:40 分钟 | 2. 我的收获<br>(1)展示团体历程 PPT,带领成员回忆这几次团体的历程;<br>(2)轮流讨论,最喜欢、最有感悟的是哪个活动? 自己在团体中有什么收获? |
| 目的:释放离别的伤感,结束团体辅导。<br>时间:40 分钟 | 3. 背上留言<br>(1)每人发一张纸,请成员在纸顶端写上"对某某某(自己姓名)的祝福",然后贴在自己背上;播放《感恩的心》;<br>(2)每个人都在其他人背上写下祝福或建议并签名;<br>(3)完成后,成员细细阅读他人的祝福,表达对团体和成员的感谢;<br>(4)带领者总结团体,祝福成员,结束团体。 |

**参考文献:**

丘建华．英国职业资格培训体系[J]．交通高教研究,1998,(4).

车丽萍．自信的概念、心理机制与功能研究[J]．西南师范大学学报,2002,28(2).

# 第四篇　情绪管理

## 第九章　我的心情我做主——中学生情绪管理团体

### 第一节　理论依据

卡莱尔曾经说过:"我从那个人的神情和眼神中,看到了一丝希望之光,看到了更远、更美好的未来之光。"初中学生处于生长剧变的青春发育期,这是心理不成熟向成熟发展的过渡期,他们的情绪表现既有儿童时期留下的天真幼稚,又有成年期的深思熟虑。

一般认为,青少年随着年龄的增长和年级的升高,社会性情感将趋于丰富,会积极地思索人生倾向。另外,不同个体在情感发展、情绪表现上呈现出一定的差异性,男女的情绪各有特点。随着认知水平的提高,知识经验的累积,有的初中生已经有了一定的控制能力,情绪趋于稳定。但同成年人相比,他们的情绪仍带有明显的波动性,时而激动时而平静,时而消极时而积极。学习成绩的优劣、成员关系的好坏,等等,都会引起情绪的波动。

中学生情绪特点是外显性与内隐性并存,冲动性与理智性并存。喜怒哀乐常形于色,又有意识地控制自己,因此学会了一些曲折的、文饰的表达方式,常常不容易被他人理解。总体上,初中生尚不善于自我控制情绪,情绪体验强烈并易冲动,具有明显的冲动性和极端性,容易在受到外界刺激时,出现各种剧烈的情绪反应。因而,在此阶段进行及时有效的情绪教育尤为重要。教师应有效地发展成员的自我情绪认知能力,提高他们的情绪管理技能,并进一步培养他们的情绪自我激励能力。

　　情绪的管理不是要去除或压制情绪,而是在觉察情绪后,调整情绪的表达方式,通过一定的策略和机制,使情绪在生理活动、主观体验、表情行为等方面发生一定的变化,从而使人学会以适当的方式在适当的情境表达适当的情绪。

　　情绪 ABC 理论是由美国心理学家埃利斯创建的。埃利斯认为激发事件 A(Activating event)只是引发情绪和行为后果 C(Consequence)的间接原因,而引起 C 的直接原因则是个体对激发事件 A 的认知和评价而产生的信念 B(Belief),即人的消极情绪和行为障碍结果(C),不是由于某一激发事件(A)直接引发的,而是由于经受这一事件的个体对它不正确的认知和评价所产生的某种信念(B)所直接引起。这种信念也称为非理性信念。情绪 ABC 理论又称为"合理情绪疗法",常常应用于情绪障碍的疗愈。本方案也借鉴了该方法,旨在为学生的情绪健康服务。

## 第二节　团体方案设计

### 一、团体性质

　　本团体属于心理教育成长性、结构式、同质性团体,团体成员情绪调节能力较弱,有强烈的探索意愿。

### 二、团体目标

　　总体目标:认识自己的情绪,学会正确地表达和调节情绪。
　　具体目标:
　　(1)增强情绪觉察能力;
　　(2)帮助成员以适当的方式表达情绪;
　　(3)增强成员的心理承受能力,掌握情绪调节的方法。

### 三、团体成员及招募甄选

　　团体由 8～12 名中学生组成,可以通过海报张贴及网络公告方式在校园内公开招募组员。领导者与报名者进行面谈,选择情绪调节有困难的学生进入团体。性格过于孤僻和有严重心理障碍的成员不宜参加。

### 四、团体领导者及训练背景

具备团体心理辅导的相关培训经历,对情绪辅导有一定经验的心理老师。

### 五、团体时间及次数

团体辅导分为六个单元,每周一次,每个单元 80 分钟左右。

### 六、团体场地

一般而言,一间宽敞、清洁、空气流通、气温适当的房间,最好有隔音条件,没有固定的桌椅为最理想。团体活动中成员可以在地毯(板)上席地而坐,随意坐成大圈,或分组坐成小圈。

### 七、团体效果评估

团体结束后填写团体成员反馈单进行评估(附录 4)。

### 八、团体设计总方案

团体活动方案共有六个单元,方案概要见表 9-1。

表 9-1　我的心情我做主团体总方案

| 单元名称 | 单元目标 | 主要活动内容 |
|---|---|---|
| 一、缘聚 | 1. 促进成员相互熟悉,建立良好的团体心理辅导关系;<br>2. 制订团体合约书。 | 1. 大风吹小风吹<br>2. 名字连连看<br>3. 我们的契约<br>4. 我们的期望<br>5. 总结 |

续表

| 单元名称 | 单元目标 | 主要活动内容 |
|---|---|---|
| 二、情绪初体验 | 1. 增加成员间信任感和凝聚力；<br>2. 了解自己的情绪。 | 1. "大西瓜"和"小西瓜"<br>2. 你演我猜<br>3. 冥想放松<br>4. 总结 |
| 三、情绪对立面 | 1. 使成员深入了解自己和他人的情绪体验及情感反应；<br>2. 协助成员面对自己的不良情绪，接纳自己的不良情绪。 | 1. 鸡蛋变凤凰<br>2. 情绪卡片<br>3. 凡人、天使与魔鬼<br>4. 总结 |
| 四、怒也可遏 | 1. 帮助成员了解愤怒对人行为、身心的影响；<br>2. 帮助成员学会宣泄、表达愤怒的方法，掌握控制愤怒的有效策略。 | 1. 情景表演<br>2. 引导成员讨论并分享<br>3. 我也有愤怒<br>4. 制怒法宝<br>5. 总结 |
| 五、快乐召唤 | 1. 帮助成员掌握镜子技术；<br>2. 培养成员"发现快乐"的能力。 | 1. 一块五毛<br>2. 看看双面镜<br>3. 寻找快乐源泉<br>4. 快乐集结号<br>5. 总结 |
| 六、温情回忆 | 1. 带领成员回忆团体历程；<br>2. 成员彼此反馈意见；<br>3. 让成员对团体进行评价。 | 1. 松鼠搬家<br>2. 我的心花<br>3. 感谢有你<br>4. 总结 |

# 第三节　团体实施

单元一：缘聚

目标：促进成员进一步熟悉，建立良好的团体心理辅导关系；制订团体合约书。

## 内容与操作：

| | |
|---|---|
| 目的：暖场，降低紧张和陌生感。<br>时间：15分钟 | 1. 大风吹小风吹<br>成员围圈坐，撤掉一张椅子，领导者在中间讲解游戏规则：领导者说"大风吹呀小风吹"，成员回应"什么风？"，领导者说"大风"，成员回应："吹什么？"，领导者说出一样成员有的特征，如"吹穿牛仔裤的"，则所有穿牛仔裤的需起立另找座位，带领者找个空座坐下，没座位的成员担任下一轮主持。领导者说"小风"则穿牛仔裤的同学不动，没有穿牛仔裤的同学起身另找座位。大风小风随意进行。没有位子的成员担任下一轮带领者，最后让熟悉的人、同性别的不要坐一起，帮助大家融入团体。 |
| 目的：帮助成员相互熟悉，建立团体关系。<br>时间：15分钟 | 2. 名字连连看<br>(1)给每位成员三分钟的时间，思考如何用最好记的方式介绍自己的名字和特点。领导者先进行自我介绍，作为示范。按顺时针方向，从某个成员开始介绍自己，要求先用一句话介绍自己，这句话中务必包含两个信息：姓名以及自己与众不同的特点，比如"我是活泼的周慧"；<br>(2)从第二个成员开始，每人介绍自己时都必须提及上一个人的名字和特点（如"我是坐在活泼的周慧身旁的内向害羞的王琳"）；<br>(3)领导者向成员简单说明本团体的名称、性质、进行方式及目标。 |
| 目的：制定相关规则，规范成员行为，进一步完善团体结构。<br>材料：A4纸和笔若干。<br>时间：15分钟 | 3. 我们的契约<br>各小组发一张A4纸，让小组成员共同讨论团体辅导规范，让小组设计组名、logo以及口号。最后领导者归纳总结，并强调保密、守时、尊重、接纳、不做恶意评价等基本原则。团体契约建立后请每个成员在契约上签下自己的名字。请每组成员派代表介绍组名和logo的意义，小组成员再一起喊出他们的口号。 |

续表

| 目的:明确成员参加团体的动机,加强自我实现团体期望动力。<br>时间:30 分钟 | 4. 我们的期望<br>(1)每个团体成员思考并回答两个问题:我加入团体的期望是? 我期望我们的团体是?<br>(2)领导者澄清成员对团体的错误期盼和认识,说明团体的功能、目的和其他资料。 |
| --- | --- |
| 目的:总结归纳。<br>时间:5 分钟 | 5. 总结<br>领导者进行小结。 |

## 单元二:情绪初体验

目的:增加成员间信任感和凝聚力,了解自己的情绪。

内容与操作:

| 目的:活跃团体气氛,增加团体凝聚力。<br>时间:10 分钟 | 1. "大西瓜"和"小西瓜"<br>领导者说"大西瓜",成员用双手比划"小西瓜"的样子;领导者说"小西瓜",成员用双手比划"大西瓜"的样子。领导者的语速先慢一些,然后适当加快,直至团体氛围活跃。犯错的成员接受轻松有趣的惩罚,惩罚的方式多元化。 |
| --- | --- |
| 目的:帮助成员了解情绪的种类,初步体验情绪。<br>材料:情绪卡片若干。<br>时间:25 分钟 | 2. 你演我猜<br>领导者说明我们的感受有很多种,有开心的感受,也有不舒服的感受。请成员两两一组,领导者分给每个小组两张情绪卡,小组中一个成员向另一个成员表演卡片上的情绪并由观看者猜测表演者表演的情绪是什么。每个小组都表演结束后由表演者说一下情绪的类别,让成员更加了解情绪。 |
| 目的:帮助成员进一步体验情绪变化。<br>材料:冥想指导语(附录 1),轻音乐,情绪觉察表(附录 2)。<br>时间:40 分钟 | 3. 冥想放松<br>(1)伴随舒缓的音乐,选择舒适的姿势,成员放松肌肉,回想近一段时期生活中发生的事件,并注意自己情绪上的变化。<br>(2)发给成员事先准备好的情绪觉察表,让成员完成上面的问题;<br>(3)3 人小组分享,再大组分享。 |
| 目的:领导者小结。<br>时间:5 分钟 | 4. 总结<br>引导成员分享本次团体活动的收获和体会。 |

# 附录 1　冥想指导语

引导语:请大家用鼻子呼吸,腹部吸气。双肩自然下垂,慢慢闭上双眼,然后慢慢地深深地吸气,吸到足够多时,憋气 2 秒钟,再把吸进去的气缓缓地呼出。"吸……呼……吸……呼……",呼气的时候告诉自己我现在很放松很舒服,注意感觉自己的呼气、吸气,体会"深深地吸进来,慢慢地呼出去"的感觉。现在让我们回想最近一个月让我感到开心的事情是什么,当时的心情是怎样的,现在想起这些事情时我的心情是怎样的。好,让我们在快乐的心情中多待一会。现在我们继续回想最近一个月让我感到不开心的事情是什么,当时的心情是怎样的,现在想起这些事时,我的心情是怎样的……好,现在大家可以在情绪里多待一会,然后慢慢地慢慢地睁开双眼。

# 附录 2　情绪觉察表

1. 最近让我感觉高兴的事情是＿＿＿＿＿＿＿＿＿＿＿＿＿＿＿＿＿＿．
当时我的心情是＿＿＿＿＿＿＿＿＿＿＿＿＿＿＿＿＿＿＿＿＿＿＿＿
现在想起这些事,我的心情是＿＿＿＿＿＿＿＿＿＿＿＿＿＿＿＿＿
2. 最近让我感觉不高兴的事情是＿＿＿＿＿＿＿＿＿＿＿＿＿＿＿＿
当时我的心情是＿＿＿＿＿＿＿＿＿＿＿＿＿＿＿＿＿＿＿＿＿＿＿＿
现在想起这些事,我的心情是＿＿＿＿＿＿＿＿＿＿＿＿＿＿＿＿＿
3. 每当心情好的时候,我会觉得＿＿＿＿＿＿＿＿＿＿＿＿＿＿＿＿
4. 每当心情糟的时候,我会觉得＿＿＿＿＿＿＿＿＿＿＿＿＿＿＿＿
5. 我的心情总是＿＿＿＿＿＿＿＿＿＿＿＿＿＿＿＿＿＿＿＿＿＿＿＿

单元三:情绪对立面

目的:

1. 使成员深入了解自己和他人的情绪体验及情感反应;

2. 协助成员面对自己的不良情绪,接纳不良情绪。

内容与操作:

| 目的:活跃团体气氛、调整成员心态。<br>时间:10分钟 | 1. 鸡蛋变凤凰<br>(1)活动规则:所有人都是鸡蛋,作为鸡蛋的大家需要蹲着行进,找同级鸡蛋的成员站起来,进行剪刀石头布,输的人继续做鸡蛋,赢的人晋级为小鸡,再继续找同样等级的成员继续进行剪刀石头布,再次赢的人晋级为凤凰,输的人在其基础上再降级;<br>(2)最后输的没能晋级的成员需要给大家表演小节目。 |
|---|---|
| 目的:通过情绪卡片使成员了解近期自己的情绪变化,并找到原因。<br>材料:纸片。<br>时间:20分钟 | 2. 情绪卡片<br>领导者将准备好的纸片分发给团体成员,让小组成员写下最近几天关于自己情绪的词,说说自己为什么会写下这些词语,是什么原因才产生这些情绪。 |
| 目的:帮助成员体验积极与消极信念所带来的复杂情感。<br>时间:45分钟 | 3. 凡人、天使与魔鬼<br>(1)成员按顺序报1、2、3,报1的成员为一组,以此类推,分成三组;<br>(2)每个组员在组内轮流担当"凡人"的角色,并向组内其他成员说出最近自己的一个烦恼。其他成员可以选择担当天使或者是魔鬼,分别对凡人的烦恼从积极和消极的角度进行评价。天使与魔鬼可以通过互相反驳,让凡人体验到积极与消极的信念所带来的情感体验;<br>(3)轮流交换角色,保证每个组员都担任过每个角色。分享担当凡人、天使或魔鬼的感受如何,最后凡人听取天使与魔鬼的反驳后,分享自己找到的更好地解决烦恼的方法;<br>(4)小组派代表在大组中分享收获。 |
| 目的:领导者小结。<br>时间:5分钟 | 4. 总结<br>引导成员分享本次团体活动的收获和体会。 |

单元四：怒也可遏

目的：

1. 帮助成员了解愤怒对人行为、身心的影响；

2. 帮助成员学会宣泄、表达愤怒的方法，掌握控制愤怒的有效策略。

内容与操作：

| | |
|---|---|
| 目的：通过情景表演还原在日常生活中的冲突，让成员身临其境地感觉愤怒。<br>时间：10分钟 | 1. 情景表演<br>两位成员分角色扮演路人，在进教学楼时不小心相撞，但互不相让，话不投机，发生争吵，导致双方情绪越来越激动，越来越愤怒，乃至于发生肢体冲突的情景。 |
| 目的：分享观点，说说自己如何看待这场冲突，对照自己该怎么做。<br>时间：20分钟 | 2. 引导成员讨论并分享<br>衔接上一个活动，请成员思考并回答：你怎样看待这一事件？为什么会出现不可控制的局面？如果是你，你会怎样做？分组分享个人观点，分享时间不宜超过两分钟。 |
| 目的：认识愤怒的表现及其后果。<br>材料：纸笔若干。<br>时间：30分钟 | 3. 我也有愤怒<br>(1)纸笔练习：写出自己曾经历的愤怒事件，当时自己的认知、心情、生理反应、行为、后果、事后自己的感受；<br>(2)请大家分享，带领者汇总在黑板或白板上，整理出成员在愤怒时的认知、心情、生理反应、行为、后果、事后的感受，帮助成员认识愤怒的表现及其后果。 |
| 目的：寻找控制愤怒的方法。<br>时间：15分钟 | 4. 制怒法宝<br>针对上一环节，请两三位成员分享愤怒事件，邀请其他成员给予调节愤怒的建议，多多益善，列在黑板或白板上，邀请同学们一起鉴别、归纳有效的愤怒管理策略。 |
| 目的：领导者小结。<br>时间：5分钟 | 5. 总结<br>引导成员分享本次团体活动的收获和体会。 |

单元五:快乐召唤

目标:帮助成员掌握镜子技术,培养成员"发现快乐"的能力。

内容与操作:

| | |
|---|---|
| 目的:活跃团体氛围,增强成员团队意识。<br>时间:10分钟 | 1. 一块五毛<br>规则设定男生为五毛钱,女生为一块钱。成员听着音乐随意走动,领导者任意说出钱币数量,如"三块五",成员听到后快速站成一组,每一组成员们加起来必须刚好符合领导者报的钱币数量,超过和未满的成员要接受惩罚。 |
| 目的:通过相互模仿愉悦表情,自身也能获得这种愉悦情绪,帮助成员发现快乐情绪。<br>时间:20分钟 | 2. 看看双面镜<br>(1)成员两人一组,甲成员做出各种愉快的表情,乙成员作为镜子模仿甲的各种表情,时间为5分钟左右,然后双方互换角色;<br>(2)成员讨论分享:看到"镜子"的表情,你有什么感受? 你认为情绪可传染吗? 在努力做各种愉快表情时,你的情绪有变化吗? |
| 目的:学会寻找生活中的快乐,学会保持积极心态。<br>活动材料:《美国年轻人眼里的开心时刻》(附录3)、纸笔若干、礼品一份。<br>时间:25分钟 | 3. 寻找快乐源泉<br>(1)领导者阅读《美国年轻人眼里的开心时刻》,引导成员思考:认真关心生活,快乐其实很简单;<br>(2)请成员回想最近两周令自己开心的事件,在A4纸上列出自己的"快乐清单",每人至少列出10项;<br>(3)请成员大声读出自己的快乐清单。 |
| 目的:通过分享,帮助成员获得更多寻找快乐的方法。<br>材料:纸笔若干。<br>时间:20分钟 | 4. 快乐集结号<br>成员回忆、归纳让自己快乐的秘密武器。然后小组内交流,选出能有效使人快乐的秘密武器,存入"快乐集结号"内。结束后每个小组请一名代表把本组的"快乐集结号"贴出,并简要介绍本组的秘密武器。 |
| 目的:领导者小结。<br>时间:5分钟 | 5. 总结<br>引导成员分享本次团体活动的收获和体会。 |

# 附录3　美国年轻人眼里的开心时刻

1. 异性一个特别的眼神。

2. 听收音机里播放自己最喜欢的歌曲。

3. 躺在床上静静地聆听窗外的雨声。

4. 发现自己想买的衣服正在降价出售。

5. 被邀请去参加舞会。

6. 在浴缸的泡沫里舒舒服服地洗个澡。

7. 傻笑。

8. 一次愉快的谈话。

9. 有人体贴地为你盖上被子。

10. 在沙滩上晒太阳。

11. 在去年冬天穿过的衣服里发现20美元。

12. 在细雨中奔跑。

13. 开怀大笑。

14. 开了一个绝妙幽默的玩笑。

15. 有很多朋友。

16. 无意中听到别人正在称赞你。

17. 醒来时发现还有几个小时可以睡觉。

18. 自己是团队的一分子。

19. 交新朋友或和老朋友在一起。

20. 与室友彻夜长谈。

21. 甜美的梦。

22. 见到心上人时心头撞鹿的感觉。

23. 赢得一场精彩的棒球或篮球比赛。

24. 朋友送来家里自制的甜饼和苹果派。

25. 看到朋友的微笑,听到他们的笑声。

26. 第一次登台表演,既紧张又快乐的感觉。

27. 偶尔遇见多年不曾谋面的老友,发现彼此都没有改变。

28. 送给朋友一件他一直想要得到的礼物,看着他打开包装时的惊喜表情。

仔细琢磨一下,快乐真的就这么简单。只要你用心活着,用心去感受,很多时刻都是你的开心时刻。

单元六:温情回忆

目标:帮助成员回顾团体内容,进行团体反馈,总结团辅以来的收获。

内容与操作:

| 目的:营造团体活动氛围。<br>时间:10分钟 | 1. 松鼠搬家<br>(1)3人一组,其中两人面对面,举高双手呈拱桥状,扮成树;另一人就蹲在拱桥下扮成松鼠,另外有一位主持;<br>(2)游戏中有三个指令,包括松鼠搬家、樵夫砍柴及森林大火。主持发号施令后,大家要按指令重新组合,主持人迅速抢占空位,未能够成组合则当输,成为下一轮主持;<br>(3)松鼠搬家:扮松鼠的人需要移到另一棵树。樵夫砍柴:扮树的人需要与另一人组成一棵新树。森林大火:所有玩家需要重新组成树和松鼠的组合。 |
|---|---|
| 目的:回顾团体活动历程,巩固收获。<br>时间:30分钟 | 2. 我的心花<br>(1)领导者带领成员回顾整个团体;<br>(2)请每位成员分享自己感触最深的活动。 |
| 目的:分享团体结束感受,彼此赞美祝福接受离别。<br>时间:25分钟 | 3. 感谢有你<br>(1)领导者请成员简单描述此时此刻的情感体验,并说说此刻最想说的话;<br>(2)成员之间表达对彼此的赞美和祝福。 |
| 目的:完成团体回馈单,结束团体。<br>时间:15分钟 | 4. 总结<br>(1)请成员填写团体回馈单(附录4)。<br>(2)领导者总结团体,表达祝福,宣布团体结束。 |

# 附录4　团体成员反馈单

| 1. 团体的经验对你个人生活有什么影响? |
|---|
|  |

| 2. 团体辅导给你留下的最深刻的印象是什么? |
|---|
|  |

续表

| |
|---|
| 3. 你生活中的哪些改变是来自团体经验的？ |
| 4. 团体经验对你是否有负面影响？如果有,请阐述。 |
| 5. 如果请你用一两句话来说明团体对你的意义,你将如何回答？ |
| 6. 你认为整个团辅活动有什么需要改进的地方？ |

**参考文献：**

钟志农．埃氏人格发展理论与中小学班级团体辅导[J]．中小学心理健康教育,2006,(8).

颜苏勤．团体心理辅导主题活动方案[M]．北京:高等教育出版社,2015.

田文．中小学心理健康教育活动设计与实施[M]．北京:清华大学出版社,2013.

# 第十章　走出舒适圈——中学生学校恐惧心理辅导团体

## 第一节　理论依据

恐惧症是仅次于抑郁症、酒精依赖、精神障碍的神经症。它由强迫症中的强迫性恐惧情绪演化而来的,后来分化独立成为恐惧症的诊断,故许多恐惧症患者有强迫性格特征或一些强迫症状,应根据主要症状建立诊断。恐惧症也伴有严重的焦虑,但是境遇性的、发作性的。

恐惧被定义为:个体知觉到环境中出现了威胁或引起恐惧回忆的线索后产生的防御性反应。学校恐惧症通常被定义为由于情绪障碍入学困难,特别表现恐惧情绪和焦虑情绪。在《美国精神障碍诊断与统计手册〈第四版〉》里指出,特定的学校恐惧包括持久的害怕和避免特定物体和环境的恐惧。一些学者根据诊断标准将特定恐惧症(学校)、社交恐惧症和分离焦虑症作为拒绝上学症的三个亚型。其与学校恐惧症的区别在于拒绝上学症涵盖的问题比较广泛,而学校恐惧症较狭窄,以恐惧或焦虑为主要临床表现。

患有学校恐惧症的未成年人有着强烈的对学校的恐惧情绪,常常伴随着躯体症状如头晕目眩、反胃、腹痛、呕吐等,并且一回到家所有症状均消失。然而一些学生离开家之后再回到学校产生困难,另外一些学生则拒绝继续上学。按其程度等级可分为:威胁或哀求父母不上学;早上反复出现回避上学的行为,比如反复"耍赖";要求父母陪同上学;偶尔不上学或缺课;反复交替出现不上学、缺课;在某一学期某段时间完全不上学;完全长期休学在家。学校恐惧症的学生最常见的主诉不是焦虑、紧张或不愉快,而是躯体症状,表现为头痛、头晕、腹痛、哮喘发作、自主神经功能紊乱,如出汗、手抖、尿急等,但这些躯体症状却缺乏相应的体格检查或实验室检查。病程中后期学生还会出现家庭暴力,如通过毁物、攻击父母、自伤自残等行为达到不去学校的目的。接着出现情绪消极倦怠,从起初获得允许留在家里情绪马上平静好转,到后来变得情绪低落消沉、嗜睡。后期可伴随出现某些精神症状,如幻听幻觉、心境不良和抑郁。

治疗学校恐惧症可用以下疗法。

理性情绪疗法。理性情绪疗法是美国心理学家埃利斯创立的一种心理咨询和心理治疗方法,它的基本特点是将观点、想法作为突破,借由改变人的非理性观念,达到改变低落情绪的目标,使人表现出较积极与负责任的倾向。学生具有足够的抽象思维能力,在开放的团体气氛下,应用理性情绪疗法对其不合理思维进行改造,从而控制焦虑情绪的发生,是可以收到效果的。

系统脱敏疗法。其理论基础是行为主义的学习理论,即经典的条件反射与操作条件反射。能减轻或消除条件性恐惧的最有效办法——"去条件化技术",即在恐惧物体出现的同时伴随产生一个愉快事情使之发生竞争反应。专家认为运用反应竞争方法同样可以治疗人的恐惧症,即人为引起与恐惧相矛盾的情绪反应(如放松、安静)时通过逐步递增引起恐怖的情境,增加耐受性,从而逐渐消除恐惧反应,此即所谓"系统脱敏疗法"。由于在系统脱敏治疗过程中,治疗师的鼓励、赞许对来访者的操作训练起着强化作用,使来访者在恐怖情境下仍保持放松,不再引起焦虑,这样,恐怖行为就会自然消退。治疗师有步骤地让来访者在放松状态下想象以前曾引起他恐惧和回避的情境,逐步增加其耐受程度;由于处于放松状态,来访者一般不会出现回避行为,并且能直接体验到平静和放松的情绪,因而原先恐惧反应的强化因素被消除,这样经过反复多次以后,来访者的焦虑和回避行为就会逐步减退和削弱。

# 第二节　团体方案设计

## 一、团体名称

走出舒适圈——中学生学校恐惧心理辅导团体

## 二、团体性质

该团体是一个发展性的治疗团体,团体成员做到最大同质性,在封闭性的心理训练中让成员获得最大发展。

## 三、团体目标

总体目标:解决学生在学校恐惧困扰,提升自信心和适应能力。

具体目标:

(1)消除成员对学校恐惧的行为和焦虑情绪,增强上学的自信心;

(2)完善成员的个性,形成正确的自我观念;

(3)提高有效处理各种生活挫折的能力,增强其自信心和学校、社会适应能力;

(4)发现团体中也有人与自己有类似的困扰,以减少孤独感;

(5)学习把团体中的成果应用到日常生活中。

## 四、团体成员及招募方式

(1)用自编问卷《中学生学习情况调查表》(附录 1)对初级中学学生学习情况进行分析;

(2)从分析结果中挑选出具有明显厌学情绪的学生 12 人作为成员。

## 五、团体领导者及训练背景

有心理专业背景或有心理学爱好的学校教师,有良好的师德师风,尊重学生爱护学生;接受过团体辅导培训。

## 六、团体活动次数和时间

每周一次,共 9 次,每次活动时间为 60 分钟。

## 七、团体活动场地

学校团体心理辅导室。

## 八、团体效果评估方法及工具

团体结束后用观察法定时观察成员的改变。

## 九、团体设计总方案

该团体活动方案共有九个单元,总方案见表 10-1,每个单元活动都有自己的分目标和活动内容,都为团体总目标服务。

表 10-1　走出舒适圈——中学生学校恐惧心理辅导团体总方案

| 单元 | 目标 | 研讨与练习 |
| --- | --- | --- |
| 一、嗨！你好！ | 1. 游戏中成员进行初步认识;<br>2. 游戏初始阶段,让成员明确团体规则,规范团体。 | 1. 知你识我<br>2. 棒打薄情郎<br>3. 建立团队合约<br>4. 小结 |
| 二、我们是一家 | 1. 初步建立成员间的互助意识;<br>2. 增加成员间的亲密感。 | 1. 寻找我的那一半<br>2. 镜中人<br>3. 盲人与拐杖 |
| 三、认识我自己 | 1. 将注意力放到现在,增加成员的现实感;<br>2. 在活动中认识现在的自己,锻炼成员的自我认知能力。 | 1. 口香糖,粘粘粘<br>2. 小小动物园<br>3. 我是谁 |

| 单元 | 目标 | 研讨与练习 |
|---|---|---|
| 四、我是最棒的！ | 1. 体验被肯定的感觉，增强成员自信心；<br>2. 学会发现并欣赏他人的优点，促进成员间的相互接纳和肯定。 | 1. 桃花朵朵开<br>2. 猜猜我是谁<br>3. 戴高帽子 |
| 五、情绪百变箱 | 1. 促进成员对情绪的认识；<br>2. 学会改善自己的情绪，并清楚自己可以控制情绪。 | 1. 备受攻击<br>2. 我的小情绪<br>3. 情绪 ABC |
| 六、我不害怕（一） | 1. 学会放松方法；<br>2. 通过暴露自己的学习焦虑事件，帮助成员脱敏。 | 1. 温暖的表情<br>2. 我会呼吸<br>3. 系统脱敏 |
| 七、我不害怕（二） | 强化脱敏练习，促进进一步的焦虑脱敏。 | 1. 甜心<br>2. 肌肉放松<br>3. 冥想放松 |
| 八、无限可能 | 认识到自己的生命中的可能性，增强成员对未来的信心。 | 1. 解开千千结<br>2. 第一次乘机<br>3. 生命线<br>4. 我的目标 |
| 九、我一定能做到 | 相互祝福，结束团体。 | 1. 爱的伙伴<br>2. 把心留住 |

## 附录1　中学生学习情况调查表

　　这是一份关于你们当前学习状况的问卷表，答案没有对错之分，一共有 10 个题目，每个题你可选 1 项或多项，并在该选项字母旁打"√"：

　　1. 你觉得上学是为了什么？

　　A. 提高自身素养，培养生存生活能力

　　B. 考上好学校

　　C. 交个好朋友

D. 父母逼迫

2. 你觉得学习很累吗？

A. 不累

B. 不知道

C. 有点累

D. 很累

3. 平时考试班内排名，你一般在哪个位置？

A. 前

B. 中上

C. 中

D. 中下

4. 你对考试的态度是什么？

A. 愿意通过考试检查自己的学习水平，以便确定下一步目标

B. 害怕考试不好挨批评

C. 无所谓

5. 在班里你觉得自己总是不如人吗？

A. 不是

B. 不知道

C. 是的

6. 你喜欢的老师总是什么样？

A. 关心理解学生

B. 公平、公正、严厉

C. 知识丰富

D. 方法灵活

E. 风趣幽默

7. 你认为你的班级怎么样更好？

A. 大家努力学习

B. 班内事情分工明确

C. 表扬和批评公道

D. 纪律好

8. 近期内影响你学习的是哪方面?

A. 电视

B. 电脑

C. 手机

D. 低俗小说

E. QQ 聊天

9. 你不想学习时总是做什么?

A. 逃课在校外玩

B. 上课想别的事,干别的活

C. 上课做个怪动作引起大家注意

D. 找同学或老师或家长谈心

10. 你的家长总是什么样?

A. 理解我,支持我

B. 总是认为孩子是懂事的,有时不满意会马上告诉怎么做

C. 对孩子总是批评埋怨,看不到孩子的好处和进步

D. 大人学习并不好,但是很有钱,很有面子

## 第三节　团体实施

单元一:嗨! 你好!

目的:团体成员间的初步相识,规范团体,为团体后的活动奠定基础。

内容与操作:

| | |
|---|---|
| 目的:成员间的初步相识。<br>材料:无。<br>用时:10 分钟 | 1. 知你识我<br>(1)成员在房间里自由漫步,见到其他成员,微笑着握握手;<br>(2)当领导者说"停"时,每个成员面对的或正在握手的人就成了朋友,两人一组,席地而坐;<br>(3)每组的两人各自做自我介绍,介绍内容包括:姓名、来自哪个班级、有什么兴趣爱好等愿意让对方了解的个人资料;<br>(4)相互介绍结束后请成员一一分享自己从对方得到的信息。 |

续表

| | |
|---|---|
| 目的:1.进一步认识其他成员;<br>2.增加成员间的亲密感。<br>材料:旧报纸卷成的纸棒。<br>时间:25分钟 | 2. 棒打薄情郎<br>(1)成员围圈而坐,轮流介绍自己的名字、班级和兴趣爱好等个人资料,每个人都专心地去记其他人的名字;<br>(2)介绍完毕后成员围圈而站,选一个执棒者站在中间,由他面对的人开始大喊出另一位成员的姓名,执棒者这时需要跑到被叫名字的成员面前;<br>(3)被叫名字的成员需要立即喊出另一位成员的姓名,如果叫不出来,就会受当头一棒,然后由这个被打的人执棒;<br>(4)依以上环节类推,直到大家都熟悉彼此的名字为止。 |
| 目的:用一定的规则规范团体,保证小组活动的有效性。<br>材料:A4纸。<br>时间:20分钟 | 3. 建立团队合约<br>(1)请成员谈谈对小组的期待和规范约定,根据大家的讨论制订小组合约,请大家在合约上签字。<br>(2)一般小组合约大致包括如下内容:<br>①要按时参加小组活动,不迟到、不早退,以免影响小组活动的人员分工、小组活动的正常进程和活动气氛;<br>②要敢于真诚地开放自己的内心,团队将会包容成员的任何品质;<br>③要充分尊重、接纳其他组员,以形成一个安全、开放、坦诚的小组氛围;<br>④为组员保守心灵秘密。<br>(3)成员与领导者共同在合约上签名。 |
| 目的:总结、结束团体。<br>时间:5分钟 | 4. 小结<br>领导者总结团体,预告下次活动。 |

单元二:我们是一家

目的:

1. 在成员间建立起互助意识,促进团队发展;

2. 拉近成员间的距离,增强亲密感。

内容与操作：

| | |
|---|---|
| 目的:促进成员间更深层的认识,拉近成员距离。<br>材料:剪成三角形、正方形、长方形和圆形的彩色纸、胶水、硬纸板。<br>用时:10分钟 | 1. 寻找我的那一半<br>(1)领导者将准备好的彩纸打乱,让成员随机抽取;<br>(2)成员抽取后在团体中找到与自己形状相匹配的另一位成员;<br>(3)找到后两人将彩色纸贴在硬纸板上,并写下两人的名字;<br>(4)两人相互自由交谈;<br>(5)交谈结束后全体成员围圈而坐,每一对轮流向大家介绍对方,使成员们更深入地相互认识。 |
| 目的:进一步增加成员间的亲密感。<br>材料:无。<br>时间:10分钟 | 2. 镜中人<br>(1)根据上一环节寻找的"另一半",两个团体成员组成一队;<br>(2)一个人自由做动作,另一个人模仿,轮流模仿两分钟后交换角色,模仿的过程中不可说话,用心体会对方的用意;<br>(3)模仿结束后相互交流,看看自己对他人的理解是否准确;<br>(4)仍然两人一组,一人说话,另一人照原话重复叙述,两分钟后互换角色;<br>(5)结束后两人交流感受,全身心投入地观察理解他人。 |
| 目的：1. 通过活动,增加成员的互助意识;<br>2. 通过助人与受助的体验,增加对成员的信任与接纳。<br>材料:盲行路线、眼罩。<br>用时:40分钟 | 3. 盲人与拐杖<br>(1)"盲人"戴上眼罩后原地转3圈,失去方向感后体验盲人的无助;<br>(2)"盲人"旅行过程中,"拐杖"只能用肢体动作引导,不允许进行语言交流,以男女生互助方式进行,完成后交换角色,重新体验;<br>(3) 在"盲人"与"拐杖"角色互换的旅行中,最好不要选择原来的伙伴,以新对象为好;<br>(4) 活动结束后,成员分享活动中的体验,教师对成员的感言给予反馈;<br>(5) 在成员分享活动体验后,领导者进行总结。 |

单元三:认识我自己

目的:

1. 将注意力放到现在,增加成员的现实感;

2. 在活动中认识现在的自己,锻炼成员的自我认知能力。

内容与操作:

| 目的:通过活动,活跃团体氛围。<br>材料:无。<br>时间:10分钟 | 1. 口香糖,粘粘粘<br>(1)全体成员围成一个圆圈,领导者站在圆圈中心做示范;<br>(2)领导者示范完毕后,换成一个随机成员站在圆圈中心,活动开始时,圈里的成员喊"口香糖",其他成员集体问"粘哪里?"圈里的成员回答,如果回答是"粘耳朵",那围成圈的成员就必须找到人两两配对将耳朵贴在一起,没有找到对象的成员就要接受一定的惩罚。惩罚形式由成员自己决定;<br>(3)下一轮由被惩罚的成员站在圈中心并发出指令,指令需要换成身体不同的部位,尽量不要重复。比如,粘右脚、粘左手、粘后脑勺等;<br>(4)也可以增加粘接的人数和性别选择。比如,三个人粘右脚,五个人粘后脑勺等;<br>(5)游戏结束后成员分享,领导者总结;<br>(6)注意事项:一般粘脸部部位,会极大地活跃气氛,但是对于青春期的成员,某些部位的接触超出他们的接受范围,会导致活动的变质,所以在此活动中,一般脸部正面的部位是禁止的区域。绝对禁止的是:嘴部和胸部。 |
|---|---|
| 目的:1. 促进成员自我了解;<br>2. 学会接纳他人的独特性。<br>材料:彩色卡片、笔。<br>时间:30分钟 | 2. 小小动物园<br>(1)领导者给每位成员发一张卡片和一支笔,并请成员想一想:如果用一种动物代表自己,会选择哪一种动物;<br>(2)成员思考后将代表自己的这种动物的名称写在卡纸上;<br>(3)成员写完后同时出牌,看一看这个小小动物园中都有哪些动物,并思考:哪些动物与自己的相似,哪些不同;在这个小小动物园中有何感受;<br>(4)成员轮流分享自己选择这类动物的原因和上述步骤中的思考。 |

| | 3. 我是谁 |
|---|---|
| 目的：通过活动,让成员了解他人眼中的自己。<br><br>材料：《他人眼中的我》(附录2),签字笔。<br><br>时间：20 分钟 | (1) 每人发一张《他人眼中的我》练习表,成员填写,填完后大家一起交流探讨;<br><br>(2) 填写过程会反映出不同的心态,有些人再一次肯定积极而可爱的我,但有些人却引发一些长期压抑的感受,领导者要特别注意以下问题:<br><br>①成员对哪一个人的看法最重视？为什么？<br><br>②最难填写的是什么？<br><br>③为什么有人填不出来？<br><br>④成员填的内容多是正面的还是负面的？<br><br>⑤当成员没法填时,其他成员应给予相应的鼓励。 |

# 附录 2　他人眼中的我

| 爸爸眼中的我 | (表)兄弟姐妹眼中的我 | 朋友眼中的我 | 自己眼中的我 |
|---|---|---|---|
|  |  |  |  |
| 妈妈眼中的我 | 同学眼中的我 | 老师眼中的我 | 理想中的我 |
|  |  |  |  |

单元四：我是最棒的

目的：

1. 使成员学会发现并欣赏他人的优点,促进成员间的相互肯定与接纳;

2. 通过游戏满足成员的被尊重需要,提高成员的自信心。

内容与操作：

| | 1. 桃花朵朵开 |
|---|---|
| 目的：活跃团体氛围。<br><br>材料：无。<br><br>时间：10 分钟 | (1)成员围圈而站,听候领导者指令;<br><br>(2)当领导者喊"桃花朵朵开"时,成员齐问"开几朵",如果领导者说"开两朵",那么两个成员迅速抱在一起,若"开三朵",三个人抱在一起,以此类推;<br><br>(3)落单的成员需要表演节目。 |

续表

| | 2. 猜猜我是谁 |
|---|---|
| 目的:在认识自己的同时,体会被人理解的感觉。<br>材料:A4 纸。<br>时间:10 分钟 | (1)每人发一张纸,在纸上写下 3~5 个描写自己的句子。如"我是……",不能写名字,写好后放到团体中央;<br>(2)每人随机抽取一张,念出纸上的内容,成员们猜一猜描写的是谁;<br>(3)猜中的人和被猜中的人分别分享感受。 |
| 目的:1. 发现并欣赏其他成员的优点,促进成员间的相互肯定与接纳;<br>2. 通过优点轰炸,使成员认识到自己的优点,提高自信心。<br>材料:一顶高帽子。<br>时间:40 分钟 | 3. 戴高帽子<br>(1)大家围圆圈坐。请一位成员坐或站在团体中央,戴上纸糊的高帽子。其他人轮流说出他的优点及欣赏之处(如性格、相貌、处事……);<br>(2)被称赞的成员分享哪些优点是自己以前觉察的,哪些是不知道的;<br>(3)注意:必须说优点,态度要真诚,努力去发现他人的长处,不能毫无根据地吹捧。成员要用心体验被人称赞时的感受;<br>(4)成员分享怎样用心去发现他人的长处? 怎样做一个乐于欣赏他人的人?<br>(5)领导者总结。 |

## 单元五:情绪百变箱

目标:

1. 学会认识情绪,了解情绪在生活中无处不在;

2. 学会调节自己的情绪,做情绪的主人。

内容与操作:

| | 1. 备受攻击 |
|---|---|
| 目的:1. 活跃团体氛围;<br>2. 体验负面情绪。<br>材料:无。<br>时间:10 分钟 | (1)成员随机分成两组,一组 7 人,一组 8 人;<br>(2)每组抽出一人做箭靶,其他组员围圈而站,"箭靶"站在中间;<br>(3)游戏开始后每个成员都要打"箭靶"3 次,但不可以被"箭靶"碰到,被碰到的人便要做"箭靶";<br>(4)"箭靶"可以拉人入圈,帮他一起捉其他组员,直到其他组员都入圈了为止;<br>(5)游戏结束后成员分享感受,尤其注意分享当"箭靶"时的感受。 |

| | |
|---|---|
| 目的:1. 帮助成员了解自己的主导情绪;<br>2. 帮助成员体会不同情绪对生活和身心健康的影响。<br>材料:情绪梳理表(附录3)、三个情境(附录4)。<br>时间:20分钟 | 2. 我的小情绪<br>(1) 成员填写"情绪梳理表",初步认识到自己经历过的情绪;<br>(2) 向成员展示三个情境:<br>情境一:荒岛上的鞋子推销员;<br>情境二:玫瑰花;<br>情境三:半杯水。<br>(3) 成员分享:更喜欢哪一个角色? 为什么他们会有不一样的行为和体验?<br>(4) 向成员展示两可图,成员分享对两可图的看法。 |
| 目的:用情绪ABC理论帮助成员学会调节情绪并能够将理论应用到实际中。<br>材料:烦恼箱(附录5)。<br>时间:30分钟 | 3. 情绪ABC<br>(1) 领导者分享埃利斯情绪ABC理论;<br>(2) 成员重新审视自己的"情绪梳理表",选择一项,填入"烦恼箱"中A栏和C栏;<br>(3) 分成3人小组,相互分析"烦恼箱"中不合理的想法(B),如果让你用情绪ABC理论来解决问题,你会怎么做(D)? 填入表中;<br>(4) 每组派一人分享;<br>(5) 领导者总结,布置家庭作业,请成员在生活中应用"烦恼箱"。 |

# 附录3　情绪梳理表

| |
|---|
| 1. 最近让我感觉高兴的事情是 _____<br>当时我的心情是 _____<br>现在想起这些事,我的心情是 _____<br>2. 最近让我感觉不高兴的事情是 _____<br>当时我的心情是 _____<br>现在想起这些事,我的心情是 _____<br>3. 每当心情好的时候,我会觉得 _____<br>4. 每当心情糟的时候,我会觉得 _____<br>5. 我的心情总是 _____ |

## 附录4  三个情境

情境一:荒岛上的鞋子推销员

两个鞋子推销员到一个荒岛上,发现荒岛上的人都不穿鞋。一个感到非常的失望。

A 说:这个岛上的人都不愿意穿鞋,要成功推销是没有希望的。

另一个感到非常兴奋。

B 说:这个岛上的人还没有鞋子穿,成功推销的希望极大。

情境二:玫瑰花

A 的看法:这世界真是太美好了,在这丑陋、有刺的梗上,竟能长出这么美丽的花朵。

B 的看法:这世界太悲惨了,一朵漂亮、美丽的花朵竟然长在有刺的梗上。

情境三:半杯水

两个人都十分口渴,当见到半杯水时,他们产生了不同的情绪反应。

A:"还好还有半杯水"——满足。

B:"怎么只剩半杯水了"——不满。

## 附录5  烦恼箱

| 令你生气、伤心、受挫或自卑的事(A) | 当时的想法(B) | 当时的情绪和行为反应(C) | 如果让你用情绪ABC理论来解决问题,你会怎么做?(D) |
|---|---|---|---|
|  |  |  |  |
|  |  |  |  |

单元六:我不害怕(一)

目标:通过活动中的系统脱敏方法,帮助成员改变对某一焦虑事件的体验,以降低成员的学习焦虑,提升成员面对类似情景的自信心。

内容与操作:

| 目的:通过活动,学会欣赏其他成员的优点;以温暖的氛围开始本单元活动。<br>材料:无。<br>时间:10分钟 | 1. 温暖的表情<br>(1)成员围圈而坐,其中一人站在中间;<br>(2)每个成员都用一句话夸奖中间的成员;<br>(3)成员轮流被夸,直到所有成员都得到夸奖为止。 |
|---|---|
| 目的:学会呼吸放松法,为下一环节奠定基础<br>材料:轻音乐。<br>时间:10分钟 | 2. 我会呼吸<br>(1)播放准备好的音乐,成员想象最近发生的一件令自己不愉快的事件,并身临其境地感受事件发生的感觉;<br>(2)领导者带领成员进行腹式深呼吸,步骤如下:<br>①将右手放在腹部肚脐,左手放在胸部,轻轻将眼睛闭上;<br>②用鼻吸气。吸气时,最大限度地向外扩张腹部,胸部保持不动,持续吸气4秒;<br>③屏息1秒;<br>④用鼻呼气。呼气时,最大限度地向内收缩腹部,胸部保持不动,持续呼出4秒;<br>⑤循环往复,保持每一次呼吸的节奏一致,细心体会腹部的一起一落;<br>⑥经过一段时间的练习之后,就可以将手拿开,用意识关注呼吸过程即可;<br>(3)领导者提示:将那件不愉快的事放在脑海,呼吸放松后注意它带来的变化,是否还像练习前那样紧张?<br>(4)领导者引导成员保持住放松的状态,引出下一环节。 |
| 目的:用系统脱敏的方法帮助学生从学校焦虑中走出来。<br>材料:A4纸。<br>时间:40分钟 | 3. 系统脱敏<br>(1)在上一环节呼吸放松的基础上,引导成员睁开眼睛,逐步感受现实;<br>(2)建立焦虑事件层级,在放松之后,与来访者共同设计焦虑事件层级表:<br>①根据成员们的学习焦虑,确定一个成员们都认可的最平静的与学习相关的事件或情景,为这一事件的焦虑程度打0分,这一事件或情景不用写在纸上; |

续表

| | |
|---|---|
| 目的:用系统脱敏的方法帮助学生从学校焦虑中走出来。<br>材料:A4纸。<br>时间:40分钟 | ②接着,成员们讨论出最让他们焦虑的与学习相关的事件或情景,为这一事件打100分;<br>③以上两个事件为起始点和终点,把能想起来的各种焦虑事件按程度由弱到强进行排列,两个相邻焦虑事件之间的层级差约10分,建立起"焦虑事件层级表"。例如,走进校园这一事件:50分;在教室里坐着听课:80分;老师走到面前:90分等。<br>(3)根据建立好的等级表,进行系统脱敏:先从最轻的焦虑事件开始,领导者引导成员想象自己正处于那个情境,然后由弱到强,如想象自己在学校的大门口,慢慢走进操场上,然后自己在教室座位上,周围坐满了同学……<br>(4)当成员感到紧张时,领导者需要引导成员深呼吸,调节情绪;<br>(5)领导者需要引导成员及时反馈;<br>(6)如此逐级脱敏,直到最严重一级焦虑事件成功脱敏;<br>(7)结束后成员反馈对这一焦虑事件的感受。 |

## 单元七:我不害怕(二)

目标:巩固上一单元的脱敏治疗效果;增强成员们将系统脱敏疗法应用于生活的能力。

内容与操作:

| | |
|---|---|
| 目的:增进成员间亲密感,有助于成员间的互助。<br>材料:糖果。<br>时间:10分钟 | 1. 甜心<br>(1)领导者为成员每人准备10粒糖果;<br>(2)成员向其他成员送出糖果,每送出一粒,就说一个对方令人欣赏的品质;<br>(3)把糖送完后进入下一环节。 |
| 目的:帮助成员掌握肌肉放松的方法。<br>材料:放松指导语(附录6)。<br>时间:20分钟 | 2. 肌肉放松<br>(1)请成员找到一个自己舒服的姿势后准备开始;<br>(2)从以下几个步骤开始放松:<br>①手臂的放松:伸出右手,握紧拳,紧张右前臂;伸出左手,握紧拳,紧张左前臂;双臂伸直,两手同时握紧拳,紧张手和臂部; |

| | |
|---|---|
| 目的:帮助成员掌握肌肉放松的方法。<br>材料:放松指导语(附录 6)。<br>时间:20 分钟 | ②头部放松:皱起前额部肌肉,像老人的额头那样皱起,皱起眉头;皱起鼻子和脸颊(可咬紧牙关,使嘴角尽量向两边咧,鼓起两腮,仿佛在极痛苦状态下使劲一样);<br>③躯干部位的放松:耸起双肩,紧张肩部肌肉;挺起胸部,紧张胸部肌肉;拱起背部,紧张背部肌肉;屏住呼吸,紧张腹部肌肉;<br>④腿部的放松:伸出右腿,右腿向前用力像在蹬一堵墙,紧张右腿;伸出左腿,左腿向前用力像在蹬一堵墙,紧张左腿;<br>(3)领导者在指导放松时需要用上合适的放松指导语。 |
| 目的:帮助成员掌握冥想放松的方法,降低焦虑和恐惧。<br>材料:放松指导语。<br>时间:30 分钟 | 3. 冥想放松<br>(1)请成员舒适坐好,闭目,带领者播放轻柔音乐,用放松指导语引导成员放松;<br>(2)讲解想象放松的要点,分享放松录音;<br>(3)布置家庭作业,要求成员回家后交替练习肌肉放松和想象放松方法。 |

# 附录 6　放松指导语

　　我仰卧在水清沙白的海滩上,沙子细而柔软。我躺在温暖的沙滩上,感到舒服,能感受阳光的温暖,身边听到海浪声音,感到温暖而舒适。微风吹来,使我有说不出的舒畅感觉。微风带走我的思想,只剩下一片金黄阳光。海浪不停地拍打海岸,思维随着节奏飘荡,涌上来又退下去。温暖的海风吹来,又离去,带走了心中的思绪。我感到细沙柔软、阳光温暖、海风轻缓,只有蓝色天空和大海笼罩我的心。阳光照着我全身,身体感到暖洋洋。阳光照着我的头,感到温暖与沉重。

续表

一股轻松的暖流,流进右肩,感到温暖沉重。呼吸变慢、变深。轻松暖流,流进我右手,感到温暖和沉重。呼吸变慢、变深。轻松暖流,又流回我右臂,感到温暖沉重。又流进我后背,感到温暖沉重,从后背转到脖子,脖子感到温暖和沉重。我的呼吸变慢、变深。轻松暖流,流进左肩,感到温暖沉重。呼吸变慢、变深。轻松暖流,进入了左手,感到温暖和沉重。呼吸变慢、变深。轻松暖流,又流回左臂,感到温暖和沉重。我呼吸变慢、变得越轻松。心跳也慢,越有力。轻松暖流,流进右腿,感到温暖沉重。呼吸变慢变深。轻松暖流流进右脚,感到温暖沉重。呼吸变慢变深。轻松暖流,又流回右腿,感到温暖沉重。呼吸变慢,越来越深,越来越轻松。轻松暖流流进腹部,感到温暖轻松,流到胃部,感到温暖轻松,最后流到心脏,感到温暖轻松。整个身体变得平静。心里安静极了,已经感觉不到周围的一切,四周好像没有任何东西,我安然躺卧在大自然中,非常十分自在。

## 单元八:无限可能

目标:

1. 让成员感受生命的有限性;

2. 通过活动使成员初步学会规划自己的未来。

内容与操作:

| | 1. 解开千千结 |
|---|---|
| 目的:活跃团体氛围,在逐步提高的团体互助意识中增加成员间的亲密度。<br>材料:无。<br>时间:10 分钟 | (1)成员手拉手围成圆圈,并记住自己的左手和右手边分别拉的是谁;<br>(2)记住后,闭眼,当听到领导者说放手时,大家立刻放手,并在一定范围内走动,要求是走得越乱越好;<br>(3)当听到领导者说"停"时,大家都立住不动,迅速找到原来左右手所牵的那两个同学,左手牵原来那个同学的右手,右手牵右边同学的左手;<br>(4)当手牵住后,在不能松手的前提下,恢复到起初的完整的圆圈。 |

| | |
|---|---|
| 目的:让成员从上一环节的兴奋中安静下来,为下一环节做基础。<br>材料:想象指导语(附录7)。<br>时间:10分钟 | 2. 第一次乘机<br>(1)成员围圈而坐,领导者引导成员进行简单的肌肉放松并根据指导语进行想象;<br>(2)想象结束后,成员根据以下问题分享:<br>①在想象中临近死亡时,你想到了什么?<br>②想象的结局是死亡,你的遗言是什么? 或者你会说的最后一句话是什么? |
| 目标:1. 让成员明白生命是有限的,学会规划人生;<br>2. 通过画生命线让成员从过去吸取经验和教训,并为未来做好合理规划。<br>材料:A4纸、彩色笔。<br>时间:20分钟 | 3. 生命线<br>(1)将A4纸和彩色笔发给成员;<br>(2)请成员在纸的上半部分用深色笔写下"构成×××的生命线";<br>(3)在纸的中部,从左至右画一道长长的横线,在横线的最右侧打上箭头,让它成为一条有方向的线;<br>(4)在线条的左侧写上"0",代表你刚出生那一刻,在线条右侧的箭头旁边,写上自己预计能活到的岁数;<br>(5)按照为自己规定的生命长度,找到你目前所在的那个点,在标志的左边(过去岁月),把对你有着重大影响的事件用笔标出来:如果是件快乐的事或让你满意,就用鲜艳的笔来写,并要写在生命线具体岁数的上方;如果那件事给你带去了伤痛或打击,你就在生命线具体岁数下方,用暗淡的颜色把它记录下来;<br>(6)引导成员在坐标线上的右边(将来的时间),把这一生想做的事都标出来。如果有可能尽量把时间注明;<br>(7)可将预计会出现的挫折用黑笔在生命线的下方大略勾勒出来。 |

续表

| | |
|---|---|
| 目标:1. 能够在活动中初步树立理想与目标,并学会实现近期目标;<br><br>2. 通过跨越障碍训练让成员学会积极的自我暗示,坚定成员的信念。<br><br>材料:A4 纸、目标表(附录 8)、签字笔。<br><br>时间:20 分钟 | 4. 我的目标<br>沿着上一个活动,继续往下:<br>(1)审核阶段:把生命线上离你所在点最近的目标提取出来,看看它是否是你现阶段最重要的目标。如果是,接下来我们就需要深刻分析这个目标,使它发挥巨大的动力作用。<br>对于这个重要目标有以下几个审核条件:它必须是你自己确实想要的东西;它一定要明确而具体的,一定是能够实现的。<br>(2)目标分解阶段:<br>①关注学习目标而不是表现目标(越关注自己的进步你的表现会越好);<br>②描述当达成目标后你会怎么样(运用更活泼的词有助于指导你的努力)。<br>(3)目标表填写:把这个目标提取出来,将它写在另一张白纸上的右半部分,左边写下实现目标的条件,中间写下实现这个目标可能遇到的障碍。<br>(4)跨越障碍<br>①两两组合,分甲乙方,甲先询问乙的目标是什么?怎样实现自己的目标? 在乙做出回答后,甲针对乙的障碍做出质疑,并要让甲感受到自己不能实现目标;<br>②在被甲质疑后,乙要大声告诉甲自己的目标,面对甲的每一次质疑要利用自己所写的有利条件做出强有力的回答,坚信自己;<br>③当甲无法再质疑时宣告乙跨越障碍成功;<br>④注意:只能质疑,不许挖苦、讽刺、打击;对抗时,甲乙双方可以组成后援智囊团,必要时请求援助。<br>(5)活动结束后,成员分享感受。 |

# 附录 7  想象指导语

今天你与同伴出游,坐上了飞机,你们根据乘务员的提示系好了安全带，调好了座椅；飞机起飞了，你听见了飞机的引擎声，它与空气摩擦的嗡嗡声；起飞过程中颠簸了一下，你握紧了同伴的手；终于飞上了天空，你们正好坐在窗边，也没有机翼挡住视线，你与你的伙伴兴奋地看着窗外；途中你们感到心跳加速，呼吸困难，但是你们仍然沉浸在第一次坐飞机的兴奋中；这个时候你们头顶的飞机的氧气罩仓打开了，乘务员在广播里提示遇到极端天气，乘客们都需要戴好自己的氧气罩，并让乘客们安心；大家都跟着指示语做了，你看到坐在你们旁边的四十来岁的女人慌张地抱着自己的小孩，你情不自禁地也紧张起来，一只手紧握着同伴，另一只手抓紧扶手。

　　乘务员提示将遮光板打开，你已经看不到窗外的阳光了；你感到你的额头和手心开始冒汗，你的同伴也将你的手握得更紧了；飞机的颠簸比起飞时更剧烈，你闭上眼睛，甚至以为是家里楼上装修的声音被带到了飞机上；前面有女人开始尖叫，坐在你前排的男人在疯狂地大喊质问乘务员发生了什么事，有人想要冲到机长室，被乘务员紧紧抱住；飞机上一片混乱，飞机外也是一片混乱；现在你感到飞机在降落，你看到两个男性乘务员和一名乘客在打开逃生门，你意识到，你们将要跳机了；飞机的广播里又发出了提示，这次是机长，飞机上的声音像是火车一样很嘈杂，你和同伴都听不清机长在广播里说着什么；接着，你们跟着其他大人一样穿上了救生衣，你看到有女人和小孩跟着乘务员跳出了逃生门，你们跟在稍小的孩子后面；突然，一声爆炸快把你的耳膜刺破，你紧紧捂着耳朵，同其他人一样摔倒在地，在飞机地板上向后滑落，你意识到飞机可能没法迫降了；同伴在慌乱中掉到了你后面，大声叫着你的名字，你不敢回头，紧紧握住椅子脚，心脏快跳出来；人们尖叫、哭喊，又有一声爆炸，你的手握不住了，眼前恐惧的人们不见了，同伴的喊声也听不见了，眼前变成了黑暗……

# 附录8  目标表

| 我的近期目标 |
| --- |
| 我实现目标的有利条件 |
| 可能阻碍自己实现目标的三个障碍 |

单元九:我一定能做到

目标:

1. 巩固成员间的互助意识;

2. 让成员在温馨的氛围中结束本团体。

内容与操作:

| | |
| --- | --- |
| 目的:促进成员对其他成员的积极情感,使团体得到升华。<br>材料:纸箱、便利贴、笔。<br>时间:10分钟 | 1. 爱的伙伴<br>(1)成员在每张纸上写下一个字,分别写"爱人如己""彼此相爱""爱的伙伴""我爱你";<br>(2)将写好的纸条放进纸箱里;<br>(3)领导者将纸条摇乱后,成员依次抽取;<br>(4)成员们抽到纸条时不可以打开,当领导者发出"开始"的指令时,再一起打开纸条;<br>(5)打开纸条后,抽到"爱""人""如""己"的成员给予对方微笑和拥抱,抽到"彼""此""相""爱"的成员给予对方微笑和拥抱,以此类推。 |
| 目的:以温暖的气氛结束团体,对未来的生活给予适当的预估。<br>材料:笔、心形小卡片、录音机。<br>时间:50分钟 | 2. 把心留住<br>(1)在音乐中指导者将心形纸片发给每个成员,成员在卡片上写出自己所拥有的、所想要的好的特质或物品,一张卡片写一个;<br>(2)写完后衡量自己的需要和其他成员的需要,并将卡片送出;<br>(3)送完后,成员围圈而坐,分享:送礼物时自己的心情如何? 为什么送出这些"心"? 接受礼物时心情如何? 你认为送礼物的人用意是什么? 带着这些"心"离开团体后,你打算怎样生活?<br>(4)领导者总结,结束团体。 |

**参考文献：**

樊富珉.团体咨询的理论与实践[M].北京:清华大学出版社,1996.

杨宜音.社会心理学[M].北京:首都经济贸易大学出版社,2008.

李毅.社会学概论[M].广州:暨南大学出版社,2011.

吴晓丹.青少年学校恐惧症个案干预研究[D].大连:辽宁师范大学,2009.

王娇.理性情绪疗法在独居老人个案中的介入思考——以太原市 A 社区为例[D].晋中:山西医科大学,2017.

# 第十一章　轻轻松松进考场——中学生考试焦虑辅导团体

## 第一节　理论依据

考试焦虑有着多种不同的定义。早期研究采用动机的术语，将其定义为驱力等级、目标阻碍，或是逃避失败的需要。当考试者自身的认知出现偏差，自我效能感过低，抑或是因其父母怀有过高的学业期望时，此种焦虑便会产生。

在美国心理学家沙赫特（S. Schachter）和辛格（J. Singer）提出的"三因素情绪理论"中，对于特定的情绪来说，有三个因素是必不可少的。第一，个体必须体验到的生理唤醒；第二，个体必须对生理状态的变化进行认知性的唤醒；第三，相应的环境因素，当学生进入考试情境中体验到心跳加速，内心感觉到害怕，并认为自己不能战胜它，于是就会产生考试焦虑。在拉扎勒斯的"认知—评价理论"里，则认为情绪是人和环境相互作用的产物，在情绪活动中，人不仅接受环境中的刺激事件对自己的影响，同时要调节自己对于刺激的反应。情绪活动必须有认知活动的指导，只有这样，人们才可以了解环境中刺激事件的意义，才可能选择适当的、有价值的动作组合，即动作反应。情绪是个体对环境事件知觉到有害或有益的反应。在情绪活动中，人们需要不断地评价刺激事件与自身的关系。学生往往会把考试的失败评价为自己不够优秀，不够努力，久而久之这种负面评价就导致学生一提及考试就很焦虑。

在班杜拉的自我效能感理论中，自我效能感决定着个体的应激状态、焦虑反应和抑郁程度等心身反应过程。这些情绪反应可以通过改变个体的思维过程从而影响个体的活动及其功能发挥。自我效能感强的人,在应对环境事件之前不会有过多的忧虑。自我效能感低的人则担心环境充满了危险,因而体验到强烈的应激状态和焦虑唤起。此外,个体还会以各种保护性的退缩行为或防御行为被动地应对环境,导致其主体性在活动中的功能发挥受到妨碍。

美国心理学家罗森塔尔提出的期望效应理论,认为教师期望能通过影响学生的学业自我效能感和学业成就动机影响学生的学习成绩。但在孩子的成长中除了老师,与其有更亲密关系的是其父母,与教师期望一样,父母根据孩子的个性特征和日常表现形成对孩子的期望,这种期望会在父母的行为中表现出来,孩子接受了父母行为中所暗含的期望,并根据期望的方向表现出相应的行为。在这种互动过程中,父母不断地按照自己的期望影响孩子,孩子逐步向父母期望的方向发展。但是当这种期望过高时,孩子无法达到父母的期望,其学业自我效能感和学习动机均会受到影响,而外部表现最为明显的是孩子考试考不好,长此以往,当学生遇到考试就会紧张和焦虑。

## 第二节　团体方案设计

### 一、团体性质

本团体属于心理教育成长性、结构式的同质性团体,以中学生学生考试焦虑的缓解为主要目标,团体成员都是受升学压力困扰较大,希望能缓解自身考试焦虑的中学生。

### 二、团体目标

总体目标:帮助中学生学会处理考试焦虑,协助他们健康成长。

具体目标：帮助中学生认识、探索自己的焦虑情绪，让其学会调节自己的焦虑情绪，在考试中沉着应对，发挥正常水平。

## 三、团体成员及招募甄选

团体成员由 12 名中学生组成（受学业压力困扰较大，常常因考试而感到非常紧张、害怕的学生，男女各约 50％）。团体成员以考试焦虑量表施测结果为依据，采用自愿参与原则甄选有考试焦虑的学生。

## 四、团体领导者及训练背景

团体领导者一名，学校的专业心理健康教育老师，需参与过心理咨询、团体辅导以及考试焦虑辅导的相关技能培训，具有团体辅导经验。

## 五、团体时间及次数

团体分为六个单元，一周一单元，每个单元进行一次，每次团体活动时间为 80 分钟。

## 六、团体场地

学校的团体心理辅导室，有 4 张小型单人桌子，可移动轻便的椅子。

## 七、团体效果评估方法及工具

采用"Sarason 考试焦虑量表"（TAS）（附录 1）对成员进行团体辅导的前测与后测，并将收集的测评表做统计分析。

## 八、团体设计总方案

团体活动方案共有六个单元，方案概要见表 11-1；每个单元均有其分目标与活动内容，意在为团体总目标服务。

表 11-1　中学生考试焦虑辅导团体总方案

| 单元 | 目标 | 活动操作 |
|---|---|---|
| 单元一:相聚于此 | 1. 形成团体;<br>2. 促进成员熟悉,构建和谐团体氛围;<br>3. 建立团体规范。 | 1. 小风吹、大风吹<br>2. 名字卡片<br>3. 心灵凤愿<br>4. 君子之约<br>5. 团体小结 |
| 单元二:嗨,考试焦虑! | 通过活动帮助成员初步探索自己的考试焦虑,认识考试焦虑的表现。 | 1. 鸡蛋凤凰进化论<br>2. 考试风波<br>3. 黎明前夕<br>4. 团体小结 |
| 单元三:焦虑不可怕 | 帮助成员认识到焦虑只是主观感受,正确面对考试焦虑,初步缓解焦虑。 | 1. 桃花朵朵开<br>2. "心"境障碍<br>3. 画出我的焦虑 |
| 单元四:三分钟搞定焦虑 | 帮助成员在掌握三分钟呼吸空间和想象放松的方法,应对考试焦虑。 | 1. 按摩操<br>2. 三分钟呼吸空间<br>3. 想象放松法<br>4. 团体小结 |
| 单元五:理性面对考试焦虑 | 掌握合理情绪疗法应对考试焦虑。 | 1. 解开千千结<br>2. 合理情绪疗法<br>3. 换个角度看问题<br>4. 团体小结 |
| 单元六:带着焦虑向前进 | 1. 回顾团体,整理感受和收获;<br>2. 处理离别情绪。 | 1. 雨点变奏曲<br>2. 回首来时路<br>3. 真情告白 |

# 附录1 Sarason 考试焦虑量表(TAS)

请仔细阅读每一道题并根据自己实际情况进行作答:每一道题都有两种答案(A. 是 B. 否),请从两种答案中选择一个适合你的,在答题过程中不得漏题,在同一题上不得斟酌太多时间,根据看完题后的第一反应进行作答。有些题目可能与你不符或你从未思考过,如有这种情况请选出一个你个人倾向的答案。此量表使用范围:①量表可进行个别测试也可进行团体测试;②一般来说,此量表适合大/中学生群体;③此量表一般在考试时间用,也可在平时测试时使用。

试题项目:

1. 当一次重大考试就要来临时,我总是在想别人比我聪明得多。　　A. 是　　B. 否
2. 如果我将要做一次智能测试,在做之前我会非常焦虑。　　A. 是　　B. 否
3. 如果我知道将会有一次智能测试,在此之前我感到很自信、很轻松。

　　A. 是　　B. 否
4. 参加重大考试时,我会出很多汗。　　A. 是　　B. 否
5. 考试期间,我发现自己总是在想一些和考试内容无关的事。　　A. 是　　B. 否
6. 当一次突然袭击式的考试来到时,我感到很怕。　　A. 是　　B. 否
7. 考试期间我经常想到会失败。　　A. 是　　B. 否
8. 重大考试后我经常感到紧张,以至胃不舒服。　　A. 是　　B. 否
9. 我对智能考试和期末考试之类的事总感到发怵。　　A. 是　　B. 否
10. 在一次考试中取得好成绩似乎并不能增加我在第二次考试中的信心。

　　A. 是　　B. 否
11. 在重大考试期间我有时感到心跳很快。　　A. 是　　B. 否
12. 考试结束后我总是觉得可以比实际上做得更好。　　A. 是　　B. 否
13. 考试完毕后我总是感到很抑郁。　　A. 是　　B. 否
14. 每次期末考试之前,我总有一种紧张不安的感觉。　　A. 是　　B. 否
15. 考试时,我的情绪反应不会干扰我考试。　　A. 是　　B. 否
16. 考试期间我经常很紧张,以至本来知道的东西也忘了。　　A. 是　　B. 否
17. 复习重要的考试对我来说似乎是一个很大的挑战。　　A. 是　　B. 否
18. 对某一门考试,我越努力复习越感到困惑。　　A. 是　　B. 否
19. 某门考试一结束,我试图停止有关担忧,但做不到。　　A. 是　　B. 否
20. 考试期间我有时会想我是否能完成大学学业。　　A. 是　　B. 否
21. 我宁愿写一篇论文,而不是参加一次考试,作为某门课程的成绩。

　　A. 是　　B. 否
22. 我真希望考试不要那么烦人。　　A. 是　　B. 否
23. 我相信如果我单独参加考试而且没有时间限制的话,我会考得更好。

　　A. 是　　B. 否

| | | |
|---|---|---|
| 24. 想着我在考试中能得多少分,影响了我的复习和考试。 | A. 是 | B. 否 |
| 25. 如果考试能废除的话,我想我能学得更好。 | A. 是 | B. 否 |
| 26. 我对考试抱这样的态度:虽然我现在不懂,但我并不担心。 | A. 是 | B. 否 |
| 27. 我真不明白为什么有些人对考试那么紧张。 | A. 是 | B. 否 |
| 28. 我很差劲的想法会干扰我在考试中的表现。 | A. 是 | B. 否 |
| 29. 我复习期末考试并不比复习平时考试更卖力。 | A. 是 | B. 否 |
| 30. 尽管我对某门考试复习很好,但我仍然感到焦虑。 | A. 是 | B. 否 |
| 31. 在重大考试前,我吃不香。 | A. 是 | B. 否 |
| 32. 在重大考试前我发现我的手臂会颤抖。 | A. 是 | B. 否 |
| 33. 在考试前我很少有"临时抱佛脚"的需要。 | A. 是 | B. 否 |
| 34. 校方应认识到有些学生对考试较为焦虑,而这会影响他们的考试成绩。 | A. 是 | B. 否 |
| 35. 我认为考试期间似乎不应该搞得那么紧张。 | A. 是 | B. 否 |
| 36. 一接触到发下的试卷,我就觉得很不自在。 | A. 是 | B. 否 |
| 37. 我讨厌老师喜欢搞"突然袭击"式考试的课程。 | A. 是 | B. 否 |

【项目及评定标准】

回答"是"记 1 分,"否"记 0 分,但其中第 3、15、26、27、29、33 题 6 个项目为反向记分,即"是"记 0 分,"否"记 1 分。

TAS 只统计总量表分,把所有 37 个项目的得分加起来即为总量表分。Newman (1996)提出,TAS 得分 12 分以下属较低水平考试焦虑,12 分至 20 分属中等程度,20 以上属较高水平,15 分或以上表明该被试者的确感受到了因要参加考试而带来的相当程度的不适感。

## 第三节　团体实施

单元一:相聚于此

目标:形成团体,促进成员熟悉;构建和谐团体氛围,建立团体规范。

内容与操作：

| 所需材料：一盒小型空白卡片，笔若干、A4纸若干、团体契约书（附录2）、单元活动反馈单（附录3）。 | |
|---|---|
| 目的：营造轻松、愉快的团体氛围。<br>时间：约15分钟 | 1. 小风吹、大风吹<br>成员们围圈坐好，先由领导者在中间开始发口令，说"小风吹"后，周围坐着的成员统一问道"吹什么"，如当说道"吹穿白鞋子的人"，不穿白色鞋子的人站起来并寻找新位置；但是中间的人一旦发出"台风吹"，在座的所有人都要离开座位寻找新位置。 |
| 目的：帮助团体成员相互认识。<br>时间：约20分钟 | 2. 名字卡片<br>每个人先自我陈述自己的名字，然后给每个人一张卡片，先写下"我是×××的人"，之后领导者收回卡片，随机说出一张卡片上的话，其他成员来猜这个人是谁（要说出姓名），如此直到所有人的名字都被猜出来。如在过程中真的无法猜出此成员是谁，则将此卡片放至最后再进行猜名。 |
| 目的：了解团体成员的期望。<br>时间：约20分钟 | 3. 心灵夙愿<br>(1)按顺时针的顺序让每个成员将下面的两个句子补充完整（A4纸上写出），以了解每位成员参加团体的动机和期望。<br>①我加入团体希望的是什么；<br>②我希望我们的团体是怎样的。<br>(2)领导者说明团体的功能、目的和内容。 |
| 目的：建立团体契约。<br>时间：约15分钟 | 4. 君子之约<br>(1)领导者说明制订团体契约的原因；<br>(2)团体成员共同讨论和制订团体规范，引导成员表达团体契约书上的内容；<br>(3)每个成员在《团体契约书》上签名以表示自己愿意遵守这些团体规范。 |
| 目的：活动总结。<br>时间：约10分钟 | 5. 团体小结<br>(1)领导者总结今天的活动情况，成员填写单元反馈单（附件3）；<br>(2)领导者预告下堂课的内容。 |

# 附录2　团体契约书

　　我们的团队,一个温馨和谐的大家园,缘分让我们相聚于此,让我们一同在团队伙伴的陪伴下一起探索、一起分享、一起成长。为了让我们在团体中收获最大化,我们一致同意以下契约:

(以下内容供参考,操作时需略去)

1. 我自愿加入团体,为了自己和同伴的成长。

2. 我力求坦率真诚,与他人分享自己的体验。

3. 我将尊重我的每个伙伴,不指责、不评价,不用自己的价值观去评判伙伴。

4. 我将严守团体的秘密,每次活动结束后,绝不将活动的内容和伙伴的隐私外传。

5. 我遵守团体的纪律和制度。不迟到、不早退。如遇特殊情况,事先请假。

6. 在团体活动的过程中,可能会扰动身心,我对此有必要的了解和准备。

签约人:

时间:

# 附录3　单元活动反馈单

| 1. 哪个活动给你的印象最深刻? 为什么呢? |
| --- |
| 2. 在这次的单元活动中你最大的收获是什么? |

　　注:往后每一单元的反馈均用此表。

　　单元二:嗨,考试焦虑!

　　目标:通过活动帮助成员初步探索自己的考试焦虑,认识考试焦虑的表现。

内容与操作：

| 目的:活跃团体氛围;引导成员对自己体验到的情绪进行思考。<br>时间:约10分钟 | 1. 鸡蛋凤凰进化论<br>(1)游戏身份:蹲着就是鸡蛋,半蹲着就是小鸡,稍微曲着腰就是大鸡,站着就是凤凰;<br>(2)游戏规则:每个人开始时都是鸡蛋,用石头剪刀布来与另一个人PK,胜的一方可以一步步晋级,直到变为凤凰,但是输了的一方就会一步步降级变回鸡蛋。成功变为凤凰的人为胜利者;<br>(3)游戏结束后,大家一同分享自己当时体验到的情绪感受,以及已经成为凤凰后有人来与自己PK时的感受。 |
|---|---|
| 目的:让成员初步感受焦虑的种类。<br>时间:约40分钟 | 2. 考试风波<br>(1)四人为一小组进行情景扮演,一人扮演将要考试的小明,两人扮演小明的父亲母亲,一人扮演老师。将要考试了,老师和自己的父母(亲戚)都给予厚望,一直反复给自己说:你一定要好好考试。小明也对自己说一定要考好。就因为这样小明在考试中却没有考好,之后一提及考试就会紧张焦虑。表演中可自由发挥,加入自己的亲身经历;<br>(2)每个人轮流扮演一次小明,活动结束后小组内分享自己扮演小明时什么情景下体验到的焦虑感最强烈。 |
| 目的:进一步让成员感受并明确自己身上的焦虑类型。<br>时间:约25分钟 | 3. 黎明前夕<br>(1)引导每位成员先回忆自己最近一次的考试,之后在小组内把自己考试之前自己遇到的事件说出来,并说说自己当时紧张焦虑时的第一想法和行为表现(如:担心满足不了父母期望,所以自己就拼命地学习);<br>(2)领导者归纳、总结成员考试焦虑的表现,帮助成员清晰理解考试焦虑的身心反应。 |
| 目的:对活动进行总结。<br>时间:约5分钟 | 4. 团体小结<br>领导者进行本单元活动的总结。 |

单元三:焦虑不可怕

目标:帮助成员认识到焦虑只是主观感受,正确面对考试焦虑,初步缓解焦虑。

内容与操作:

| 所需材料:眼罩、考试提升录音、播放设备、A4纸、彩笔。 | |
|---|---|
| 目的:通过这一活动,使成员之间气氛更活跃。<br>时间:约10分钟 | 1. 桃花朵朵开<br>请团体成员手拉手围成一个圈,并按逆时针方向快速走动。当听到领导者说"桃花朵朵开"时,团体成员跟着问"几朵开"?当听到领导者说"4朵开"时,所有成员4人一组迅速抱成一团。按照此法依次类推。 |
| 目的:帮助成员从心理上缓解自身焦虑情绪。<br>时间:约30分钟 | 2. "心"境障碍<br>(1)在活动室的中间留有一个通道,通道上放有一些障碍物,然后请出一位成员,要求他(她)蒙着眼睛沿通道从活动室前面走到后面去。先请他(她)看好要走的通道,然后蒙上他(她)的眼睛。这时让其他成员悄悄搬开通道中的障碍物。看看这位成员的行为反应是怎样的。<br>(2)领导者引导成员进行经验分享:被蒙眼睛的成员在活动过程中有什么想法?其他成员的想法是什么?<br>(3)领导者点评:以往考试失败的经验有时会成为我们"心"中的障碍物,削弱了我们的信心,阻碍了我们的行动。请把"心"中障碍物搬开,放松心情去努力和奋斗。 |
| 目的:帮助成员从生理上缓解自身的焦虑。<br>时间:约40分钟 | 3. 画出我的焦虑<br>(1)分发纸笔,请成员闭目,播放考场秩序广播音,让成员体验考试的感觉,想象自己在考试时焦虑的情景,想象焦虑像一个什么动物(或事物),然后画在纸上;<br>(2)请成员给画的动物(事物)取一个名字,如"大黄蜂";<br>(3)请成员三人一组,交流自己的画,分享如何去和这个动物(事物)和谐共处;<br>(4)派代表大组分享;<br>(5)结束团体。 |

单元四:三分钟搞定焦虑

目标:帮助成员掌握三分钟呼吸空间和想象放松的方法,应对考试焦虑。

内容与操作:

| 所需材料:无。 | |
|---|---|
| 目的:活跃气氛,放松身体。<br>时间:15分钟 | 1. 按摩操<br>(1)请大家肩并肩围成一圈站立,向右转,呈前后站立队形,每人的双手搭在前人的肩膀上。<br>(2)根据指令,请后面的同学为前面的同学捏肩、捶背,边走边做边说"捏捏肩呐捏捏肩……捶捶背呀捶捶背……"每个口令可以同时喊两遍,然后全体向后转,重复刚才的口令和动作两遍。<br>(3)全体站立不动,双手搭在前人肩上,原地为他揉肩、捶背,并且真诚地说一句"你辛苦了",两分钟后全体转身,重复刚才的动作和语言。<br>如此可以反复多次,等大家气氛活跃,身体放松后停止游戏。 |
| 目的:掌握三分钟呼吸空间方法来缓解焦虑。<br>时间:25分钟 | 2. 三分钟呼吸空间<br>(1)讲解三分钟呼吸空间的原理和方法。这是一种随时可以练习的冥想,让你能清楚地看到处在焦虑状态时,时刻变化着的感觉是什么。可以使你在思想很难控制时停下来,通过重新找到一种更慈悲的视角,安住在当下。<br>(2)引导成员练习三分钟呼吸空间:<br>①第一分钟:进入觉察。<br>请采用一个挺拔而庄严的姿势进行练习,可以坐着也可以站着。如果可能的话,闭上你的眼睛。然后,将觉察导入你的内部经验,自问:我此时此刻的体验是什么?有什么想法掠过脑海?尽自己最大的努力将这些想法看成是精神事件。现在你的感觉是什么?有什么不舒服或不愉快的感觉,承认这些情绪,而不去改变。此时此刻的身体感觉是什么?快速扫描全身去找到任何紧绷的感觉,承认感觉,但是,再强调一次,不要去改变它们。 |

| | |
|---|---|
| 目的:掌握三分钟呼吸空间方法来缓解焦虑。<br>时间:25分钟 | ②第二分钟:聚焦注意力。<br>现在,将你的注意力集中到呼吸的生理感觉上来,关注呼吸的身体感觉,近距离地感受呼吸在腹部的感觉,感受腹壁随着吸气而鼓起的感觉,以及随着呼气而下沉的感觉。跟随着吸气和呼气的全过程,利用呼吸将自己锚定于当前的状态。如果思想开始漫游,温柔地陪伴它,把注意力带回到当下。<br>③第三分钟:扩展。<br>现在将觉察的范围从呼吸扩展开去,除了呼吸的感觉,还包括全身的感觉,你的姿势以及面部的表情,仿佛整个身体都在呼吸。如果你感觉到任何不适或紧张,请通过深度呼吸将它们消融在每一次轻柔而开放性的吸气和呼气之中,在这里,呼吸正在帮助消解这些情绪,把它们当作朋友,而不去试图去改变它们。如果它们让你的注意力不集中了,请时刻回到整个身体。<br>(3)成员分享感受,请成员自行练习,有疑问答疑。 |
| 目的:掌握想象放松法,缓解考试焦虑。<br>时间:30分钟 | 3. 想象放松法<br>(1)解释想象放松法的原理;<br>(2)带领成员进行放松:<br>①选择一个你认为舒服的姿势;<br>②闭上双眼,想象放松各部分紧张的肌肉;<br>③此时,敞开想象的翅膀,幻想你来到一个海滩,躺在海边,周围风平浪静,波光熠熠,一望无际,使你心旷神怡,内心充满宁静、祥和;<br>④随着景色越来越清晰,幻想自己越来越轻柔,飘飘忽忽地离开躺着的地方,融进环境之中。阳光、微风轻拂着你。你已经成为景色的一部分,没有事情要做,没有压力,只有宁静与轻松;<br>⑤在这种状态停留一会,然后想象自己又慢慢地躺回海边。景色渐渐离你而去。再躺一会,周围是蓝天白云,碧涛沙滩,然后做好准备,睁开眼睛,回到现实中来。此时,你的头脑平静,全身轻松,非常舒服。<br>(3)成员分享感受。 |

续表

| 目的:总结收获,预告下次内容。<br>时间:10分钟 | 4. 团体小结<br>领导者小结并预告下一次活动内容。 |
|---|---|

## 单元五:理性面对考试焦虑
目标:掌握合理情绪疗法应对考试焦虑。
内容与操作:

| 所需材料:合理情绪自查表,签字笔。 | |
|---|---|
| 目的:活跃团体的氛围,让成员感受到成功的快乐。<br>时间:10分钟 | 1. 解开千千结<br>所有成员围成大圈,右手拉右边朋友的左手,左手拉左边朋友的右手(记住左右的同伴)。松开手,在圈内自由走动,领导者叫停,成员定格,位置不动,伸手牵自己先前拉的"左手"和"右手",从而形成许多结,见到对面的朋友微笑点头,不能松手,但可以钻、可以绕,队员间善于观察,共同想办法解决困难,恢复到起始的状态。 |
| 目的:理解合理情绪疗法。<br>时间:约20分钟 | 2. 合理情绪疗法<br>(1)引导成员分析,为什么案例中甲和乙面对考试中遇到的一道难题,结果却不一样的?<br>(2)根据成员的回答,引出合理情绪疗法:影响情绪和行为(C)的不是事件(A)本身,而是我们对事情的看法(B)。讲解合理情绪疗法。 |
| 目的:掌握合理情绪疗法处理考试焦虑。<br>材料:合理情绪自查表(附录4),签字笔。<br>时间:约45分钟 | 3. 换个角度看问题<br>(1)带领者演示通过合理情绪疗法处理焦虑问题,确认成员都掌握这个方法之后,进入第二步;<br>(2)成员3人一组,请成员回想最近考试焦虑的事例,在合理情绪自查表里第一、二列"诱发事件""情绪及后果"填写相应内容;<br>(3)反思自己出现这种考试焦虑情绪背后的想法是什么,填写到第三列"想法、信念"里,如果不清楚,组员可以协助寻找; |

续表

| | |
|---|---|
| 目的:掌握合理情绪疗法处理考试焦虑。<br>材料:合理情绪自查表(附录4),签字笔。<br>时间:约45分钟 | (4)组员相互对不合理信念逐一进行辩论,引导成员建立合理信念,辩论的内容填入第四列"对想法进行辩论"<br>(5)成员如果接收新的想法,体会新想法带来的情绪和行为反应;<br>(6)每组派代表在大组分享。 |
| 目的:对此次活动进行总结。<br>时间:约5分钟 | 5. 团体小结<br>领导者进行总结,布置家庭作业:对考试焦虑继续进行合理情绪疗法的处理。 |

## 附录4　合理情绪自查表

| 诱发事件 A | 情绪和后果 C | 想法、信念 B | 对想法进行辩论 D | 新的结果 E |
|---|---|---|---|---|
| | | | | |
| | | | | |

单元六:带着焦虑向前进

目标:回顾团体,整理感受和收获;处理离别情绪。

内容与操作:

| | |
|---|---|
| 所需材料:眼罩或丝巾、轻音乐、笔若干、问题卡(附录5)、祝福单。 | |
| 目的:活跃团体气氛,使成员更快融入团体。<br>材料:无。<br>时间:10分钟 | 1. 雨点变奏曲<br>(1)全体成员围圈而坐,听领导者指令;<br>(2)当领导者说"小雨"时,成员打响指,说"中雨"时成员两手拍大腿,说"大雨"时成员大力鼓掌,说"暴雨"时成员跺脚,说"狂风暴雨"时,成员就要把所有的声音都用上。 |

续表

| | |
|---|---|
| 目的:分享参加团体的心得与收获。<br>时间:约40分钟 | 2. 回首来时路<br>(1)领导者引导团体成员慢慢地回顾整个团体过程;<br>(2)成员分享印象最深刻的是什么活动,自己在团体中学到了什么,加入团体后有什么改变? |
| 目的:给予彼此反馈和祝福。<br>时间:约30分钟 | 3. 真情告白<br>(1)所有成员在祝福单的最顶上写着自己的名字,然后去找其他成员给自己寄语,每找一个可以和对方握手或是拥抱之后再写。写完后,每位成员仔细阅读他人给自己的祝福,并对他人表示感谢(播放舒缓轻松的音乐);<br>(2)结束团体。 |

## 附录5　回首来时路

(1)我印象最深刻的团体活动是________

(2)我觉得在这个团体中最大的收获是________

(3)觉得参加团体后有什么改变________

**参考文献:**

马雪玉,李艳杰.农村初中生考试焦虑、学业自我效能感及其关系[J].教育测量与评价,2018,(5).

彭聃龄.普通心理学[M].北京:北京师范大学出版社,2013.

刘林林.初中生父母学业期望与自我学业期望的互动过程及其影响[D].临汾:山西师范大学,2015.

宫熳茹.SFBT团体辅导对提高初中生学习适应性的行动研究[D].北京:北京工业大学,2017.

田文.中小学心理健康教育活动设计与实施[M].北京:清华大学出版社,2013.

# 第五篇  人际交往

## 第十二章  缘来你我——中学生人际交往辅导团体

### 第一节  理论依据

人类是群居动物,人际关系在我们的日常生活中显得尤为重要。我们出生的头几年,会与父母形成特殊的人际关系;在上学以后,老师、同学们会与我们形成人际关系;当我们进入了工作领域,我们会与领导和同事形成人际关系。人际关系是人类生存的重要条件,我们可以在这些关系中传递信息、得到爱与尊重、满足自身需要,等等。对于中学生来说,他们正处于青春期,这个时期是总是在问"我是谁"的时期,在这一时期,认识自己,与他人形成亲密关系对他们自身的发展极其重要。

美国心理社会学家舒兹认为,我们一生中只有很少一部分知识是由自己产生的,其余的全是由他人(父母、老师、同事、对手,乃至陌生人等)教授和传递的,舒兹称之为"社会的认可"。在生平情境中,自我自始至终总是承受着自己独特的世界和特定的他人,不可能遗世独立。个体的生命总是粘连和缠绕着他人的生命,彼此的故事交错和辉映,共同编织出一张叙事大网。后来,舒兹(1958)提出了人际行为的三维理论。他认为每一个人都有与别人建立人际关系的愿望和需要,只是有些人表现得明显些,有些人表现不明显而已。人际关系的模式大致可以通过三种人际需要,即包容的需要、控制的需要和情感的需要来加以解释。

在舒兹看来,人际需要就是个体要求在自己与他人之间建立一种满意的关系。每个人都有三种最基本的人际需要,而且每一类需要都可以转化为动机,产生一定的行为倾向,建立一定的人际关系。

(1)包容需要:个体想要与人接触、交往,隶属于某个群体,与他人建立并维持一种满意的相互关系的需要。

(2)支配需要:个体控制别人或被别人控制的需要,是个体在权力关系上与他人建立或维持满意人际关系的需要。

(3)情感需要:个体爱别人或被别人爱的需要,是个体在人际交往中建立并维持与他人亲密的情感联系的需要。

对于人际关系的重要性,另一心理学家马斯洛也曾提出人具有爱和归属的需要,在人际交往中体验到归属感、亲密感是每个人的基本需求。如果缺乏爱,就像生活中缺少盐、碘、维生素一样,会抑制成长以及潜力的发挥,而爱是通过人际关系获得的。另外,对于成年初期的人,最主要的任务是获得亲密感,避免孤独感。如果一个人不能与他人分享快乐与痛苦,不能相互关心与帮助,就会陷入孤独寂寞的苦恼之中。所以,一个人要想在社会中获得成功,拥有广泛的、优质的人际关系是必不可少的。

## 第二节　团体方案设计

### 一、团体名称

缘来你我——中学生人际交往辅导团体

### 二、团体性质

本团体是结构式、封闭式、发展性的团体。

### 三、团体目标

(一)总体目标

帮助中学生发展良好的人际交往能力,懂得与他人更好地相处。

（二）团体具体目标

（1）增进团体成员的了解,建立团体规范；

（2）通过团体活动,体会归属感的重要,学会倾听,树立积极主动的人际交往态度；

（3）建立互相信任,学会换位思考,学习接纳人和事物的独特性,从中得到启发和感悟；

（4）团体成员共同分享,找到受欢迎的人格特质,摒除隔膜,共同想出解决问题的方法。

## 四、团体成员及招募甄选

成员自愿报名,愿意了解和发展自己人际交往的学生均可参加。

## 五、团体领导者及训练背景

心理学专业人士,曾有过团体辅导经验。

## 六、团体时间和次数

团体分为五个单元,每个单元会面一次,每次团体活动时间为 80 分钟。

## 七、团体场地

团体心理辅导室。

## 八、团体效果评估方法及工具

中学生人际交往调查问卷(附录 1),辅以小组成员的自我总结及领导者的观察记录。

## 九、团体设计总方案

该团体活动方案共有五个单元,总方案见表 12-1。

表 12-1　缘来你我——中学生人际交往辅导团体总方案

| 单元 | 目标 | 研讨与练习 |
|---|---|---|
| 一、快乐的团队 | 1. 促进成员尽快相互认识；<br>2. 体会归属感；<br>3. 协助成员订立团体规范。 | 1. 团体介绍<br>2. 谁和我一样<br>3. 黄金花<br>4. 国王与天使<br>5. 团队组建<br>6. 小结 |
| 二、君子和而不同 | 1. 建立互相信任；<br>2. 学会换位思考；<br>3. 学习接纳人和事物的独特性。 | 1. "我猜你猜"暖身<br>2. 信任不倒翁<br>3. 小结 |
| 三、人缘来自好性格 | 探讨受欢迎的性格，寻找属于自己的人际财富。 | 1. 坐地起身<br>2. 魅力测试站<br>3. 人际财富<br>4. 总结 |
| 四、倾听你的声音 | 学习合作、倾听、信任、互助、换位思考等人际交往技能。 | 1. 按摩操<br>2. 心有千千结<br>3. 倾听你的声音<br>4. 盲行 |
| 五、真情告白 | 1. 相互支持和鼓励，获得离开团体后生活的信心；<br>2. 整理自己在团体中的收获和感受；<br>3. 在融洽的气氛中结束团体。 | 1. 松鼠搬家<br>2. 真情告白<br>3. 带上祝福向前走<br>4. 相亲相爱一家人 |

# 附录1　中学生人际交往调查问卷

基本信息

1. 你的性别？　　　　　　　　A. 男　　　　B. 女

2. 你是不是独生子女？　　　　A. 是　　　　B. 否

3. 你来自农村还是城市？　　　A. 农村　　　B. 城市

该问卷答案没有对错，请凭真实情况填写

1. 在你的人际交往中，你觉得你的人际关系如何？

A. 关系不错，我很满意

B. 关系一般，勉强过得去

C. 关系很差，自己很失败

D. 不清楚

2. 经历了中学时代，你觉得中学同学或朋友间的关系与小学时代相比：

A. 较小学时代更深刻、更理性

B. 和小学差不多

C. 有所倒退，更虚伪或封闭

D. 不清楚

3. 你觉得你与周围其他人是否平等（人际交往方面）？

A. 平等，人家能建立好自己的圈子，我也能

B. 不平等，自己性格内向，很难建立自己的圈子

C. 分不清，有时觉得平等，有时又觉得不平等

D. 不在意这些

4. 你与朋友（非恋爱、铁杆关系）发生了以下矛盾，哪些情况下你会主动跟他（她）和解呢？（可多选）

A. 两人各有一半的责任

B. 你的言语伤害了他（她）的自尊

C. 没经你同意就动用你的东西并对你造成不便

D. 他（她）的言语行为让你产生误解，接着你对其冷言冷语

E. 他（她）打扫卫生时不小心把你带有重要信息的字条给扔了

F. 其他

续表

5. 在对朋友的某些行为作风或者生活习惯有意见的时候,你会?

A. 直截了当地跟他(她)讲,不留情面

B. 用委婉的方式让他(她)知道

C. 不在他(她)面前直接说,但在背后说坏话、议论

D. 不让对方知道自己的感受,认为忍一下就好了

E. 根据与朋友的关系而定

F. 其他

6. 你在交友中最注重哪几个因素?

A. 性格　　　　　B. 兴趣爱好　　　　C. 处事作风　　　　D. 个人能力

E. 学习成绩　　　F. 长相　　　　　　G. 家庭情况　　　　H. 其他

7. 能否适应来自不同地区同学的生活方式?

A. 能　　　　　　B. 基本上能　　　　C. 不能

8. 在同学或朋友生病或者有困难的时候,你会主动地去关心帮助他(她)吗?

A. 会　　　　　　　　　　　　　　　B. 不会

C. 视情况而定,能帮就帮　　　　　　D. 只关心帮助跟自己要好的人

9. 你会经常窜班级或宿舍吗?

A. 会　　　　　　　　　　　　　　　B. 一般不去,有需要的时候才去看看

C. 刚上中学的时候经常去,之后很少　D. 不好说

10. 你和自己班里的或宿舍里的人吵过架吗?

A. 没有　　　　　　　　　　　　　　B. 经常,但很快就和好了

C. 偶尔,而且时间持续很长　　　　　D. 经常,而且时间持续很长

E. 偶尔,但很快就和好了

11. 如何看待自己和宿舍同学或班级同学之间的关系?

A. 朋友知己　　　　　　　　　　　　B. 普通同学

C. 家人　　　　　　　　　　　　　　D. 仅仅是住在一起或学在一起的人

12. 你喜欢玩 qq 吗?

A. 喜欢　　　　　　　　　　　　　　B. 不喜欢

13. 你的 qq 网友多吗?

A. 很多　　　　　　B. 一般,不是很多　　　C. 没有

14. 相信大家都有网友,那么网友与现实中的朋友相比,你觉得

A. 现实中的朋友更可靠　　　　　　B. 网友比现实中的朋友更可靠,更聊得来

C. 各有各的好处　　　　　　　　　D. 没有网友,不知道

续表

15. 一般你与父母是通过什么方式保持联系的？（可多选）

A 传统书信　　　　　B 电话　　　　　C 短信　　　　　D 网络聊天

16. 你与家人取得联系时一般讨论什么话题？

A. 生活问题　　　　B. 学习问题　　C. 家里情况　　D. 其他

17. 你会主动跟老师接触吗？

A. 会　　　　　　　B. 不会　　　　C. 视情况而定

18. 你觉得跟老师建立好关系有必要吗？

A. 很有必要　　　　B. 一般　　　　C. 没必要　　　D. 视情况而定

19. 当老师错怪你时，你的反应是

A. 事后找老师解释　　　　　　B. 当面与老师争辩

C. 忍气吞声　　　　　　　　　D. 没发生过这种事

20. 你愿意和陌生人主动交往吗？

A. 愿意　　　　　　B. 不愿意　　　　　　C. 视情况而定

21. 你和生人见面会感觉不自然吗？

A. 总是　　　　　　B. 偶尔　　　　　　C. 不会

22. 在中学里，你认为学习重要还是交际重要？

A. 学习　　　　　　B. 交际　　　　　　C. 同等重要　　　　　D. 都不重要

23. 你觉得与异性交往，自己通常抱有的心态是：

A. 正常朋友交往，无性别差异　　B. 正常朋友交往，有性别差异　　C. 暧昧的

24. 平时生活里你遇到不愉快的事，是闷在心里，还是向旁人说？

A. 对别人说

B. 闷在自己心里

## 第三节　团体实施

单元一：快乐的团队

目标：

1. 促进成员尽快相互认识；

2. 体会归属感的重要；

3. 创造彼此关心的氛围，提升整个团队的凝聚力；

4. 协助成员订立团体规范。

## 内容与操作：

| | |
|---|---|
| 目的:团体介绍和领导者自我介绍。<br>材料:无。<br>时间:5分钟 | 1. 团体介绍<br>带领者欢迎成员参加,进行自我介绍和团体介绍。 |
| 目的:自我介绍,在团体内找到与自己有共同爱好的成员,在同质性中形成归属感。<br>材料:无。<br>时间:20分钟 | 2. 谁和我一样<br>(1)大家围成圆圈,团体成员依次走到圈内;<br>(2)圈内的成员进行自我介绍,并问大家一个最想问的问题:我想知道这里有谁和我一样?(如:谁和我一样喜欢蹦极?)与该成员有共同爱好的人向前一步,走到圈内;<br>(3)走进圈内的成员与圈内人相互对视一下,回到原位;<br>(4)领导者提问:当有成员和自己有共同的爱好的时候你的感受如何? 当没有人站出只有你一个人的时候感觉如何? |
| 目的:1. 增加成员亲密度,拉近成员距离;<br>2. 让成员体验归属感与团体的支持,从而更加愿意与团体在一起。<br>材料:无。<br>时间:15分钟 | 3. 黄金花<br>(1)大家一起喊"黄金花,真美丽,一朵两朵三五朵,今天开几朵?"领导者说几朵,成员必须重新组成几人手拉手的一组形成一个"家",领导者会多次变换人数,如2,3,6,3,5……<br>(2)领导者多次变换人数,让成员有机会去改变自己的行为,积极融入团体;<br>(3)请没有找到家的人谈谈游离在团体之外的感受,请团体内的成员分享和大家在一起的感受。 |
| 目的:创造团体成员彼此关心的氛围,提升整个团队的凝聚力。<br>材料:方形卡片、笔。<br>时间:10分钟 | 4. 国王与天使<br>(1)领导者发给每人一张"国王和天使卡";<br>(2)每个人在国王的旁边填上自己的名字,然后交给领导者;<br>(3)领导者将所有卡片收齐后,将全部卡片的背面向上,请每个人抽取一张;<br>(4)抽到后告诉大家所抽取的卡片上的人是谁,这个人就是你在学习期间的"国王",你作为"天使"要在整个学习期间,暗暗地关心他、帮助他;<br>(5)同时在全体成员中,也有某个人是你的"天使",他也会默默地关心你、帮助你;<br>(6)请大家在抽取的卡片中"天使"旁边的位置写上自己的名字,并且要牢牢记住"国王"的名字,将卡片交给领导者;<br>(7)领导者告诉大家,在课程快要结束的时候,会将所有的卡片公布。 |

| | |
|---|---|
| 目的:规范团体,形成安全氛围。<br>材料:白纸、笔。<br>时间:20分钟 | 5. 团队组建<br>(1)成立家庭:在团队中选取家长一名,并按年龄大小依次排序:老大,老二……<br>(2)给自己的家庭取名字,画出家庭愿景,并建立家规;<br>(3)领导者说明订立家规的原因;<br>(4)成员共同讨论和制订家规,如"做到保密,不把团体内的事情说给其他人听""仔细倾听。不打断和批评他人的发言""不缺席,不迟到,不中途离开""不把食物带到团体辅导室来吃"等;<br>(5)将家规加以归纳,写在一张大白纸上,形成《××家规》,每个成员在上面签名,以示自己愿意遵守这些团体规范。 |
| 目的:清楚成员对团体的期望,帮助领导者进行后面单元的开展。<br>材料:团体活动心得记录表。<br>时间:10分钟 | 6. 小结<br>(1)领导者进行简单的小结,并分发《团体活动心得记录表》,要求每位成员每次团体活动结束后及时写下自己的感受与心得;<br>(2)领导者预告下一次团体活动的内容,然后结束团体。 |

## 单元二:君子和而不同

目标:

1. 建立互相信任;

2. 学会换位思考;

3. 学习接纳人和事物的独特性。

内容与操作:

| | |
|---|---|
| 目的:热身,活跃团体氛围。<br>材料:无。<br>时间:10分钟 | 1. "我猜你猜"暖身<br>(1)领导者在心中默想一人,但不说出他的名字,此人必须是团体成员中的一人,然后请其他成员来猜他的名字;<br>(2)在猜的过程中,可以向领导者提问,但领导者只能回答"是"或"不是",最先猜出的人为胜者;<br>(3)接下来由胜者在心中默想团体成员中的一人,其他成员来猜,如此类推。提醒成员,以逐步缩小范围的方式猜。 |

续表

| | |
|---|---|
| 目的:建立起成员间的信任度,并让成员学会换位思考。<br>材料:无。<br>时间:20分钟 | **2. 信任不倒翁**<br>(1)让成员将所有身上的硬物,包括眼镜、钥匙、手机等,统一放在指定地方;<br>(2)学员围成一个圆圈,指定其中一位学员站在圆圈当中。站在圈中的学员双手交叉抱肩,双脚并拢,腿部并紧,腰部挺直,头部低垂,保持直立姿势。圈中的学员大声报出自己的名字,并说:"请大家为我加油";<br>(3)领导者组织大家为这名学员加油,所有学员将手搭在这名学员的肩膀或者背部,齐声"1、2、3",大家一起喊出他的名字,再喊"加油加油",齐声"yeah!"结尾;<br>(4)接着,圈中的学员闭上双眼,做双臂抱肩的姿势,大声询问:"准备好了吗",其他人呈半下蹲的姿势,掌心对着圈中的学员,五指打开做承托准备,回答:"我们准备好了";<br>(5)得到回答后,圈中学员大声报出"1,2,3","3"字出口的同时在保持双脚不动的情况下,身体向前直倒,前方学员双手将其托住,两侧的学员做好保护姿势防止漏接。前方学员接住圈内学员后,依次将圈内学员向他身后的方向推去,由他后方的学员承托。向左再向右以及顺时针、逆时针各旋转一圈后再将他稳定到圆心位置稳定站立。<br>(6)项目注意事项:<br>①选择地面相对平整,不得有意加大难度或开玩笑;<br>②提前告知大家这个项目是徒手团体项目,安全主要靠每个人的认真负责,请集中精神参与;<br>③你希望向他人怎样对待你,你就要怎样对待他人;<br>④过程中领导者要始终站在此名队员的身后,以防止失手;<br>⑤圈中做信任倒的队员速度不能过快以免发生危险。<br>(7)领导者提问:<br>①倒下的那一刻你害怕了吗?你相信其他成员会稳稳地托住你吗?倒下的时候你的身体是弯曲的还是挺直的?<br>②你现在的感觉是什么?<br>③你从这个游戏中学到了什么? |
| 目的:以总结结束单元练习。<br>材料:无。<br>时间:10分钟 | **3. 小结**<br>领导者总结本单元内容。 |

单元三：人缘来自好性格

单元目标：探讨受欢迎的性格，寻找属于自己的人际财富。

内容与操作：

| | |
|---|---|
| 目的：活跃气氛。<br>时间：15分钟 | 1. 坐地起身<br>(1)将成员随机分成两组，确保两组的人数以及男女生的比例差不多；<br>(2)每组先派出两名成员，背靠背、臀部贴地、双臂相互交叉地坐在地上。当领导者发出"开始"的指令时，两人合力使双方一同站起。要求在站起的过程中，手不能松开，也不能触碰地面。如果成功站起，则该小组继续增加一人，三人一起手挽手地坐地起身。如果失败则重新再来一次，直到成功方可再增加一人。如此类推，小组成员全部成功地一起坐地起身者为胜方；<br>(3)游戏过程中，领导者负责发出"开始"的指令，并监督各小组不要犯规。 |
| 目的：协助成员认识受欢迎的人格特质。<br>材料：记录纸、笔。<br>时间：25分钟 | 2. 魅力测试站<br>(1)领导者描述情景：你参加了一个夏令营，在这个夏令营里你结识了很多性格迥异的人，有真诚的、善解人意的、乐于助人的、体贴的、热情的、善良的、活泼开朗的、风趣幽默的、聪明能干的、自信的、心胸宽阔的、脾气古怪的、不友好的、饶舌的、自私自利的、自负傲慢的、虚伪的、恶毒的、不可信任的、性情暴躁的、孤僻的、冷漠的、固执的、心胸狭隘的等；<br>(2)组织成员进行讨论：你最不愿意和哪三种人做朋友？最愿意和哪三种人做朋友？并简要地说明理由。请每位成员在心底对自己做一个评判（不需要说出来），你认为自己最类似于以上哪两种人？优缺点各选一个。然后仔细倾听其他成员对此的评价，从而了解自己的性格在人际交往中的受欢迎程度；<br>(3)领导者根据成员的发言，记录下每种性格的魅力指数。最愿意和哪三种人做朋友，那么根据喜欢程度的高低，这三种性格分别记＋3，＋2，＋1分；反之，最不愿意和哪三种人做朋友，那么根据讨厌程度的高低，这三种性格分别记－3，－2，－1分。所有成员发言完后，计算每种性格的总分，得出该性格的人际魅力指数；<br>(4)组织成员进行分组讨论"如何培养最受欢迎的三种性格"，以及"如何克服最不受欢迎的三种性格"。 |

续表

| | |
|---|---|
| 目的:让成员了解自己的人际关系圈,认识自己的人际定位。<br>时间:30 分钟 | 3. 人际财富<br>给每个成员分发一张白纸,一支笔。然后请成员跟着领导者的指导语和示范,绘制自己的人际财富图。<br>(1)首先在白纸的中央画一个实心圆点代表自己;<br>(2)然后以这个实心圆点为中心,画三个半径不等的同心圆,代表三种人际财富或者人际圈。同心圆内任意一点到中心的距离表示心理距离。将亲朋好友的名字写在图上,名字越靠近中心圆点,表明他与你的关系越亲密;<br>(3)写在最小同心圆内的属于你的"一级人际财富"。你们彼此相爱,你愿意让对方走进自己心灵的最深处,分享你内心的秘密、痛苦和快乐。这样的人际财富不多,却是你最大的心灵慰藉,也是你生命中最重要的成长力量;<br>(4)写在第二大同心圆内的是你的"二级人际财富"。你们彼此关心,时常聚在一起聊天戏耍,一起分享快乐,一起努力奋斗。虽然你们之间有些秘密是无法分享的,但这类朋友让你时常感到人生的温馨;<br>(5)写在最大一个同心圆内的属于你的"三级人际财富"。这些朋友,可以是平时见面打个招呼,但是需要帮助时也愿意尽力帮忙的朋友;可以是曾经比较亲密但渐渐疏远,却仍然在你心中占有一席之地的朋友;也可以是平时难得见面,却不会忘记在逢年过节问候一声的朋友;<br>(6)同心圆外的空白处代表你的"潜在人际财富"。尽量搜索你的记忆系统,把那些虽然比较疏远但仍属于你的人际财富的人的名字写下来。领导者引导组员在组内分享。 |
| 目的:整理总结。<br>时间: 10 分钟 | 4. 总结<br>总结团体内容,结束活动。 |

## 单元四:倾听你的声音
目标:学习合作、倾听、信任、互助、换位思考等人际交往技能

**内容与操作：**

| | |
|---|---|
| 目的：活跃团体气氛。<br>材料：音乐、播放器。<br>时间：5分钟 | 1. 按摩操<br>(1)随着音乐的节拍,把双手放在前面一位伙伴的肩膀上;<br>(2)跟随领导者的指导语一起扭动身体! |
| 目的：让成员在学习合作中解决问题。<br>材料：无。<br>时间：20分钟 | 2. 心有千千结<br>(1)先将所有成员分成两个组,每组成员拉手围站成一个圆圈,记住自己左右手各相握的人;<br>(2)在背景音乐声中,大家放开手,随意走动,音乐一停,脚步即停。找到原来左右手相握的人分别握住;<br>(3)所有的手都彼此相握,形成一个错综复杂的"千千结"。在手不松开的情况下,无论用什么方法,将交错的"千千结"解成一个大圆圈。<br>(4)第二轮把两个小组的成员合并,形成一个大圆圈,按第一轮的操作重复进行一次。<br>(5)游戏结束成员进行以下问题讨论:<br>①成功的解开千千结有什么感受,体验?<br>②在解千千结的过程中有什么想法?<br>③没有解开结的组员有什么感受,这个组的其他成员是否有不同的感受?<br>④当生活中遇到人际千千结时,你怎么办? |
| 目的：让成员体会到倾听在人际交往中的重要性,学会用心倾听。<br>时间：25分钟 | 3. 倾听你的声音<br>领导者随机把成员进行两两分组,一个命名为 A,另一个为 B。领导者给出一些话题让两人进行相互聊天。聊天结束后,领导者叫 A 起来对 B 进行刚才话题的回顾,然后让 A 闭上眼,B 如果觉得 A 回顾得好的话,就站起来,表示肯定。B 如果觉得 A 回顾得错或者少则坐着不动,表示否定。反之亦然。都分享结束后,对一些成员进行感受提问。 |

续表

| | |
|---|---|
| 目的:学会站在别人角度看问题,学会相互信任,相互帮助支持。<br>材料:眼罩。<br>时间:30分钟 | **4. 盲行**<br>将参加活动的成员分成相等的两组,其中一组先蒙上眼睛,另一组分别选择同伴,然后由组织者选择路线前进,行进过程中不可以说话只能通过肢体语言沟通,然后交换再做一次。<br>通过分享大家在行进中的感受,然后引导大家懂得信任的意义。 |

单元五:真情告白

目标:

1. 相互支持和鼓励,获得离开团体后生活的信心;

2. 整理自己在团体中的收获和感受;

3. 在融洽的气氛中结束。

内容与操作:

| | |
|---|---|
| 目的:活跃团体气氛,使成员更快进入团体。<br>材料:无。<br>时间:10分钟 | **1. 松鼠搬家**<br>(1)3人一组,其中两人面对面,举高双手呈拱桥状,扮成树;另一人就蹲在拱桥下扮成松鼠,另外有一位主持人;<br>(2)游戏中有三个指令,包括松鼠搬家,樵夫砍柴及森林大火。主持人发号施令后,大家要按指令重新组合,主持人迅速抢占空位,未能够成组则当输,成为下一轮主持人;<br>(3)松鼠搬家:扮松鼠的人需要移到另一棵树;樵夫砍柴:扮树的人需要与另一人组成一棵新树;森林大火:所有玩家需要重新组成树和松鼠的组合。 |
| 目的:相互支持和鼓励,获得离开团体后生活的信心。<br>材料:A4纸、笔。<br>时间:30分钟 | **2. 真情告白**<br>(1)全体成员围坐在一起(将灯光调暗一些),领导者对大家在整个团体期间所给予的支持与配合表示感谢;<br>(2)随后开始将前面单元写下的"国王和天使卡"一张张揭秘;<br>(3)成员分享感受,领导者注意积极支持。 |

续表

| 目的:用祝福让成员了解自己是值得爱的,为成员带去自信。<br>材料:便利贴。<br>时间:30 分钟 | 3. 带上祝福向前走<br>大家围坐在一起发给成员每人一张 A4 纸和一支笔,在纸上写上自己的名字,传递给下一位队员,给他写下祝福的话语,送出自己最真诚的祝福。 |
|---|---|
| 目的:让成员接受离别。<br>材料:"相亲相爱一家人"音乐及播放设备。<br>时间:10 分钟 | 4. 相亲相爱一家人<br>离别即将到来,在歌声中,在浓浓的温情与亲密的氛围中结束本次团辅。 |

**参考文献:**

刘剑涛. 我群与他群中的自我与他人——阿尔弗雷德·舒兹的社会现象学的主要论题[D]. 上海:复旦大学,2011.

罗道友. 需要——人发展的内在动力——从马斯洛需要理论看人的发展[D]. 湘潭:湘潭大学,2007.

# 第十三章 我爱我家——中学生亲子关系辅导团体

## 第一节 理论依据

人类是社会性动物,个体不可能独立存在,对于人的社会性发展,家庭关系起着重要作用,根据布朗芬布伦纳的生态系统理论,家庭对于个人来说属于微型生态系统,其中起重要影响的就是亲子关系。亲子关系是以血缘和共同生活为基础的父母与子女之间的关系,它是家庭中最基本、最重要的关系,对个体的身心发展有着决定性影响。影响亲子关系的其中一个因素是依恋,波尔比把依恋定义为个体与特定的其他人形成牢固的情感纽带的倾向。他认为依恋是伴随整个童年期,直至成人期。不安全的依恋类型则容易产生出不良的亲子关系。

中学生正处于青春期,是学生准备走向独立生活的时期。初中阶段是个体由童年向成年过渡的关键时期,处于这一阶段的孩子身心发展具有不平衡、不稳定等特点,青春期心理发展的显著特点是:半独立性与半依赖性、半成人与半儿童、理智性与冲动性、逆反性与顺从性、开放性与闭锁性、自觉性与幼稚性、言与行错综复杂。身处此阶段的学生心理激荡不安,心绪难宁,矛盾重重。在此期间,他们的生理和心理发展都逐渐成熟,可以说他们已经是"准成人"。所以,他们容易处于自我冲突状态。根据马斯洛的需求层次理论,青春期的孩子正在进入高层次需要的阶段,爱和尊重对他们来说尤为重要。由于自我意识的迅速增长,他们希望得到成人一样的尊重、自由和自我决定权,他们期待个人的见解得到父母或他人的认可与尊重,并试图在平等的基础上,重新建立与父母或其他成年人的关系,但由于亲子关系在社会学层面上具有不平等性,占有主导地位的父母不容易理解孩子们青春期的心理,无法处理好亲子关系,因而特别容易产生矛盾和摩擦,造成亲子关系不良,也更容易为孩子带去不良的心理影响。

亲子关系是家庭系统中影响个体自尊的最重要变量,不良的亲子关系会造成孩子的低自我效能感,当出现亲子冲突时,亲子双方容易出现情绪失控,造成亲子沟通不能顺利进行,导致亲子冲突不能及时化解。而且,冲突一旦发生,又常常动摇青少年的自尊,青春期阶段的自尊具有不稳定的特点,当出现无法解决的亲子冲突时,便会影响孩子们不稳定的自尊。有关研究发现,亲子冲突与青少年的问题行为、犯罪、吸毒、性行为、学习成绩差之间存在明显的关系。所以,这一阶段的亲子关系尤其重要,引导得好,能成功度过青春期;一旦和父母冲突不断,他们的成长将受到阻碍,影响学业,更影响身心健康,有的甚至会带来一系列的心理问题。

要改善不良亲子关系的状况,可以通过团体心理辅导的方式来实现。这样的团体活动设计的理念主要来源于平时咨询和访谈中所呈现的问题。团体辅导活动过程中运用的技术也是借鉴心理咨询的技术,如积极倾听、共情、转念等。

## 第二节 团体方案设计

### 一、团体名称

我爱我家——中学生亲子关系辅导团体

### 二、团体性质

此类辅导团体属于结构式的心理教育成长性团体,以改善初中学生的亲子关系,提高亲子关系水平为主要目标,团体成员是亲子关系紧张、无法和父母有效沟通或希望亲子关系更亲密的且有意愿成长改变的中学生。

### 三、团体目标：

总目标：学会建立和谐的亲子关系，让自己能健康成长。

具体目标：

（1）通过团体辅导，帮助成员重新认识亲子关系的重要性，学会珍惜，学会感恩；

（2）通过团体辅导，让成员认识到自己的沟通模式的局限性，并且能有效沟通处理亲子之间的冲突；

（3）在团体活动中有效地促进成员情感、态度、价值观的转变，并在处理亲子关系、人际关系上有所成长。

### 四、团体成员及招募甄选

团体成员由 8～10 名初级中学生及父母一方（父母参与第五、六单元次活动）组成，用华东师范大学周步成教授修订的《亲子关系诊断测验》（PCRT）量表筛选学生，分别由学生和家长填写；也可以由家长、班主任、任课教师推荐学生。

### 五、团体领导者及训练背景

专业心理健康教育教师，要求有相应的团体辅导经验。

### 六、团体用时及次数

团体分为六个单元，每个单元会面一次，每次团体活动用时80 分钟。

### 七、团体场地

场地最好选用在学校专门的团体心理辅导室，进行辅导时周围无其他人员打扰，环境安静。

## 八、团体效果评估

团体结束时学生自评；根据家长的反馈评估。

## 九、团体设计总方案

本团体辅导共设六个单元，即六次活动，方案概要见表 13-1。

表 13-1　中学生亲子关系辅导团体总方案

| 单元 | 目标 | 研讨与练习 |
|------|------|-----------|
| 一、我想有个家 | 1. 介绍本次团体辅导的目的与意义；<br>2. 促进成员之间相互认识、熟悉，消除陌生感，建立信任感；<br>3. 引导成员认识到家的重要性，增强团体凝聚力；<br>4. 增强团体安全感，制订团体成员契约书。 | 1. 缘聚你我<br>2. 松鼠搬家<br>3. 我们的约定<br>4. 总结 |
| 二、我心中，你最重 | 1. 让成员认识到父母对自己的重要性；<br>2. 让成员体会到自己对父母的重要性；<br>3. 感受父母之爱，学会珍惜父母之爱，回报父母之爱。 | 1. 趣味测试<br>2. 我的人生五样<br>3. 爱的天平<br>4. 爱的形象 |
| 三、沟通从"心"开始 | 1. 让成员了解自己和父母的沟通模式；<br>2. 让成员学会正面表达，有效地沟通；<br>3. 让成员体会无批判沟通的魅力。 | 1. 毕加索<br>2. 家庭小剧场<br>3. 你说我听<br>4. 总结收获 |
| 四、爱要让你看见，心要让你听见 | 1. 让成员感受父母唠叨中的爱；<br>2. 让成员学会爱的表达；<br>3. 引导成员用心去看见彼此。 | 1. 如果你爱我<br>2. 唠叨中的爱<br>3. 空椅子对话<br>4. 总结收获 |
| 五、你是我的眼 | 1. 通过活动，让成员感受父母陪伴自己成长的艰辛，懂得珍惜与父母在一起的时光；<br>2. 通过活动，让成员体会到责任与担当，回报父母的爱；<br>3. 通过活动，让父母感受"有一种爱叫放手"，给渐渐长大的孩子一点自由的空间。 | 1. 老鹰捉小鸡<br>2. 你陪我长大<br>3. 我陪你变老<br>4. 分享感受 |

续表

| 单元 | 目标 | 研讨与练习 |
|---|---|---|
| 六、我爱我家 | 1. 帮助团体成员分享参加团体的心理感受；<br>2. 团体成员之间相互祝福,结束团体辅导；<br>3. 评估团体辅导的效果。 | 1. 回首来时路<br>2. 爱的表达<br>3. 我看见了你,我为你的存在鞠躬<br>4. 分享、评估。 |

# 第三节　团体实施

单元一:我想有个家

目标:

1. 介绍本次团体辅导主题及团体辅导的目的与意义;

2. 促进成员之间相互认识熟悉,消除陌生感,建立信任感;

3. 引导成员认识到家的重要性,增强团体凝聚力;

4. 增强团体安全感,制订团体契约书。

内容与操作:

| | |
|---|---|
| 目的:引入主题,说明团体组建的意义;促进成员之间相互认识熟悉,消除陌生感,建立信任感。<br>材料:无。<br>时间:10分钟 | 1. 缘聚你我<br>(1)领导者介绍本次团体辅导操作形式、用时规定、参加要求、目的与意义;<br>(2)团体成员向其他成员介绍自己,说说自己参加团体辅导的期望,为自己取一个在团体中用的名字;<br>(3)领导者澄清成员不合理的期待。 |
| 目的:引导成员认识到家的重要性,增强团体凝聚力。<br>材料:音乐《我想有个家》。<br>时间:20分钟 | 2. 松鼠搬家<br>(1)3人一组,其中两人面对面,举高双手呈拱桥状,扮成树;另一人就蹲在拱桥下扮成松鼠,另外有一位主持;<br>(2)游戏中有三个指令,包括松鼠搬家,樵夫砍柴及森林大火。主持发号施令后,大家要按指令重新组合,主持人迅速抢占空位,未能够成组合则为输,成为下一轮主持; |

| | |
|---|---|
| 目的:引导成员认识到家的重要性,增强团体凝聚力。<br>材料:音乐《我想有个家》。<br>时间:20分钟 | (3)松鼠搬家:扮松鼠的人需要移到另一棵树;樵夫砍柴:扮树的人需要与另一人组成一棵新树;森林大火:所有玩家需要重新组成树和松鼠的组合;<br>(4)集体分享活动的感悟,注意引导成员体会有家和无家的不同感受。 |
| 目的:增强团体安全感,制订团体成员契约书。<br>材料:A4纸若干,大白纸一张,签字笔,胶带。<br>时间:20分钟 | 3. 我们的约定<br>(1)学生分小组进行讨论团体规范,每组写出来;<br>(2)将各小组讨论的结果在全体成员中进行讨论通过,领导者可以适当补充,最后形成统一的团体契约,写在大纸上,签上各成员的名字;<br>(3)契约书上墙,全体成员大声朗读。 |
| 目的:总结收获。<br>材料:无。<br>时间:10分钟 | 4. 总结<br>(1)每个成员用一句话总结今天的收获;<br>(2)团体成员围成圈手牵手唱"我想有个家"。(音乐可换成其他任何增强团体凝聚力的音乐) |

## 单元二:我心中,你最重

目标:

1. 让成员认识到父母对自己的重要性,以及自己对父母的重要性;

2. 让成员感受到父母之爱与子女之爱的不同,学会理解父母的爱,学会珍惜拥有。

内容与操作:

| | |
|---|---|
| 目的:引出亲子关系的重要性。<br>材料:无。<br>时间:10分钟 | 1. 趣味测试<br>(1)领导者为成员阐述前提:<br>在原始森林中,你带着狗、孔雀、大象、狮子、猴子五种动物,但是现在你遇到了困难,它们成了你的包袱,你需要将这些动物抛弃,请问你最先抛弃的是什么?最后抛弃的动物是什么? |

续表

| | |
|---|---|
| 目的:引出亲子关系的重要性。<br>材料:无。<br>时间:10 分钟 | (2)成员们思考后分享答案,并把重点放在最先抛弃和最后抛弃的动物身上。(各种动物的象征意义:狗——朋友,孔雀——爱人,大象—父母,狮子—敌人,猴子—金钱);<br>(3)领导者小结;<br>(4)操作者注意:若测试结果是最先抛弃大象的多,则说明父母在孩子中的地位还没有被重视,应该加强亲子交流。若测试结果最后留下大象的多,也就说明,父母在孩子心中的地位是很重要的。操作者可根据成员不同情况安排以后的团体操作。 |
| 目的:让成员认识到父母对自己的重要性。<br>材料:A4 纸,笔。<br>时间:40 分钟 | 2. 我的人生五样<br>(1)先让成员放松身心,让大脑处于宁静状态;<br>(2)让成员在白纸的顶端,一笔一画地写上"×××的人生五样";<br>(3)请在白纸上,以最快的速度写下你生命中最重要的五样东西;<br>要求:不必考虑顺序,排名不分先后。这五样东西,可以是实在的物体,如食物、水或钱;也可以是人和动物,如父母、兄弟、朋友或狗。可以是精神的追求,如宗教或理想;也可以是爱好和习惯,如旅游、音乐或吃素。可以是抽象的事物,如祖国或哲学;也可以是具体的物品,如一个瓷瓶或一组邮票;<br>(4)天有不测风云,人有旦夕祸福。人生路上你发生了意外,你必须舍去一样。请你思考一下,你会舍去哪一样?<br>(5)以此引导成员划去四样。留下的那样就是你最珍贵的,你现在怎么认识留下的这一样?(绝大部分成员都可能留下父母)<br>(6)请成员分享这个过程,最后留下的是什么?为什么?体悟父母在自己心中的重要性。 |

续表

| 目的:感受父母之爱,学会珍惜父母之爱,回报父母之爱。<br>材料:A4纸,笔。<br>时间:15分钟 | 3. 爱的天平<br>(1)在一张A4纸上画一架天平,左边的托盘里写下父母为我做的事,右边的托盘里写下我为父母做的事,看一下这架天平,它平衡吗?<br>(2)如果不平衡,看看我们该为这架天平的平衡做些什么?写下来并回去执行,下次活动检查执行结果。 |
|---|---|
| 目的:强调升华。<br>材料:无。<br>时间:5分钟 | 4. 爱的形象<br>用一个比喻句说说父母在你心中的形象,如"我的父母像头大象给我力量"。 |

## 单元三:沟通从"心"开始

目标:

1. 让成员认识到自己的沟通方式;

2. 让成员学会正面表达及有效的沟通;

3. 让成员体会无批判沟通的魅力。

内容与操作:

| 目的:让成员看到各人不同的沟通问题。<br>材料:数张不同的圆形纸。<br>时间:10分钟 | 1. 毕加索<br>(1)成员两两组队,每一组背对背而坐;<br>(2)在指定时间内,一人负责讲拿到的圆形形状,如:我手里拿着的是一个椭圆,像一个鸡蛋,上窄下宽……另一人则负责画圆。画圆的人,只可听不可问,也不可让讲的人看到;<br>(3)时间到,看谁画得快而准,游戏中可对换角色。 |
|---|---|
| 目的:让成员学会正面表达,有效地沟通。<br>材料:无。<br>时间:40分钟 | 2. 家庭小剧场<br>(1)领导者指定题目《我考差了》;<br>(2)成员对题目进行编剧,根据自己或他人的经历编写故事;<br>(3)选定表演者进行表演;<br>(4)讨论:这场冲突中有哪些沟通问题?沟通中的语音语调对沟通有什么影响?怎样有效沟通?用所学方法再次表演这场沟通,看看效果如何? |

续表

| 目的:让成员体会无批判沟通的魅力。<br>材料:无。<br>时间:25分钟 | 3. 你说我听<br>(1)两个同学一组,面对面而站;<br>(2)一人向另一人说自己最近做得最糟糕的事,另一人不能批评,不能做负面评价,只能体会对方在这件事中的情绪,并给予积极关注,然后交换角色;<br>(3)说说这次沟通的感受。 |
|---|---|
| 目的:迁移运用。<br>材料:无。<br>时间:5分钟 | 4. 总结收获<br>每个成员用一句话总结今天的收获感受,并把今天所学运用于家庭中。 |

## 单元四:爱要让你看见,心要让你听见

目标:

1. 让成员感受父母唠叨中的爱;

2. 引导成员与父母进行沟通,消除父母与子女的误会,增进彼此的感情。

内容与操作:

| 目的:热身,活跃气氛,为接下来的活动做铺垫。<br>材料:无。<br>时间:10分钟 | 1. 如果你爱我<br>(1)成员围圈坐下,选一人站在中央;<br>(2)站在中间的人要走到圈内的其中一人面前,设法逗他笑:"Honey,如果你爱我,请你为我笑一下。"被问的组员要忍住笑,看着对方回答:"Honey,我很爱你,但我真的不能为你笑。"<br>(3)如果被问的人忍不住笑了,他就要站在中央,再逗另一人笑。逗人笑时可用任何方法,但不可触摸对方。 |
|---|---|
| 目的:引导成员用心去感受父母的爱。<br>材料:无。<br>时间:30分钟 | 2. 唠叨中的爱<br>(1)两人一个小组,一个扮演自己的父母,另一个扮演自己,父母扮演者向对方唠叨父母平时向自己唠叨的事,倾听者注意聆听,并找出唠叨中的爱的成分,并反馈给"父母",说"谢谢你,我知道你……(爱的成分)",交换进行;<br>(2)分享感受。 |

| | |
|---|---|
| 目的：与父母进行沟通，消除父母与子女的误会，增进彼此的感情。<br>材料：数把空椅子。<br>时间：30分钟 | 3. 空椅子对话<br>(1)领导者解释本环节：<br>我们每个人一定都有许多话要对爸爸/妈妈说，今天，我们就有这样一个机会，可以把想对父母说而没说出的话向他们倾诉。每个人找两把椅子，找一个适当的位置，把两把椅子面对面放好，自己坐在一把椅子上，想象爸爸/妈妈就坐在对面的空椅子上。对着空椅子，你可以把平时想说而不敢说、不好意思说的话说出来，可以是对父母的感谢、关心，也可以是对父母的不满，可以是给父母的建议，也可以是自己的困惑、目标或希望得到的帮助等；<br>(2)成员根据自己的情况进行对话；<br>(3)分享感受。 |
| 目的：总结升华。<br>材料：无。<br>时间：10分钟 | 4. 总结收获<br>用一句话表达今天活动后的心情感受。 |

单元五：你是我的眼

目标：

1. 通过活动，让成员感受父母陪伴自己成长的艰辛，懂得珍惜与父母在一起的时光；

2. 通过活动，让成员体会到责任与担当，回报父母的爱；

3. 通过活动，让父母感受"有一种爱叫放手"，给渐渐长大的孩子一点自由的空间。

说明：本单元和下一单元每个成员请父母一方加入团体。

内容与操作：

| | |
|---|---|
| 目的：引导孩子体会家长在保护自己时的不易，学会感恩父母。<br>材料：无。<br>时间：15分钟 | 1. 老鹰捉小鸡<br>(1)领导者向家长介绍本单元的目的；<br>(2)游戏开始：第一轮家长当母鸡，负责保护身后的小鸡（孩子）不被老鹰捉走；第二轮孩子当母鸡，保护身后的小鸡（家长）。 |

续表

| 目的:让成员感受父母陪伴自己成长的艰辛,懂得珍惜与父母在一起的时光。让父母体会"有一种爱叫放手",给渐渐长大的孩子一点自由的空间。<br>材料:眼罩、音乐《连心》。<br>时间:25 分钟 | 2. 你陪我长大<br>(1)孩子带上眼罩,母亲(父亲)牵着孩子在有障碍的活动室走,一起穿越各种障碍,走到一半后,父母放手,站在孩子身边保护着孩子的安全,但不能触碰孩子,此时放音乐《连心》;<br>(2)家长分享感受。 |
| --- | --- |
| 目的:让成员体会到责任与担当,回报父母的爱。<br>材料:眼罩、音乐《时间都去哪了》。<br>时间:25 分钟 | 3. 我陪你变老<br>(1)父母蒙着眼,孩子牵着父母在有障碍的活动室走,一起穿越各种障碍,一路不能放手,播放背景音乐;<br>(2)成员(孩子)分享感受。 |
| 目的:体会彼此陪伴的意义。<br>材料:无。<br>时间:15 分钟 | 4. 分享感受<br>领导者总结父母与孩子所分享的感受,鼓励用自己的方式来感谢对方。 |

单元六:我爱我家

目标:

1. 帮助团体成员分享参加团体的心理感受;

2. 评估团体的效果;

3. 团体成员之间相互祝福,结束团体。

说明:本单元每个成员请父母一方加入团体。

内容与操作:

| 目的:强化巩固团体辅导收获。<br>材料:PPT。<br>时间:20 分钟 | 1. 回首来时路<br>(1)领导者播放提前制作好的前几次活动的精彩瞬间,带领学员一起观看回顾五次团体活动;<br>(2)成员分享自己记忆深刻或感动的瞬间。 |
| --- | --- |

| | |
|---|---|
| 目的:增强亲子感情。<br>材料:画纸、笔。<br>时间:20分钟 | **2. 爱的表达**<br>把这几次的收获用自己的方式表达出来,并送给自己的父母。可以是一幅画,也可以是一首诗,或者是一封信。 |
| 目的:处理离别情绪,升华情感。<br>材料:音乐。<br>时间:30分钟 | **3. 我看见了你,我为你的存在鞠躬**<br>(1)团体成员站起来,与父母两双手掌心相对,看着对方,心里去想着对方让你感动的地方,静默一分钟,然后两人相互鞠躬,感谢对方的看见与陪伴。<br>(2)成员四处走动,寻找其他成员,两双手掌心相对,看着对方,心里去想着对方让你感动的地方,静默一分钟,然后两人相互鞠躬,感谢对方的看见与陪伴。<br>(3)每个人表达这个过程中的感受和体悟。 |
| 目的:评估团体辅导效果。<br>材料:反馈表。<br>时间:10分钟 | **4. 分享、评估**<br>(1)填写团体辅导活动反馈表(附录1);<br>(2)分享,领导者总结后结束团体。 |

# 附录1　团体辅导活动反馈表

对于本次活动请提出您的宝贵意见,以作为我们今后改进的参考。

1. 您对于我们所安排的内容的满意程度:

A. 非常满意　　　B. 满意　　　C. 一般　　　D. 不满意　　　E. 非常不满意

2. 您对本次团辅活动的氛围感到舒适温暖:

A. 非常赞同　　　B. 赞同　　　C. 没感觉　　　D. 不赞同　　　E. 反对

3. 我能在团体中积极主动地表达自己的真实想法?

A. 非常赞同　　　B. 赞同　　　C. 没感觉　　　D. 不赞同　　　E. 反对

4. 本次团辅活动中,您最喜欢的是:

5. 本次团辅活动中,哪一项对您帮助最大?

6. 您觉得本次团辅活动需要改进的地方是哪些?

7. 其他的建议:

**参考文献：**

陈立民．亲子关系、同伴关系与青少年攻击性行为的相关研究[D]．广州：华南师范大学,2007.

张肖婧．初中生亲子关系、自我效能感与自尊的关系研究[D]．北京：中国青年政治学院,2018.

王美萍．亲子关系与青少年社会适应的联系：遗传与环境的影响[D]．济南：山东师范大学,2010.

# 第六篇　两性关系

## 第十四章　他和她——七年级性心理健康辅导团体

### 第一节　理论依据

七年级学生正处于埃里克森人格发展八阶段中的"青春期"，青春期是指性器官发育成熟、出现第二性征的年龄阶段。世界卫生组织规定青春期的年龄段为 10～20 岁，我国一般指 11～17 岁。男孩进入青春期较女孩晚 1～2 年。青春期已经出现第二性征，男性表现为骨骼与体毛显著生长，肌肉发达，嗓音变得低沉，出现遗精现象（平均 13、14 岁开始）；女性表现为乳房隆起，体毛生长，骨盆变宽，皮下脂肪丰腴，月经来潮（平均 12 岁开始）。

这个阶段的青少年面临着两大问题：一方面是生理上本能冲动的高涨以及心理的发展冲突会带来问题，另一方面是青少年面临新的社会要求和社会的冲突而感到困扰和混乱。所以，在青春期或青春前期帮助青少年了解自身生理和心理的变化，正确认识与异性的交往有助于青少年提高自我认识，建立健全的人格，得到更好的发展。

性心理是指在性生理的基础上，与性征、性欲、性行为有关的心理状态与心理过程，也包括了与他人交往和婚恋等心理状态。性生理是性心理发展的生物学基础，性生理发育的障碍或缺陷，会使性心理的发展出现偏差。性健康包含性心理健康与性生理健康两个部分。性健康不是局限于没有疾病或性功能障碍，它包括有能力去理解和评估有关性行为背后的危险、结果、责任和冲突等。性心理健康涉及以下方面：

(1)形成和保持一种有意义的人际关系；

(2)欣赏自己的身体；

(3)以有礼貌和恰当的方式与同性和异性进行交往；

(4)用与自己价值观念一致的方式来表达自己的感情、爱和亲密行为。

本团体方案设计借鉴此观点，活动主题涵盖以上四方面，另外加入了性生理知识、性安全等主题。对于青春期学生来说，越早缩小性心理与性生理发展之间的差距就能越早避免出现性心理健康问题。

在性心理健康教育中无可避免的是两性之间的话题，两性观念影响着每一个学生将来的爱情观、婚姻观、择偶观等。树立正确的两性观念有助于学生在将来的感情生活中拥有健康的情感体验。现代学生处于信息大爆炸时代，接触的信息和观念良莠不齐，而初中生正处于人格发展历程中最关键的时期，相对而言缺乏判断力，为了让学生树立正确的两性观念，本方案还设计了两性情感板块，运用了斯腾伯格的爱情三角理论，帮助成员认识青春期的懵懂情愫。

## 第二节　团体方案设计

### 一、团体名称

他和她——七年级性心理健康辅导团体

### 二、团体性质

本团体是心理教育成长性、同质性、结构式团体，团体成员都是在校七年级学生，正处于青春期，对自身的身心发展存在困惑，有强烈的探索意愿；团体主要目标是帮助团体成员了解青春期男女的个体差异、了解青春期自身生理、心理的变化以及帮助团体成员建立良好的异性交往人际关系。

### 三、团体目标

协助成员正确地认识并接受自己在青春期生理和心理上的变化。同时让成员学会树立正确的性观念以及如何正确地处理在特殊时期的异性关系,学会如何与异性相处。

### 四、团体成员及招募甄选

通过班级宣传,自愿报名的方式招募成员。对报名成员采用《青春期性心理健康量表》(附录 1)进行前测,挑选出得分较低,处于同一水平的成员。最后领导者约见选定成员,进行一个简单的会面,主要是与成员确定活动时间、宣布注意事项、确认是否有想退出的成员。最终敲定的人数最好是偶数个,男女各一半,10 人左右为最佳。

### 五、团体领导者及训练背景

领导者要求是心理学专业,受过心理咨询以及团体辅导系统训练并且具备设计与实施心理健康教育课程、个案辅导与心理咨询、设计与实施团体辅导等专业技能。

### 六、团体时间及次数

团体分为八个单元,一周一个单元,每个单元会面一次;每周团体活动时间需固定,每次团体活动时间 90 分钟。

### 七、团体进行场所

活动场所选取环境清幽不被打扰的,足够宽阔、安全、便于活动、通风并且有媒体设备的室内场地。场地内放置足够的、可移动的椅子或地垫即可。

### 八、团体效果评估方法及工具

最后一次团体时采用由西南大学心理学院骆一编制的《青春

期性心理健康量表》(附录1)请成员进行后测。

## 九、团体设计总方案

团体活动方案共有八个单元,方案概要见表 14-1。每个单元都有分目标与活动内容,八次活动的分目标存在逻辑顺序,都为团体总目标服务。

表 14-1　七年级性心理健康辅导团体总方案

| 单元 | 目标 | 活动内容 |
|---|---|---|
| 一、初见 | 帮助成员了解团体目标和过程,促进团体成员互相认识,互相熟悉,建立联系,进入团体状态。 | 1. 团体介绍<br>2. 桃花朵朵开<br>3. 取代号<br>4. 签订团体契约<br>5. 击鼓传花<br>6. 总结 |
| 二、我在长大 | 帮助成员了解每个成长阶段的变化,为将来应对青春期问题做好铺垫。 | 1. 进化游戏<br>2. 身体变化<br>3. 点头摇头<br>4. 讨论分享<br>5. 总结 |
| 三、我们不一样 | 帮助成员了解接受并理解男女差异,了解接受自己身体上的变化,学会面对和解决青春期烦恼。 | 1. 行礼<br>2. 我们不一样<br>3. 隐秘的朋友<br>4. 总结 |
| 四、我从哪里来 | 帮助成员了解性的发展和人类生育的过程,探讨生命的意义,树立正确性观念。 | 1. 凑数字<br>2. 我的来处<br>3. 生命孕育<br>4. 爱的结晶<br>5. 总结 |
| 五、我爱我自己 | 帮助成员了解自己的身体,珍视并欣赏自己的身体。 | 1. 萝卜蹲<br>2. 珍贵的我<br>3. 爱自己<br>4. 总结 |

续表

| 单元 | 目标 | 活动内容 |
|---|---|---|
| 六、花非花 | 帮助成员探讨并正视青春期对异性的情愫,明白爱与喜欢的差别与内涵,树立正确的异性交往观念。 | 1. 花园果园<br>2. 喜欢和爱<br>3. 小明的故事<br>4. 男孩你好,女孩你好<br>5. 总结 |
| 七、我们都是好朋友 | 帮助成员正视现阶段自己与异性交往的状态,通过互动掌握异性交往的正确方法,使自己成为一个有魅力的人。 | 1. 口香糖,粘什么<br>2. 男生和女生<br>3. 齐心协力<br>4. 最喜欢的人<br>5. 总结 |
| 八、珍重再见 | 团体成员总结收获,谈谈感想,团辅结束,处理好成员的离别情绪。 | 1. 解开千千结<br>2. 星语心愿<br>3. 回顾<br>4. 再见 |

# 附录1　青春期性心理健康量表

年　龄:　(周岁)　　性别:　　民族:　　文化程度:

所处地:　省　县　　学校:　　填表日期:　　年　月　日

| 题　项 | 完全<br>不符合 | 基本<br>不符合 | 不确定 | 基本<br>符合 | 完全<br>符合 |
|---|---|---|---|---|---|
| 1. 我了解人体的生理结构。 | | | | | |
| 2. 我的行为方式符合自己的性别角色。 | | | | | |
| 3. 我了解人体的各种生理功能。 | | | | | |
| 4. 我对有关性方面的事情很感兴趣。 | | | | | |
| 5. 我能和谐自然地与异性相处。 | | | | | |
| 6. 谈到或想到性,我没有羞耻感和负罪感。 | | | | | |
| 7. 我了解生殖器官的构造和功能。 | | | | | |
| 8. 我会情不自禁地去看一些色情刊物、节目等。 | | | | | |
| 9. 我认为性是万恶之源。 | | | | | |

续表

| 题　项 | 完全<br>不符合 | 基本<br>不符合 | 不确定 | 基本<br>符合 | 完全<br>符合 |
|---|---|---|---|---|---|
| 10. 我很认同自己的性别角色。 | | | | | |
| 11. 我很欣赏自己身体的特征。 | | | | | |
| 12. 我了解什么是月经和遗精。 | | | | | |
| 13. 当出现性冲动的时候,我感到自己没有办法控制。 | | | | | |
| 14. 一想到性就感到不安、恐惧或羞耻。 | | | | | |
| 15. 我认为性是肮脏的、羞耻的,是见不得人的事。 | | | | | |
| 16. 我很满意自己的性别。 | | | | | |
| 17. 我了解性心理的内容和结构。 | | | | | |
| 18. 我认为周围的人都谈恋爱了,而自己没有谈恋爱就很没有面子。 | | | | | |
| 19. 我总是抑制不住地陷入有关性的幻想中去。 | | | | | |
| 20. 我了解避孕的知识。 | | | | | |
| 21. 我渴望深入了解异性。 | | | | | |
| 22. 我认为手淫是病态的、下流的。 | | | | | |
| 23. 我了解什么是性骚扰和性伤害。 | | | | | |
| 24. 我对性知识有疑惑时会主动地寻求帮助。 | | | | | |
| 25. 我了解自己的身体会出现哪些变化。 | | | | | |
| 26. 当出现性冲动、性欲望的时候,我能将精力转移到学习、工作、娱乐、交友中去。 | | | | | |
| 27. 我了解性病的各种知识。 | | | | | |
| 28. 我对于自己身体的变化感到很适应。 | | | | | |
| 29. 我能按社会道德规范约束自己与性有关的言行举止。 | | | | | |
| 30. 我羞于求助或查阅资料来解开自己对性知识的疑惑。 | | | | | |

| 题 项 | 完全<br>不符合 | 基本<br>不符合 | 不确定 | 基本<br>符合 | 完全<br>符合 |
|---|---|---|---|---|---|
| 31. 我能通过恰当的方式排解性欲望、性冲动。 | | | | | |
| 32. 我认为性可以作为换取自身利益的一种手段。 | | | | | |
| 33. 我认为应该崇尚现代西方文化中的性解放、性自由。 | | | | | |
| 34. 有关性方面的事情很容易分散我的注意力。 | | | | | |
| 35. 我所了解的性知识主要来源于学校的教育、父母或长辈的教导和社区的宣传。 | | | | | |
| 36. 我认为性幻想、性梦是一种不道德的现象,是令人羞愧的。 | | | | | |
| 37. 我所表现出的与性有关的行为举止都符合当时所处环境的要求。 | | | | | |
| 38. 我能主动并有效地利用社会、家庭、学校提供的各种资源获取性知识。 | | | | | |
| 39. 我认为谈恋爱是寻求刺激或摆脱孤独。 | | | | | |
| 40. 我所表现出的与性有关的行为举止都符合自己所处的社会文化背景。 | | | | | |
| 41. 我所了解的性知识主要来自色情读物、色情媒体节目或网站。 | | | | | |
| 42. 我表达情感的方式与其他同龄人相似。 | | | | | |
| 43. 我认为应该坚守我国传统的性禁锢、性压抑的观念。 | | | | | |
| 44. 引起我性欲望的原因是符合社会道德规范的。 | | | | | |
| 45. 我得到性满足的途径是符合社会道德规范的。 | | | | | |
| 46. 因为性成熟带来的身体和心理上的变化使我的学习和生活不能正常进行。 | | | | | |

# 第三节　团体实施

单元一:初见

目标:帮助成员了解团体目标和过程,促进团体成员建立联系,进入团体状态。

内容与操作:

| 所需材料:A4 纸若干,黑水笔若干,彩笔若干,纸团。 | |
|---|---|
| 目的:让成员了解团体目标和过程。<br>时间:5 分钟 | 1. 领导者和团体介绍 |
| 目的:热身。<br>时间:10 分钟 | 2. 桃花朵朵开<br>操作:全体成员手拉手围成圆沿任意方向转圈,领导者说:"桃花朵朵开",成员问:"开几朵?"领导者:说"开 N 朵"。成员立刻随机 N 人一组围成小圆。如此循环 5～10 次。 |
| 目的:促进团体成员互相认识,互相熟悉,进入团体状态。<br>时间:30 分钟 | 3. 取代号<br>(1)团体成员围成一圈坐好,领导者要求成员思考一下最能代表自己的一种动物、植物或其他事物,并用该事物的名称取做自己的代号。<br>(2)成员轮流自我介绍。介绍时公布自己的姓名、年龄和代号,并简单解释一下代号的内涵。<br>注:领导者要说明在今后的团体活动中,成员之间将互相用代号称呼对方。 |
| 目的:为保证团体正常发挥功能,建立团体成员需要共同遵守的契约和规范。<br>时间:20 分钟 | 4. 签订团体契约<br>经过以上活动,团体成员互相熟悉后,领导者将成员分为 4 人一组,每组一张 A4 纸,一只黑色彩笔,让组内成员进行头脑风暴,共同探讨团体契约。然后征求大家意见,汇总在一张纸上,宣读并签名。<br>注:此后每次团体时都将该契约挂在墙上。 |

续表

| | |
|---|---|
| 目的:初步引出主题,引导团体成员进行自我探索与思考,让成员对未来的团体活动产生期待。<br>时间:20分钟 | 5. 击鼓传花<br>(1)男生女生面对面各坐一排,领导者把纸团随机扔给其中一位成员,要求成员听到领导者指令后以交叉传递的方式(男生递给女生,女生递给男生)传递纸团,领导者背对所有成员随意敲击纸板,当敲击声停止后立即回头要求成员停止传递;<br>(2)接到纸团的成员为男生,就要说一个女生拥有的优点;接到纸团的成员为女生,就要说一个男生拥有的优点。所说优点不局限于在座成员所具备的。思维要快,反应慢或者说不出来的成员要扮一个鬼脸再重新开始。 |
| 目的:总结收获,理清脉络。<br>时间:5分钟 | 6. 总结<br>领导者梳理本次团辅脉络,进行简要总结。 |

## 单元二:我在长大

目标:帮助成员了解每个成长阶段的变化,为将来应对青春期问题做好铺垫。

内容与操作:

| | |
|---|---|
| 所需材料:小视频、A4纸与笔若干;生理漫画PPT。 | |
| 目的:活动前的热身,对下一个活动起过渡作用。<br>时间:10分钟 | 1. 进化游戏<br>(1)成员首先要跟领导者学习四个姿势:<br>第一级:蹲下来成团状表示"婴儿";<br>第二级:弯腰弓背半蹲表示"儿童";<br>第三级:单脚站立姿势表示"少年";<br>第四级:双脚着地,身体直立,表示"成年"。<br>(2)游戏开始前,成员蹲在场地中,都是"婴儿",游戏开始后,大家迅速行动,找人比赛;游戏口令是"我要长大",然后进行"石头剪刀布",赢者可以依级进化姿势,输者退化。当成员最后成为"成人"时,就可以走到座位上坐下来;(进行两轮)<br>(3)游戏过程中要遵守三个原则;一是不能与相同姿势的人进行比赛;二是一对一两人比赛;三是赢者进化,输者退化。 |

续表

| | |
|---|---|
| 目的:帮助成员们了解人类成长每一阶段的身体变化,尤其是成员即将面临的青春期生理变化。<br><br>时间:25分钟 | 2. 身体变化<br>(1)领导者准备五个关于人类发展不同时期的小视频,分别是婴儿期,童年期,青春期,成年期,老年期。按照人类发展规律,依次将小视频放给成员观看。领导者每放完一个视频暂停五分钟,给成员们介绍一下该阶段的重点知识,或者回答成员们提出的问题。结束后接着放下一个阶段的视频;<br>(2)视频播放完毕,领导者引导成员们重点讨论一下青春期的各类变化,例如身体、心理、社交等。<br>注:要求成员们自由讨论,领导者只是引导或者回答成员们的疑问。 |
| 目的:帮助成员明白每个人的身体都有生殖器官,对于自己身体的变化和性发育产生好奇和疑问是正常的。<br><br>时间:20分钟 | 3. 点头摇头<br>(1)领导者提问:你是否明白什么叫生殖器官? 你是否清楚人类生殖器官的名称? 你是否了解生殖器官的主要作用? 你是否对自己身体发育过程或变化感到好奇和疑惑? 如果答案是"是"请点头,答案是"否"请摇头;<br>(2)领导者播放生理漫画PPT,同时讲解生殖器官的名称、含义与作用。讲解的同时说明个体对自己的身体变化与性发育感到好奇与疑惑是十分正常的,不必感到害羞与难以启齿,秉持接纳与求知的态度有利于自身心理健康的发展。 |
| 目的:帮助成员们正视自己身体成长和变化。<br><br>时间:30分钟 | 4. 讨论分享<br>领导者要求成员思考:从有意识以来,自己的身体都发生了哪些变化? 面对这些变化你有什么感受? 然后让成员们依次分享一下。领导者需随时解答成员提出的问题。 |
| 目的:总结收获。<br><br>时间:5分钟 | 5. 总结<br>领导者梳理本次团辅脉络,进行简要总结。 |

单元三:我们不一样

目标:帮助成员理解男女差异,了解自己身体上的变化,学会面对青春期烦恼。

内容与操作：

| 所需材料:视频、展示板、纸笔若干。 | |
|---|---|
| 目的:活动前的热身,帮助同学们理解性别和性别角色的差异。<br>时间:15分钟 | 1. 行礼<br>(1)成员围坐成一个松散大圆圈,领导者先讲解并示范中西方男女的礼仪。中国:男子拱手为礼;女子双手放于左腰上,行屈膝礼。西方:男子摘帽,稍弯身;女子两手拉裙屈膝;<br>(2)全体成员起立围成圆圈,由任意一个成员担任第一个行礼人,该成员向旁边另一位成员行礼。第一个人行中国男子礼,第二个人则必须行西方女子礼,第三个人必须行西方男子礼,第四个人必须行中国女子礼,四人一循环,依次类推;<br>(3)领导者邀请每位成员分享一下自己的感受,尤其分享女生行男子礼,男生行女子礼的感受。并谈一谈行男子礼与女子礼在感受上有些什么不同。<br>注:每轮答礼速度逐渐加快。成员反应时间超过两秒,或是动作出错,则由答错之人担任行礼人重新开始。 |
| 目的:帮助成员更加深刻地思考男生女生的不同之处,感受到男女之间的差异,并且学会坦然面对自己的青春期烦恼。<br>时间:35分钟 | 2. 我们不一样<br>(1)领导者要求成员们思考男女生在各个方面的不同,并把这些不同记录在展示板上。再要求成员们想一想这些不同给我们的生活带来了什么影响?然后分享;<br>(2)每人分发一张纸,要求成员们思考青春期身体的变化给自己带来的两个最大的烦恼?匿名把它们写出来。写下来后领导者把纸收集起来,然后一一念出纸上的烦恼,进行集中的分享。 |
| 目的:帮助成员们了解并接纳现阶段或者即将到来的青春期阶段自己身体的变化,学习相关保健知识。<br>时间:35分钟 | 3. 隐秘的朋友<br>(1)领导者给团体成员播放事先准备好的三段视频,一段有关女孩子身体常识,一段有关男孩子身体常识,一段有关青春期生理变化。然后领导者向团体成员们普及相关的保健知识,说明这是青春期男女生正常身体变化;<br>(2)团体成员分享感受。 |
| 目的:总结收获,理清脉络。<br>时间:5分钟 | 4. 总结<br>领导者梳理本次团辅脉络,进行简要总结 |

单元四:我从哪里来

目标:帮助成员了解人类生育的过程,探讨生命的意义,树立正确的性观念。

内容与操作:

| 所需材料:轻音乐、三段小视频、问题卡(附录2)。 | |
|---|---|
| 目的:活动前的热身,在活动过程中与不同成员的交流有助于熟悉感与信任感的进一步加深。<br>时间:10分钟 | 1. 凑数字<br>(1)成员随机两人一组,面对面站好。领导者先说一个1到10的数字。大家一齐喊口号:"凑数字",两人同时伸出若干手指;<br>(2)如果两人的手指数量加起来等于主持人说的数字,表示挑战成功;若加起来不是主持人说的数字,则需立即重新匹配队友,再次进行游戏。 |
| 目的:帮助团体成员了解人类的生育过程,敬畏生命;帮助团体成员探索生命的意义。<br>时间:30分钟 | 2. 我的来处<br>(1)领导者给团体成员播放事先准备好的严谨科普类的视频,一段是性交过程、一段是精子卵子相结合的过程,一段是分娩过程,看完后,让成员们分享一下自己看完视频后的感受;<br>(2)领导者让团体成员讨论问题"人类为什么要孕育生命?"成员可任意发表意见,自由作答。 |
| 目的:帮助成员了解在生殖过程中男、女性都发挥了非常重要的作用;了解怀孕是可以计划和预防的。<br>时间:15分钟 | 3. 生命孕育<br>(1)领导者要求成员们思考:在生命孕育的整个过程中,你认为男性与女性分别承受了什么?他们应该承担哪些责任?然后让成员们互相分享;<br>(2)分享完毕后,让成员们简单讨论一下:你认为怀孕是一件不可控的事情吗?为什么?讨论后领导者结合男女生理状况说明,怀孕是可以计划与预防的。 |

| | |
|---|---|
| 目的:帮助成员们理解生命孕育的意义,感恩父母对自己的爱,学会珍爱身体。<br>时间:30 分钟 | 4. 爱的结晶<br>(1)领导者拿出准备好的问题卡,问题有"你们当中谁会吃完饭过不了十分钟就吐掉?""你们当中谁能做到十个月不能蹦蹦跳跳不能乱喝乱吃东西?""你们谁能做到在外面累了一天回家却不能休息?"等有关怀孕期间的父母的问题;<br>(2)领导者让同学们举起双手,伸出十根手指,有一项做不到就弯一根手指,直到成员两手成拳。完毕后,领导者公布以上所有问题,都是在孕育他们时父母身上会发生的;<br>(3)领导者让同学们思考,为什么孕育他们如此辛苦?父母却依旧选择孕育?成员们思考后进行分享。<br>注:领导者要注意引导孕育生命的前提是爱,父母相爱而孕育生命,孕育生命的过程是爱的互相确认。每个人都应该是爱的结晶。 |
| 目的:总结收获,理清脉络。<br>时间:5 分钟 | 5. 总结<br>领导者梳理本次团辅脉络,进行简要总结。 |

# 附录 2　问题卡

1. 谁能吃完饭过不了十分钟就吐掉?

2. 谁能将近一年的时间不能蹦蹦跳跳不能乱吃乱喝东西?

3. 谁能在外累了一天回家却不能休息?

4. 谁能忍受身边亲近的人反复无常的情绪长达十个月?

5. 谁能半夜醒来四五次,不能睡完整的觉长达两年?

6. 谁能忍受如同肋骨全部断裂的疼痛?

7. 谁能做到为一个人改变自己的习惯甚至生活方式?

8. 谁能为一个人放弃自己大部分的娱乐而拼命努力奋斗?

9. 谁能做到无条件付出和奉献无条件的爱?

10. 谁能为一个人的一生负责?

单元五:我爱我自己
目标:帮助成员了解自己的身体,珍视并欣赏自己的身体。
内容与操作:

| 所需材料:A4 纸、黑笔与红笔若干,轻音乐 | |
|---|---|
| 目的:活动前的热身。<br>时间:15 分钟 | 1. 萝卜蹲<br>所有的成员站起来围成一个大圈,每个成员扮演一个不同颜色萝卜,比如扮演红萝卜的成员念红萝卜蹲,红萝卜蹲完橙萝卜蹲,并做出相应动作。红萝卜成员动作完成后,橙萝卜玩家必须立即跟上并念橙萝卜蹲,橙萝卜蹲完黄萝卜蹲,同样做出相应动作。黄萝卜要立即跟上,如此往复。其中不允许回传,且反应慢的成员和传错的成员要接受惩罚(学动物叫或者唱一句歌词),继后依次进行。 |
| 目的:帮助成员们了解自己身体的重要性,学会珍视自己。<br>时间:40 分钟 | 2. 珍贵的我<br>(1)领导者给成员每人一张白纸、一只黑笔和一只红笔。要求成员用黑笔在纸上画出自己的全身像。要求是有细节的全身像(有头发、五官、胳膊腿和手脚等细节),不要画类似火柴人的全身像;<br>(2)成员画完后,领导者要求成员想一想自己最珍贵或者最喜欢的身体部位是哪里?用黑笔把它圈出来或者把该部位的细节加重。完成后依次分享自画像,并说一说为什么;<br>(3)领导者假设自己有一千万,愿意花五百万买下成员的肾,问成员是否愿意?依次是五百万买下一条腿是否愿意?五百万买下一只手是否愿意?一千万买下一只耳朵是否愿意?一千万买下一根手指是否愿意?让成员们回答愿意与否并简要说一说为什么。 |
| 目的:帮助成员了解每个人的身体都是独一无二的,学会欣赏自己的身体。<br>时间:30 分钟 | 3. 爱自己<br>(1)领导者要求成员拿出自己画的全身像,用红笔圈出自己感到不满意的身体部位,完成后说一说为什么不满意;<br>(2)成员分享完毕后,领导者要求成员们思考并说出至少一个该部位的优点,记录在全身像旁边;<br>(3)领导者让成员们想象:如果你不太满意的身体部位此刻幻化成人型,会是什么样子?面对陪伴你多年的他/她,你想说什么?互相分享。 |
| 目的:总结收获,理清脉络。<br>时间:5 分钟 | 4. 总结<br>领导者梳理本次团辅脉络,进行简要总结。 |

单元六:花非花

目标:协助成员探讨对异性的情愫,明白爱的内涵,树立正确的异性交往观念。

内容与操作:

| 所需材料:两个纸盒、16个关键词、爱情三角理论相关资料。 | |
|---|---|
| 目的:活动前的热身。<br>时间:10分钟 | 1. 花园果园<br>团体成员围坐成一圈,由领导者起头带节奏,先拍手两下,再拍大腿两下。边拍边说"花园里面有什么? 玫瑰!"然后旁边的人立刻接其他种类的花卉。反应过慢或者出错的人则担任起头人,重新开始。 |
| 目的:让团体成员深入探索,明白喜欢与爱的深刻内涵,帮助成员养成对待爱情郑重的态度。<br>时间:35分钟 | 2. 喜欢和爱<br>(1)领导者准备两个小纸盒子,一个纸盒子代表喜欢,一个纸盒子代表爱。再准备十六张小卡片,每个卡片上写有与情愫情感相关的词语(附录3),让成员们认真思考讨论,把成员认为属于喜欢的小卡片放入喜欢盒子里,而爱的小卡片放入爱的盒子里。结束后让每人分享一下自己归类的结果,以及为什么如此归类?<br>(2)领导者拿出事先准备好的"爱情三角理论"相关资料(附录4),用通俗易懂的语言向成员们解释爱情三角理论中每一种类型的"爱情"。<br>注:归类结果没有标准答案,卡片中的词汇要包含爱情三要素:承诺、亲密、激情。 |
| 目的:让团体成员设身处地地思考问题,学会寻找解决问题的方法。<br>时间:25分钟 | 3. 小明的故事<br>(1)领导者讲述情景:有一个叫许小明的男同学发现他很喜欢看他前桌的女同学,听她说话会觉得开心,看到她笑也觉得很开心。他不知道为什么会这样,但是又很想和她亲近,于是就给女同学递纸条。他一直递,女同学一直没有回复。他失去了听课的兴趣,女同学也感到惶恐。后来两个人成绩都下降,被老师家长批评了;<br>(2)领导者提问:你怎么看许小明同学? 如果你是许小明你会怎么做? 如果你是女同学,你又会怎么做? 要求团体成员们思考并且讨论,最后分享一下自己的想法和感受。 |

续表

| 目的:帮助成员理解异性交往是件很正常的事,引导成员们建立一个正常的异性交往人际关系。<br>时间:15 分钟 | 4. 男孩你好,女孩你好<br>(1)男生排成一排,女生一一上去握手,男生说,女孩你好,女生回应,男孩你好;通过身体的接触引发成员的积极情感体验,帮助他们理解异性交往是一件很正常的事。<br>(2)成员回到座位后,依次分享自己的感受。 |
|---|---|
| 目的:总结收获,理清脉络。<br>时间:5 分钟 | 5. 总结<br>领导者梳理本次团辅脉络,进行简要总结。 |

## 附录 3

| 依恋 | 亲密 | 责任 | 利他 | 索取 | 占有 | 承诺 | 激情 |
|---|---|---|---|---|---|---|---|
| 尊重 | 信任 | 掌控 | 疯狂 | 执着 | 思念 | 亲近 | 陪伴 |

# 附录 4  爱情三角理论

耶鲁大学社会心理学家斯坦伯格根据激情、亲密和承诺三大要素组成了七种不同类型的爱情:

1. 喜欢式爱情(Liking):只有亲密,在一起感觉很舒服,但是觉得缺少激情,也不一定愿意厮守终生。没有激情和承诺,如友谊。显然,友谊并不是爱情,喜欢并不等于爱情。

2. 迷恋式爱情(Infatuated love):只有激情体验。认为对方有强烈吸引力,除此之外,对对方了解不多,也没有想过将来。只有激情,没有亲密和承诺,如初恋。第一次的恋爱总是充满了激情,却少了成熟与稳重,是一种受到本能牵引和导向的青涩爱情。

3. 空洞式爱情(Empty love):只有承诺。缺乏亲密和激情,如纯粹的为了结婚的爱情。此类"爱情"看上去丰满,却缺少必要的内容,金玉其外,败絮其中。

4. 浪漫式爱情(Romantic love):有亲密关系和激情体验,没有承诺。这种"爱情"崇尚过程,不在乎结果。

5. 伴侣式爱情(Companionate love):有亲密关系和承诺,缺乏激情。跟空洞式"爱情"差不多,没有激情的爱情还能叫爱情吗?这里指的是四平八稳的婚姻,只有权利、义务却没有感觉。

6. 愚蠢式爱情(Fatuous love):只有激情和承诺,没有亲密关系。没有亲密的激情顶多是生理上的冲动,而没有亲密的承诺不过是空头支票。

7. 完美爱情(Consummate love):同时具备三要素,包含激情、承诺和亲密。只有在这一类型中我们才能看到爱情的庐山真面目。

8. 无爱(Nonlove):三个因素都不具备。

单元七:我们都是好朋友

目标:

帮助成员正视现阶段自己与异性交往的状态,通过互动掌握异性交往的正确方法,使自己成为一个有魅力的人。

内容与操作:

| | |
|---|---|
| 所需材料:彩色气球、15 支笔和 15 张纸。 | |
| 目的:活动前的热身。<br>时间:15 分钟 | 1. 口香糖,粘什么<br>(1)领导者为第一个发令员。游戏前,领导者应声明某些过火指令被禁止发出,例如"粘嘴唇"等。<br>(2)所有人问发令员"口香糖,粘什么",发令员发令,例如"口香糖,粘肩膀",所有的参加者包括发令员必须迅速地找到另一个人,两人的肩膀粘在一起。最后剩下一个人,变成发令员。游戏持续进行 15 分钟。 |
| 目的:帮助成员了解现阶段男女交往现状,并掌握正确交往的方法。<br>时间:30 分钟 | 2. 男生和女生<br>(1)领导者提问:男生与男生、女生与女生以及男生与女生这三种交往模式之间有什么不同? 你怎么看待平时男女小伙伴交往的现状? 让成员们思考并分享;<br>(2)领导者带领大家讨论,男女小伙伴该如何交往才是正确的? 交往过程中需要为对方承担何种责任? |
| 目的:在了解各自生理差异和正确性观念的基础上鼓励成员勇敢地与异性成员进行正确的交往。<br>时间:20 分钟 | 3. 齐心协力<br>(1)领导者准备若干彩色气球,要求男女成员两两分组,一男一女为一组,每组分发一个气球。腾空场地,规定一条起始线和终点线。每组成员按顺序排好,男女成员背靠背,两人的头夹住气球,在 5 秒内,把气球运送到终点。若气球中途掉落,则重新排队开始;<br>(2)所有成员成功运送气球后,围成圈坐下来,分享一下彼此的感受。 |

续表

| 目的:帮助成员探索内心,通过角色互换发掘男女不同的优秀品质,并潜移默化地学习这些品质,增加自己的魅力。<br>时间:20分钟 | 4. 最喜欢的人<br>(1)领导者要求成员思考"你最喜欢的异性名人或身边的人是谁? 说说她或他身上什么优秀品质吸引你"。然后每人分发一张纸,让他们把自己的想法写下来;<br>(2)所有成员写完后,轮流分享自己的想法和感受。 |
|---|---|
| 目的:总结收获,理清脉络。<br>时间:5分钟 | 5. 总结<br>领导者梳理本次团辅脉络,进行简要总结。 |

## 单元八:珍重再见

**目标:**

团体成员总结收获,谈谈感想,团辅结束,处理好成员的离别情绪。

**内容与操作:**

| 所需材料:玻璃瓶、星星纸、音乐 | |
|---|---|
| 目的:活动前的热身,感受彼此的配合支持。<br>时间:15分钟 | 1. 解开千千结<br>(1)成员围圈而站,每个成员举起右手拉对面成员的右手,举起左手拉对面成员的左手,不能抓身边成员的手,如此形成一个个的结,拉住后记住自己的所拉的成员,松开手;<br>(2)领导者播放歌曲,成员随着音乐在圈内自由走动,当音乐停止时,成员必须立即与自己之前所拉的成员"打结";<br>(3)在拉成结时,见到对面的成员微笑点头,不能松手,若遇到拉成的结缠绕,成员可以钻也可以绕,直到都拉好结并回到起初的状态游戏才结束。 |
| 目的:帮助团体成员展望未来,定下目标。<br>时间:30分钟 | 2. 星语心愿<br>(1)领导者准备一个玻璃瓶,若干折星星的长条形纸。然后每人分发三条纸,分别在纸上写出对青春期想说的话,对未来的展望或者寄语。然后把纸条叠成星星,(不会叠的由其他成员或者领导者帮忙叠)叠好的星星由领导者放入玻璃瓶内,然后领导者取下墙上的团体契约也放入瓶内;<br>(2)领导者向成员说明,这个星语心愿瓶会一直珍藏在老师这里,团体的承诺也一直存在。虽然大家即将离别,但是团体的精神和友谊一直存在,也会一直见证着成员们的成长。 |

续表

| | |
|---|---|
| 目的:帮助成员们整理团辅以来的收获。<br><br>时间:30 分钟 | **3. 回顾**<br>领导者带领团体成员回顾之前团体辅导的内容,积极鼓励团体成员发言,谈一谈自己加入团体后的收获和变化,谈一谈自己此刻的内心感受。 |
| 目的:处理离别情绪,使全体成员在一个充满温馨甜蜜而有凝聚力的情境中告别团体,走向生活。<br><br>时间:15 分钟 | **4. 再见**<br>领导者播放轻音乐,让每一个成员互相告别,告别的时候与对方握手,鼓励对方并祝福对方未来会更好。最后领导者对成员们送出祝福,并感谢成员们对团体的支持。 |

**参考文献:**

骆一,郑涌. 青春期性心理健康的初步研究[J]. 心理科学,2006,29(3).

万红青,张菡,姜微微. 大学生性心理健康状况的调查研究[J]. 科教前沿,2009,11(1).

骆一. 青春期性心理健康问卷的初步编制[D]. 重庆:西南师范大学,2005.

樊富珉,何瑾. 团体心理辅导[M]. 上海:华东师范大学出版社,2010.

张艺馨. 小学生心理辅导与咨询[M]. 北京:北京师范大学出版社,2013.

# 第十五章 恋爱时代——高中生两性交往辅导团体

## 第一节 理论依据

青春期是儿童向成人过渡的中间阶段,有人把它称为"人生历程的十字路口",它既与儿童有别,又与成人不同。贯穿青春期的最大特征是性发育的开始并逐步完成,与此同时男女青少年在心理方面的最大变化也反映在性心理领域。青春期性意识的发展一般分为四个阶段:

(1)对异性的疏远与排斥期,在青春发育之初,第二性征的出现,青少年对自身所发生的剧变的不安和烦恼,使得本能地对异性产生疏远,少女表现得尤为明显;

(2)"牛犊恋"期,倾慕年长异性,产生青春的萌动;

(3)狂热期,对同龄异性的关注与接近,主动接近异性,产生心理转折和青春的萌动,使他们充满对异性探索的欲望和相互接近的冲动;

(4)正式的爱恋期,对异性追求与爱恋,随着对异性关注的增多与接近的频繁,青少年逐渐萌发求偶的愿望。

随着性意识的发展青少年性心理问题也随之而来。性知识的匮乏让他们被"拘禁"在"雾里看花"的性心理困境,有些青少年对此讳莫如深,有些青少年谈性色变,有些青少年走偏从"地下渠道"不分良莠地吸取性知识。异性正常的交往被人指指点点,人格未得到尊重,自我管理、判断能力未得到信任,引发青少年逆反心理和反抗情绪,甚至有时会"弄假成真",发生心理学上的"罗密欧与朱丽叶"现象。

高中生正处于青春发育末期,属于性意识发展的第三、四阶段,性成熟来临,性意识觉醒,以致对异性的态度也有了显著的变化。他们喜欢看有男女爱情情节的小说和电影,对异性产生了强烈的好奇心,喜欢在异性面前表现自己,并尝试着去吸引对方,有一种与有好感的异性同学互相接近、了解、交往并结为朋友的需要。在青春期,学生如果得不到正确的引导,容易导致行为偏差。异性间正确的交往应该大方、适度,不必过分拘泥,不应过分随便,不宜过分严肃,不该过分亲昵,不可过分卖弄,不能违反习俗。

高中生建立积极健康的异性交往关系,有利于提高社会适应能力。健康的异性交往关系可以带来智力上的取长补短,情感上的相互安慰,个性上的丰富,活动中的相互激励等。高中生之间的喜欢并不等于爱,有好感并不等于恋情,暗恋并不等于罪恶,拒绝不等于失去友谊。因此,需要引导学生正确地交往,帮助他们形成正确的异性交往观念与心态,防止异性交往中问题行为的产生。同时,高中生异性间交往是需要保护的,教师应在保护的前提下,给予有效的指导。

# 第二节　团体方案设计

## 一、团体性质

本团体属于心理教育成长性、结构式、同质性团体,以高年级学生在整个团体辅导中恋爱能力的提升为主要目标,团体成员都是在校高中学生,处于恋爱关系,或未恋爱但对两性关系有强烈的探索意愿。

## 二、团体目标

总体目标:学生认识自己、了解异性,正确看待异性交往问题,合理应对青春期恋爱问题,建立良好和谐的异性关系。

具体目标:

（1）帮助高中生了解正常的两性生理，知道自己看重和喜爱的异性特质是什么，以及自己拥有何种特质；

（2）掌握两性交往的基本技巧与原则，提高交往能力，与异性融洽交往；

（3）学会以积极态度面对异性交往中出现的问题，使用恰当方法、合理的宣泄途径；

（4）协助学生懂得什么是真正的爱情，了解美好爱情的特征，建立正确的爱情价值观。

### 三、团体成员及招募甄选

团体成员由 8～12 名高中学生组成（男女各约 50%），愿意探索异性交往、或处于恋爱中的学生自愿报名。

### 四、团体领导者及训练背景

团体领导者一名，学校的专业心理健康教育老师，要求有丰富的团体和个体咨询经验。

### 五、团体时间及次数

团体分为六个单元，每个单元会面一次，每次团体活动时间 80 分钟。

### 六、团体场地

学校的团体心理辅导室，进行辅导时周围无其他人员打扰，环境安静。

### 七、团体效果评估方法及工具

团体开始前及最后一次团体结束时采用"自我评估表"请成员进行自我评估，收集评估表后做分析（附录 1）。

### 八、团体设计总方案

团体活动方案共有六个单元，方案概要见表 15-1。

表 15-1　高中生两性交往辅导团体总方案

| 单元 | 目标 | 活动内容 |
|---|---|---|
| 一、hello，朋友！ | 引发个人参加团体兴趣，认识并接纳团体伙伴；了解团体目的、进行方式、拟定团体契约。 | 1. 萝卜蹲<br>2. 男生女生配配配<br>3. 恋爱小采访<br>4. 拟定团体契约 |
| 二、我的理想恋人 | 帮助成员了解两性生理，了解自己，知道自己看重和喜爱的异性特质是什么，以及自己拥有何种特质。 | 1. 丢抱枕<br>2. 涂鸦我能行<br>3. 我的 5 条恋人标准<br>4. 我有我的个性 |
| 三、遇见，我的荣幸 | 帮助成员建立自信，坦然面对羞怯，掌握异性交往的初步技巧，学会主动交往。 | 1. 气球抱抱<br>2. 心动的邀约<br>3. 我是交际小达人 |
| 四、恋爱桃花"结" | 帮助成员面对异性交往中的问题，思考遇到"爱情"时如何处理，探索正确的异性交往方法。 | 1. 兔子舞<br>2. 背后悄悄话<br>3. 桃花朵朵"结"<br>4. 小小刺猬 |
| 五、"真爱"我懂 | 帮助成员明白真正的爱情是什么，拥有美好爱情需要满足的条件，树立正确的爱情观与价值观。 | 1. 信任大跌倒<br>2. M 和 F 的故事<br>3. 你的"爱情"我主宰<br>4. 恋爱巧克力 |
| 六、致我们的小美好 | 帮助成员自信乐观地面对未来两性交往，结束团体辅导 | 1. 千千结<br>2. 小小的穿梭机<br>3.《自我评估表》<br>4. 致美好 |

# 附录1　自我评估表

感谢各位成员的积极参与,以下有几个问题,请你参考内心真实感受,认真填写:

1. 对我而言,朋友是＿＿＿＿＿＿＿＿＿＿＿＿,恋人是＿＿＿＿＿＿＿＿＿＿＿＿

2. 爱情在我生活所占据的位置将会是＿＿＿＿＿＿＿＿＿＿＿＿＿＿＿＿＿＿＿＿

喜欢一个人,我会＿＿＿＿＿＿＿＿＿＿。被人喜欢,我会＿＿＿＿＿＿＿＿＿＿

3. 我对于异性交往中还存在的困惑＿＿＿＿＿＿＿＿＿＿＿＿＿＿＿＿＿＿＿＿＿

4. 我印象最深刻的团体活动是＿＿＿＿＿＿＿＿＿＿＿＿,因为＿＿＿＿＿＿＿＿＿

5. 我感觉自己参加团体辅导后发生了什么变化＿＿＿＿＿＿＿＿＿＿＿＿＿＿＿＿

## 第三节　团体实施

单元一:hello,朋友!

目标:帮助成员建立团体关系;了解团体目的、进行方式;拟定团体契约。

内容与操作:

| | |
|---|---|
| 目的:成员了解团体目标与过程。<br>时间:15分钟 | 1. 萝卜蹲<br>每个成员选择一种颜色,代表一种萝卜颜色;领导者指定一人开始,被指定的人说:"××蹲,××蹲,××蹲完,××蹲。"(例如:红萝卜蹲,红萝卜蹲,红萝卜蹲完黄萝卜蹲);被叫到的那个颜色的萝卜,蹲下重复指令,以此循环;最后留在场上的选手胜出。 |
| 目的:促进成员的相互认识。<br>时间:20分钟 | 2. 男生女生配配配<br>(1)男女成员分别抽签配对,让配对成员相互认识,播放轻音乐。<br>(2)要求每个成员用一种动物来形容自己的个性特征。<br>(3)当音乐停止,搭档将对方介绍给团体所有成员认识。 |

续表

| 目的:让成员加深了解,增强成员之间的默契。<br>材料:带有问题的小卡纸(附录2)。<br>时间:30分钟 | 3. 恋爱小采访<br>分发带问题的卡纸一张(形状不一),成员扮演小记者。<br>要求:每位成员必须找不同的人来回答卡片上的6个问题,每个人尽量回答不同的问题,相互回答并记录下来之后,进行团体分享与讨论。 |
|---|---|
| 目的:增加成员对团体的信任感。<br>时间:15分钟 | 4. 拟定团体契约<br>(1)领导者总结活动感悟,并引导成员开始讨论本次主题的相关内容,以及各成员对本次团体辅导的期待;<br>(2)所有成员一起商定契约相关条目;<br>(3)签约契约书。 |

# 附录2　恋爱小采访

1. 最喜欢的休闲娱乐是什么?

2. 最满意自己的什么方面?

3. 对于恋爱,大概有四种态度,你属于哪一种?

A. 我正在谈恋爱　　　　　　　　B. 我没在谈恋爱,但我希望谈

C. 我已经在恋爱了,但我不想谈　　D. 我从来没有想过谈恋爱

4. 你觉得什么是爱情?

5. 在与异性交往时,你有什么困惑?

6. 本次团辅你想解决哪些方面的问题?

单元二:我的理想恋人

目的:帮助成员了解两性生理;探索自身以及自己欣赏的他人特质。

内容与操作：

| 目的：热身，活跃团体气氛，调动成员积极性。<br>时间：15分钟 | 1. 丢抱枕<br>成员围成一个圈，开始由领导者站中间，配合音乐做动作，其他人一起跟着做。把抱枕丢给下一个成员时，同时说某某人丢给某某人，依次循环。 |
| --- | --- |
| 目的：帮助成员了解两性生理，以正确的眼观、态度对待男女间的生理变化与不同<br>材料：人面轮廓图（附录3）。<br>时间：20分钟 | 2. 涂鸦我能行<br>将成员随机分成三组（每组2名女生、2名男生）。发给每组两张分别带有人面轮廓的海报纸，各组讨论且在10分钟以内画出两性生理特征以及穿着习惯。画完之后，团体分享，对所作的画进行说明解释。 |
| 目的：帮助成员初步了解自己喜爱和看重异性什么特质。<br>材料：空白纸。<br>时间：20分钟 | 3. 我的5条恋人标准<br>(1)请成员认真思考后，写下自己选择恋人的5个标准。<br>(2)写好后，收集打乱顺序大家随机抽取分享讨论。<br>(3)最后由成员选出5条最具代表性的标准。 |
| 目的：帮助成员自我探索，真正认识自己。<br>时间：25分钟 | 4. 我有我的个性<br>领导者引导，根据大家评选的标准，大家看看自己达到了几条。结合自身用几个形容词描述自己是一个什么样的人，分享活动后自己的内心感受。 |

# 附录3 人面轮廓图

单元三：遇见，我的荣幸

目的：帮助成员建立自信，坦然面对羞怯，掌握异性交往的初步技巧，学会主动交往。

内容与操作：

| | |
|---|---|
| 目的：通过肢体接触，增进团体的情感融合，调节氛围。<br>时间：15 分钟 | 1. 气球抱抱<br>将成员男女两两分组，每组一个气球，要求成员不用双手，仅靠身体将气球运到指定地点，最后达到的受小小惩罚。 |
| 目的：帮助成员建立自信，坦然大方地与异性交往，不必羞怯、扭捏。<br>时间：30 分钟 | 2. 心动的邀约<br>(1)每组同学首先由男生邀请女生约会、吃饭，或跳舞，或其他活动，另一方要予以拒绝。有必要的时候给出拒绝理由，要求目光直视对方，时间为 3 分钟；<br>(2)互换角色，由女生邀约男生。活动分享；<br>(3)讨论你能接受什么样的邀约方式和拒绝方式？该不该主动交往？该不该拒绝？<br>注：领导者注意引导成员对不必要的交往要勇敢地说"不"，要掌握恰当的拒绝方式。 |
| 目的：帮助成员了解不同的人对于异性相处的方法，掌握更多与异性交往的技巧。<br>材料：摄像机。<br>时间：35 分钟 | 3. 我是交际小达人<br>(1)4 人一组，每人都分享两性交往的成功经验和方法；<br>(2)每组推荐一名"交际小达人"，作为交际达人分享自己与异性交往融洽的例子，将自己的交友建议与大家分享。同时，用一台摄像机进行拍摄，鼓励成员在镜头前展现自己，避免羞怯；<br>(3)领导者带领成员归纳整理成员的经验，帮助成员掌握交际技巧。 |

单元四：恋爱桃花"结"

目的：帮助成员面对异性交往中的问题，探索正确的异性交往方法。

内容与操作：

| | |
|---|---|
| 目的:活跃气氛,帮助成员放松身心,调动其积极性。<br>材料:"兔子舞"音乐,播放设备。<br>时间:15分钟 | 1. 兔子舞<br>打开音乐,领导者先教主要动作,然后大家围成圈,后面同学的手搭在前面同学的肩上,随着音乐踩着节奏跳。结束之后,相互揉揉肩捶捶背。 |
| 目的:让成员初步感受异性交往中存在不良好的体验,学会正面看待问题。<br>时间:15分钟 | 2. 背后悄悄话<br>(1)所有成员中任选2男2女,且面对面,听指令,做动作,其余成员安静观看;<br>(2)指令一:与同性同学面对面,握手,拍肩,问好,说句悄悄话;<br>指令二:与异性同学面对面,握手,拍肩,问好,说句悄悄话。<br>(3)成员分享参与感受、观看感受。 |
| 目的:让成员深层次探讨与异性交往中的问题,找到适当的、合适的方式去处理。<br>材料:两则故事(附录4)。<br>时间:30分钟 | 3. 桃花朵朵"结"<br>(1)让成员观看故事主人公的桃花"结",帮助其解决当前困境;<br>(2)解决完这两个问题,再以小组提出一个与异性交往中遇到的问题,相互讨论并分享自己的感受看法。 |
| 目的:进一步提高成员处理异性关系的能力,明白与异性相处最重要的是掌握尺度。<br>时间:20分钟 | 4. 小小刺猬<br>(1)简述两只刺猬的故事(附录5),让学生分享感受;<br>(2)最后再让成员间相互拥抱或者握手真诚坦然面自己的身边的人;<br>(3)领导者总结:异性交往应把握好"度"。距离是一种美,也是一种保护。 |

# 附录 4　他们的桃花"结"

1. A 同学总是喜欢私下里谈论异性同学。
2. B 总爱寻找各种机会接近异性同学，班上的同学对他议论纷纷。
3. C 和 D 走得比较近，是彼此的蓝颜、红颜知己，全班同学都在对他们进行冷嘲热讽，他们打算不再继续做朋友了。
4. F 最近好像喜欢上了一个打篮球的男孩，整日整日地想他，无心学习。
5. S 收到很讨厌的男孩的情书，男孩总是在纠缠她。
6. 陷入爱情的 E 和 M，没有了刚开始的幸福和快乐，最近常常闹别扭。

# 附录 5　小小刺猬

寒冷的冬天，深林中有十几只刺猬冻得直发抖。为了取暖，它们只好紧紧地蜷在一起，却因为忍受不了彼此的长刺，很快就各自跑开了。可是天气实在太冷了，它们又想要蜷在一起取暖，然而蜷在一起时的刺痛使它们又不得不再度分开。就这样反反复复地分了又聚，聚了又分，不断在受冻和受伤两种痛苦之间挣扎。最后，刺猬们终于找到了一个适中的距离，既可以相互取暖而又不至于被彼此刺伤。

单元五:"真爱"我懂

目标:帮助成员明白真正的爱情是什么，拥有美好爱情需要满足的条件，树立正确的爱情观与价值观。

内容与操作:

| | |
|---|---|
| 目的:增进成员之间的默契，感受交往中的信任感。<br>时间:15 分钟 | 1. 信任大跌倒<br>一名成员背对其他成员站在高处，其余成员站在低处排成两列胳膊伸平手牵手;当站在高处成员从高处倒下来时所有成员需要接住他;所有成员轮流体验。 |
| 目的:帮助成员了解自己对爱情的态度，树立正确的爱情观。<br>材料:故事(附录 6)。<br>时间:20 分钟 | 2. M 和 F 的故事<br>(1)领导者向讲述成员 M 和 F 的故事;<br>(2)听完故事对你喜欢的人物进行排序，标准为自己认为谁是最好的;<br>(3)讨论分享心中完美的爱情。 |

续表

| | |
|---|---|
| 目的:让成员认识爱情,明白自己可以掌握自己的感情。<br>时间:30分钟 | 3. 你的"爱情"我主宰<br>(1)展示经典的爱情故事。如牛郎织女、七仙女下凡、白蛇传、梁山伯与祝英台、杜十娘怒沉百宝箱等;<br>(2)将成员按男女分配3个小组,每个小组选择一个经典的爱情故事进行改写使之成为你想要的爱情结局;<br>(3)与各组同学分享故事。 |
| 目的:引发成员思考,拥有美好爱情需要满足的条件,明确现在的自己应该怎样面对感情。<br>材料:音乐《等一等,等你的肩膀厚实些》。<br>时间:15分钟 | 4. 恋爱巧克力<br>领导者引导(想要尝到恋爱这块巧克力,我们能用什么去获得?),小组成员互相讨论拥有美好爱情需要满足的条件,后分享,并播放音乐。 |

# 附录6 M和F的故事

有个水手叫M,他要过河去和未婚妻F相会结婚,但两人一河相隔,M必须借船过河才见到F,于是他开始四处找船。

这时见一个女子L刚好有船,M跟L借,L遇到M后爱上了他,就问:我爱上你了,你爱我吗?M比较诚实,说:对不起,我有未婚妻,我不能爱你。这么一来,L死活不把船借给M,她的理由是:我爱你,你不爱我,这不公平,我不会借你的!

M很沮丧,继续找船,刚好遇见一位叫S的女子,就向她借船,S说:我借给你没问题,但有个条件,我很喜欢你,你是不是喜欢我无所谓,但你必须留下来陪我一晚,不然我不借。M很为难,L不借他船,S如果再不借他的话就过不去河与F相见了,据说这个地方就只有这两条船。为了彼岸的未婚妻,他不得不同意了S的要求,与S有了一夜情。次日,S遵守承诺把船借给了M。

见到未婚妻F后,M一直心里有事,考虑了很久,终于决定把向L和S借船的事跟F说了。可惜,F听了非常伤心,一气之下与M分了手,她觉得M不忠,不能原谅。F失恋了,很受打击。

这时他的生活里出现了位女子E,两人也开始恋爱了,但之前的故事一直让他耿耿于怀,E问M是不是有什么话要跟她说,于是M一五一十地把他和L、S、F之间的故事讲了一遍。E听了后,说,我不会介意的,这些跟我没关系。

M——金钱(money)  L——爱情(love)  S——性(sex)
F——家庭(family)  E——事业(enterprise)

单元六:致我们的小美好

目的:帮助成员自信乐观地面对未来两性交往,结束团体辅导。

内容与操作:

| | |
|---|---|
| 目的:活跃气氛,同时让成员感受到两性关系也是如此,若出现结,要及时解决。<br>时间:15 分钟 | 1. 千千结<br>所有成员手拉手站成一个圆圈,记住左右手拉的是谁;松开手,在圈内随意走动,不按顺序;领导者喊停,成员定格,位置不变;伸手去拉之前左右手所拉,要求成员在不松手的情况下,想办法把"结"打开,恢复成一个圆圈。 |
| 目的:让成员体验异性交往的过程,分享交往过程体验和对美好爱情的期待。<br>材料:轻音乐。<br>时间:30 分钟 | 2. 小小穿梭机<br>跟随领导者的引导,伴随音乐的氛围下,闭上双眼,穿梭回前五次团体内容,感受整个团体过程。回顾之后,所有成员分享自己的感受与对美好爱情的期望。 |
| 目的:帮助成员更加了解自己,明确几次团体辅导意义。<br>时间:20 分钟 | 3.《自我评估表》(附录 1)<br>成员认真填好之后讨论分享。 |
| 目的:处理成员离别情绪,结束团体。<br>材料:心形卡片、照片。<br>时间:15 分钟 | 4. 致美好<br>欣赏前五次活动照片,给每位成员发一张心形的祝福卡,卡片可以写对团体小组想说的话,也可以是对自己的话、建议、祝福等。 |

**参考文献:**

阳平芬. 花开应有时——高中生异性交往团体辅导[J]. 中小学心理健康教育,2013,(22).

罗进.中学生异性交往探析[J].遵义师范学院学报,2012,14(3).

袁韵.团体辅导改善高一学生人际关系的实证研究[D].武汉:华中师范大学,2016.

# 第七篇　生涯规划

## 第十六章　让我们扬帆起航——高中生职业生涯规划辅导团体

### 第一节　理论依据

职业生涯规划,指的是一个人对其一生中所承担职务、相继历程的预期和计划。个人着眼于生涯发展,对自己的兴趣、爱好、能力、特点和客观环境进行综合分析与权衡的基础上,面对各种抉择情境学会界定问题,通过恰当的规划为自己确立职业方向和目标,确定教育和发展计划,制订行动策略,实现个体的全面最优发展。

舒伯的生涯发展阶段理论包含了人一生的完整发展过程,他将生涯发展分为五个阶段。(1)成长期(出生至 14 岁)。这个阶段的特征是,人开始考虑自己的将来,逐渐具备一定的生活控制能力,获得胜任工作的基础,并且在该阶段末期,越来越意识和关心长远的未来。个人所要做的,是通过学校学习、社会活动来认识自我,理解世界以及工作的意义,初步建立起良好的人生态度。(2)探索期(15 岁至 24 岁)。这个阶段是职业认同阶段,个人在这一时期里有了初步的职业选择范围、并且为之准备教育或者实践。该阶段的任务是,深化对职业和工作的认识,将学习成果和实践经验沉淀结晶,具体化自己的职业偏向,并初步实施。(3)建立期(25 岁至 44 岁)。个体在这个阶段开始确定自己在整个生涯中应有的位置,并开始增加作为家庭照顾者的角色。这个阶段的任务主要是在不断的挑战中稳定工作,并学会处理家庭和事业之间合理的平衡关系。(4)维持期(45岁至65岁)。个体已经找到了适合的领域,并努力保持在这个领域的成就。与前一阶段相比,这个阶段发生的变化主要是职位、工作和单位的变化,而不是职业的变化。个人主要应巩固已有的地位并力争有所提升。(5)衰退期(65岁以后)。该阶段的重心逐步由工作向家庭和休闲转移。该阶段的主要任务是安排退休和开始退休生活,精神上寻求新的满足点。

人的生涯发展是一个持续的终身发展的过程,绝不是到了从学校毕业或选择工作时才有这个需要。因此,从小开始,建立学生适当的生涯观念,才能实现生涯发展的目标。为了实现这一目标,学校的生涯辅导与教育应从小学到大学持续地进行,贯穿在一个持续的过程中。应面向所有的学生,让每一个学生获得充分的受益。高中生正好开始进入生涯发展的探索期,而高考综合改革将高考录取与未来专业和职业息息紧密相连,这也把学生的职业生涯规划提到新高度。

# 第二节　团体方案设计

## 一、团体性质

本团体属于心理教育成长性、结构式、同质性团体,以高中学生在整个团体辅导中生涯规划素养的提升为主要目标,团体成员都是在校高中学生,对职业发展规划有强烈的探索意愿。

## 二、团体目标

总体目标:提升高中学生生涯规划素养。
具体目标:
(1)引导高中生通过自我探索认识自己;
(2)引导高中生通过实践了解职业;
(3)初步探索未来职业的方向。

### 三、团体成员及招募甄选

团体成员由 8～10 名高中学生组成（男女各约 50％，对规划未来职业有一定的动机，年级不限）。通过发布招募信息，自愿报名参与。

### 四、团体领导者及训练背景

团体领导者一名，学校的专业心理健康教育老师，要求接受过生涯规划教育的培训。

### 五、团体时间及次数

团体分为七个单元，每个单元会面一次，每次团体活动时间 90 分钟。

### 六、团体场地

学校的团体心理辅导室，进行辅导时周围无其他人员打扰，环境安静。

### 七、团体效果评估方法及工具

团体开始前及最后一次团体结束时采用"高中生生涯成熟度量表"请成员进行自我评估，收集齐评估表后做统计分析。

### 八、团体设计总方案

团体活动方案共有七个单元，方案概要见表 16-1，每个单元都要自己的分目标和活动内容，七次活动的分目标直接存在逻辑顺序，都为团体总目标服务。

表 16-1　高中生职业生涯规划辅导团体总方案

| 单元 | 目标 | 活动操作 |
|---|---|---|
| 一、有缘相聚 | 1. 相互熟悉，形成团体；<br>2. 了解团体任务，提升对团体的兴趣；<br>3. 建立团体契约。 | 1. 开场白<br>2. 自我介绍<br>3. 抢数字<br>4. 我的期待<br>5. 小组契约<br>6. 小结 |
| 二、遇见未来的自己 | 1. 学生探索自己的职业理想；<br>2. 明确为了达成职业理想需要做的准备；<br>3. 对自己的生涯路径进行初步的设想。 | 1. 盲眼作画<br>2. 十年后的我<br>3. 答记者问<br>4. 我的这十年<br>5. 小结 |
| 三、寻找心中的彩虹 | 1. 学生探索自己的职业兴趣；<br>2. 了解自己喜欢的职业领域；<br>3. 感受该领域带给自己的体验。 | 1. 猜猜我在想什么<br>2. 兴趣岛<br>3. 岛民演讲会<br>4. 小结 |
| 四、量体裁衣 | 1. 学生探索自己的职业活动风格；<br>2. 了解自己适合的职业类型。 | 1. 拍手游戏<br>2. 沙漠求生<br>3. 我适合的职业<br>4. 小结 |
| 五、选我所能 | 1. 学生探索自己的职业能力倾向；<br>2. 了解自己擅长的职业类型。 | 1. 盲人岛<br>2. 多元智能测验<br>3. 我擅长的领域<br>4. 小结 |
| 六、爱我所选 | 1. 学生探索自己的职业价值观；<br>2. 了解自己在选择职业的时候最不愿意放弃的因素。 | 1. 早操大表态<br>2. 我的职业锚<br>3. 价值交换<br>4. 小结 |

| 单元 | 目标 | 活动操作 |
|---|---|---|
| 七、我的职业地图 | 1. 对自己的职业理想、职业兴趣、职业性格、职业能力、职业价值观进行梳理；<br>2. 对环境的优势和劣势进行评估；<br>3. 初步明确自己的职业方向和专业方向。 | 1. 职业大猜想<br>2. 生涯规划四步法<br>3. 小结 |

## 第三节 团体实施

单元一:有缘相聚

目标:引发个人参加团体兴趣,认识并接纳团体伙伴,了解团体目的及进行方式,制订团体契约。

内容与操作:

| 目的:与团体成员建立关系。<br>材料:无。<br>时间:10 分钟 | 1. 开场白<br>(1)自我介绍,与团体成员建立关系;<br>(2)介绍此次团体的目的,一是帮助大家探索自己;二是帮助大家初步了解自己喜欢、适合、擅长的职业;三是初步探索未来职业的方向;<br>(3)介绍此次团体的设置,总共有六次,每次 90 分钟,原则上中途不可以退出,也不新增成员。 |
|---|---|
| 目的:团体成员间相互熟识,认识并接纳团体伙伴。<br>材料:无。<br>时间:10 分钟 | 2. 自我介绍<br>(1)请同学们依次做自我介绍,包括自己的姓名、班级、兴趣爱好等;<br>(2)请大家为自己取一个好记的名字作为整个团体期间大家相互称呼的代号,并说明原因。彼此之间可以进行更深层次的了解。 |

续表

| | |
|---|---|
| 目的:活跃团体氛围,强化对团体成员的熟悉。<br>材料:无。<br>时间:20分钟 | 3. 抢数字<br>(1)由一个人说开始(从第二轮开始,刚被惩罚过的人说开始),所有人要按照 1～X(X 为团体人数)的数字顺序去抢着报数,每人只能抢一次;当有两人同时抢报一个数的时候,则这两人需要迅速站起来,说出对方的代号,说得比较晚的需要接受惩罚,如果一直没有重复报数,则在报数到最后两个人的时候,这两个人站起来迅速地说出对方的名字;<br>(2)比如,游戏开始后,B 报数 1,A 和 C 同时报数 2,则 A 和 C 需要迅速站起来,快速地说出对方的代号。 |
| 目的:团体成员表达自己参加团体的动机和期待,便于领导者更好地了解学生的需求。<br>材料:"我的期待"卡(附录1)。<br>时间:30分钟 | 4. 我的期待<br>(1)给每位成员发一张"我的期待"卡,给大家 10 分钟的时间填写;<br>(2)填写的内容包括,来参加团体的目的是什么,想要从团体里面得到什么;<br>(3)请每位成员依次分享,并选出具有代表性的问题进行讨论。 |
| 目的:为保证团体正常发挥功能,建立团体成员需要共同遵守的契约和规范。<br>材料:纸、笔。<br>时间:10分钟 | 5. 小组契约<br>(1)介绍小组契约的意义,邀请成员列举出来,大家表决,带领者记下,契约应该包括:准时出席、投入、真诚、不攻击、保密等内容;<br>(2)制定结束后,宣读并签名。每次团体时挂在墙上。 |
| 目的:总结收获,理清脉络。<br>材料:无。<br>时间:10分钟 | 6. 小结<br>带领者回顾总结今天的内容,请成员谈谈今天参加团体的感受想法。 |

# 附录1　"我的期待"卡

| 姓名：　　　　　　　　学号： | |
|---|---|
| 我的期待： | |
| 1. | |
| 2. | |
| 3. | |
| 4. | |
| 5. | |
| 6. | |

单元二：遇见未来的自己

目标：学生探索自己的职业理想；明确为了达成职业理想需要做的准备；对自己的生涯路径进行初步的规划。

内容与操作：

| 目的：活动前热身，引出本节主题—目标的重要性。<br>材料：笑脸图片、彩笔。<br>时间：10分钟 | 1. 盲眼作画<br>(1)带领者在墙上贴一幅笑脸图片，笑脸没有鼻子；<br>(2)请同学们站在离笑脸四米远的位置，排成一列，带上眼罩；<br>(3)每人依次上前，盲眼给笑脸画上鼻子。 |
|---|---|
| 目的：引导组员初步思考自己的职业生涯。<br>材料：空白名片、笔。<br>时间：10分钟 | 2. 十年后的我<br>(1)游戏导入：想象着乘坐者时光机，从20岁慢慢地向未来出发，这是30岁的一天，你看到十年后的自己了吗？会是什么样子呢？穿着什么衣服？正在做什么事情？身边有哪些人呢？<br>(2)回到现实，为自己制作一张30岁时候的名片。包括的项目：姓名、职业、职位、居住地、主要成就；<br>(3)小组内，每个人分享自己的名片。 |

续表

| | |
|---|---|
| 目的:促使组员思考,要达到十年后的目标,应该做哪些准备。<br>材料:无。<br>时间:50分钟 | 3. 答记者问<br>(1)每人轮流站在中间扮演被访谈者,也就是十年后那个小有成就的自己;<br>(2)其他组员扮演记者对被访谈者提问;<br>(3)提问内容包括:<br>你能获得今天的成就,关键在于什么?<br>你曾经做过哪些努力,做过哪些准备? |
| 目的:学会将十年的中长期目标分解成短期目标,初步规划自己的生涯路径。<br>时间:10分钟 | 4. 我的这十年<br>(1)站在30岁那一年回顾自己从20岁到30岁的时光,每年都做了些什么事;<br>(2)写出每一年达成的小目标。 |
| 目的:总结收获,理清脉络。<br>材料:无。<br>时间:10分钟 | 5. 小结<br>带领者回顾总结今天的内容,请成员谈谈今天参加团体的感受想法。 |

单元三:寻找心中的彩虹

目标:学生探索自己的职业兴趣;了解自己喜欢的职业领域;感受该领域带给自己的体验。

内容与操作:

| | |
|---|---|
| 目的:活动前热身,引出本节主题,讨论每个人的兴趣和关注点的不一样。<br>材料:无。<br>时间:10分钟 | 1. 猜猜我在想什么<br>(1)主持人心里想一个事物;<br>(2)其他人可以问十个封闭式问题;<br>(3)主持人只回答是或者否;<br>(4)通过不断缩小范围,最终猜出主持人心里所想的事物。 |

续表

| | |
|---|---|
| 目的:引导组员思考自己感兴趣的职业领域。<br><br>材料:写有六个岛屿的纸,贴在六个位置。<br><br>时间:25分钟 | **2.兴趣岛**<br>(1)游戏导入:现在,你居住的地方已经不适合生活了,你不得不搬到另外的地方生活,有六座可供选择的岛屿,你会选择哪座岛屿作为你今后生活的地方呢?<br>(2)依次介绍六座岛屿的情况:<br>A岛:美丽浪漫的岛屿<br>岛上有很多美术馆、音乐厅,弥漫着浓厚的艺术文化气息。同时,当地的原住民还保留了传统的舞蹈、音乐与绘画,许多文艺界的朋友都喜欢来这里找寻灵感。<br>I岛:深思冥想的岛屿<br>岛上人迹较少,建筑物多僻处一隅,平畴绿野,适合夜观星象。岛上有多处科博馆以及科学图书馆等。岛上居民喜好沉思、追求真知,喜欢和来自各地的哲学家、科学家、心理学家等交换心得。<br>R岛:自然原始的岛屿<br>岛上保留有热带的原始植物,自然生态保持得很好,也有相当规模的动物园、植物园、水族馆。岛上居民以手工见长,自己种植花果蔬菜、修缮房屋、打造器物、制作工具。<br>S岛:温暖友善的岛屿<br>岛上居民个性温和、十分友善、乐于助人,社区均自成一个密切互动的服务网络,人们多互助合作,重视教育,弦歌不辍,充满人文气息。<br>E岛:显赫富庶的岛屿<br>岛上的居民热情豪爽,善于企业经营和贸易。岛上的经济高度发展,处处是高级饭店、俱乐部、高尔夫球场。来往者多是企业家、经理人、政治家、律师等,夜夜笙歌。<br>C岛:现代井然的岛屿<br>岛上建筑十分现代化,是进步的都市形态,以完善的户政管理、地政管理、金融管理见长。岛民个性冷静保守,处事有条不紊,善于组织规划。<br>(3)带领者提前分配好每个岛所在的区域,贴上岛名,每个岛屿旁边有一把椅子。组员独立思考2分钟,选择一个自己最喜欢的岛屿,走到该岛屿所在的区域,与同选择的组员坐在一起。<br>(4)小组讨论:<br>你们为什么选择这个岛屿?<br>小组成员有哪些共同特点,归纳为关键词。<br>你们想在这个岛屿上从事什么工作?<br>介绍这个工作的工作内容和入职要求。 |

续表

| | |
|---|---|
| 目的:引导组员了解自己喜欢的职业领域,感受该领域带给自己的体验。<br>材料:无。<br>时间:40分钟 | 3. 岛民演讲会<br>(1)请组员从本岛屿中选择一位名人(该名人为现实生活中,在本领域中有一定成就的人),介绍这位名人的事迹;<br>(2)组员模仿这位名人进行一段2分钟的演讲,要求全员参与,分工合作;<br>(3)每组成员依次上台展示。 |
| 目的:总结收获,理清脉络。<br>材料:无。<br>时间:15分钟 | 4. 小结<br>带领者回顾总结今天的内容,请成员谈谈今天参加团体的感受想法。 |

## 单元四:量体裁衣

目标:学生探索自己的职业活动风格;了解自己适合的职业类型。

内容与操作:

| | |
|---|---|
| 目的:活动前热身,引出本节主题——每个人都有自己适合和习惯的行为方式。<br>材料:无。<br>时间:5分钟 | 1. 拍手游戏<br>(1)请大家将双臂平举,与肩同宽,与地面平行;<br>(2)带领者数1、2、3,大家迅速击掌,双手交握。请大家看一看自己,是左手的大拇指在上还是右手大拇指在上,记住这种感觉;<br>(3)请大家将双手分开到起始状态,再一次击掌。上一次右手大拇指在上的,这一次要刻意让左手大拇指在上;上一次左手大拇指在上的,这一次要刻意让右手大拇指在上。再一次体会这种感觉;<br>(4)采访组员的感受。 |

| | |
|---|---|
| 目的:在团队活动中去发现自己的性格特点和活动风格,找到自己适合的团队角色。<br>材料:无。<br>时间:40分钟 | 2. 沙漠求生<br>(1)游戏导入:八月上旬某一天的上午十点钟。你乘坐的飞机迫降在美国亚里桑那州索纳拉大沙漠中。飞行员已经遇难,其他人均未受伤,机身严重毁坏,将会着火燃烧。你在飞机迫降前已获知,飞机迫降地点距离原定目标位置100公里左右,离飞机迫降点大约80公里附近有个村落。你所在的沙漠相当平坦,除了偶见一些仙人掌外,可说是一片不毛之地,日间温度约45℃。你们穿着T恤、短裤和教练鞋,每个人都带有手帕。你们总共有50美元现金、一盒烟和一支圆珠笔。炎夏,当您身陷沙漠地狱,在生与死的边缘,如何抉择?如何让您的团队突出重围?<br>(2)飞机即将燃烧,机上有15件物品,性能良好,现要求你们对这些物品按重要性排序,如果只能抢救出其中的5项,你们会选择什么?机上幸存者与你们组人数相同。假设大家选择共进退,不会分开各走各路。(见附录2)<br>首先,个人分别单独将这些物品按对你生存的重要性排序,不得与其他人讨论,时间为5分钟。<br>其次,每位成员进行发言,表明观点并陈述理由,时间为10分钟。<br>再次,小组内进行自由讨论,并得出小组一致同意的"排序",时间为20分钟。<br>最后,小组推举一位代表进行总结陈词,时间5分钟。 |
| 目的:探索自己适合的职业类型。<br>材料:四种求生风格(附录3)。<br>时间:30分钟 | 3. 我适合的职业<br>(1)带领者向组员呈现四种类型的活动风格;<br>(2)小组讨论:<br>我在团队讨论中扮演着什么角色,表现更像哪种风格?<br>自己的性格特点或活动风格适合从事什么类型的工作?<br>从自己的性格特点所适合的职业类型中选择一个目标职业,介绍这个职业所对应的大学专业。 |

续表

| 目的:总结收获,理清脉络。<br>材料:无。<br>时间:15分钟 | 4. 小结<br>带领者回顾总结今天的内容,请成员谈谈今天参加团体的感受想法。 |
|---|---|

# 附录2 沙漠求生选择

机上物品清单:

| 手电筒(4节电池大小) | 迫降区的地图 | 每人一公升水 |
|---|---|---|
| 降落伞(红白相间) | 每人一副太阳镜 | 指南针 |
| 手枪和6发子弹 | 书——《沙漠里能吃的动物》 | 塑料雨衣 |
| 每人一件外套 | 1升伏特加酒 | 急救箱 |
| 折刀 | 一瓶盐片(1000片) | 化妆镜 |

| 重要性排序 | 物品编号 | |
|---|---|---|
| | 个人排序 | 小组排序 |
| 1 | | |
| 2 | | |
| 3 | | |
| 4 | | |

# 附录3 四种求生风格

| Dominance:支配型/老虎 | Influence:影响型/孔雀 |
|---|---|
| 发号施令者 | 口才好,喜交际者 |
| 问题为主,需掌握状况 | 以人为主,追求互动 |
| 自尊心极高 | 乐观且情绪化 |
| 希望:改变 | 希望:认同、友好关系 |
| 驱力:实际的成果 | 驱力:社会认同 |
| 面对压力时:粗鲁,没耐心 | 面对压力时:杂乱无章 |
| 希望别人:回答直接,拿出成绩 | 希望别人:讲信用,给予声望 |
| 害怕:被别人利用 | 害怕:失去社会认同 |

续表

| Compliance:谨慎型/猫头鹰<br>高标准,完美主义者<br>以程序为主,追求限制<br>擅分析,重思考<br>希望:精准有逻辑的方法<br>驱力:把事做好<br>面对压力时:慢半拍,退缩<br>希望别人:提供完整说明及详细资料<br>害怕:被批评 | Steadiness:稳健型/熊猫<br>设身处地<br>追求一致性<br>坚守信念,容易预测,话不多<br>希望:固定不变,诚心感谢,多些考虑<br>驱力:固有原则<br>面对压力时:犹豫不决,唯命是从<br>希望别人:提出保证且尽量不改变<br>害怕:失去保障 |
|---|---|

单元五:选我所能

目标:学生探索自己的职业能力倾向;了解自己擅长的职业类型。

内容与操作:

| 目的:活动前热身,引出本节主题——每个人都有自己所擅长的领域,做自己擅长的事情。<br>材料:写有各种岛的纸,贴在3个位置。<br>时间:15分钟 | 1. 盲人岛<br>(1)活动导入:我们乘坐的一艘豪华游轮出海时遇到海难,游轮失事,把全船人吹到三个岛上(事先用凳子搭建好),这三个岛分别是珍珠岛、哑人岛、盲人岛;<br>珍珠岛:资源丰富,美丽富有,可帮忙营救其他岛上的同伴。从岛上坠下会被冲进盲人岛。<br>哑人岛:岛上有一种有毒气体,冲到岛上的人员会失去语言功能,岛上地形复杂,周边是湍急的水流,从岛上坠下的物品将激流冲进盲人岛;(岛上所有成员不能说话)<br>盲人岛:所有被冲到盲人岛的人都会失明。岛周围是湍急的流水并布满漩涡,只要触及水流便会被冲回盲人岛上;<br>(2)所有组员抽签决定上哪个岛,抽完签后依次上到自己的岛上。盲人岛的组员要戴上眼罩,暂时失去光明;哑人岛上的组员戴上口罩,即可不能说话; |
|---|---|

续表

| 目的:活动前热身,引出本节主题——每个人都有自己所擅长的领域,做自己擅长的事情。<br>材料:写有各种岛的纸,贴在3个位置。<br>时间:15分钟 | (3)组员到达岛上后会发现一份"求生守则",只有严格遵守"求生守则"才有希望离开孤岛,全员获救。<br>盲人岛:在你们不远处有一个安全的岛屿——"珍珠岛",你们要向那个岛上发出求救信号(将两个网球投入珍珠岛的桶中)。完成求救任务后才能从盲人岛移动到哑人岛。<br>哑人岛:你们要帮助盲人,在盲人完成投球任务后可以利用木板将盲人岛上的人聚集到哑人岛。且只能由哑人岛的人帮助盲人岛的人。<br>珍珠岛:要把其他岛上的人全部都集中到珍珠岛上,要给陆地指挥中心发出救援信号。(信号数学题:若1abcde乘以3等于abcde1,且a,b,c,d,e各代表一个数字,他们是几) |
|---|---|
| 目的:探索自己的职业能力倾向。<br>材料:多元智能测验(附录4)、签字笔。<br>时间:25分钟 | 2. 多元智能测验<br>(1)请组员分别完成多元智能测验;<br>(2)总结自己的智能优势。 |
| 目的:了解自己擅长的职业类型。<br>材料:A4纸、签字笔。<br>时间:35分钟 | 3. 我擅长的领域<br>(1)根据自己的多元智能测验结果,选择一个目标职业;<br>(2)分析如果要从事这个职业,自己的优势是什么,劣势是什么。 |
| 目的:总结收获,理清脉络。<br>材料:无。<br>时间:10分钟 | 4. 小结<br>带领者回顾总结今天的内容,请成员谈谈今天参加团体的感受想法。 |

# 附录4　多元智能测验

以下是对一些行为的叙述,请用下列 1 到 6 的数字表示最适合你的情况:非常不符合
1 分,不符合 2 分,有点不符合 3 分,有点符合 4 分,符合 5 分,非常符合 6 分。

第一组:

1. 当我在阅读课内或课外的书籍时,我能够很快地理解它们的主要内容。

2. 讲故事和讲笑话或笑话对我来说很容易。

3. 我的写作能力或编故事能力很强。

4. 我对于记忆人名、地点、日期等有不错的表现。

5. 我可以轻易地辨认每个字的读音。

6. 我善于使用比喻或成语典故。

7. 我说话或写作文的时候,能够掌握重点。

8. 我在文字游戏(例如猜谜游戏)中有不错的表现。

第二组:

1. 我能够思考或阅读与数理有关的问题。

2. 我的心算能力很强。

3. 我对必须运用计算能力的游戏通常有不错的表现。

4. 我可以依某种特性将事物分成不同类别或分成不同的表现。

5. 上数学课或自然课时,我总是觉得很容易。

6. 做数学应用题时,我能用不同的方式来解答问题。

7. 我可以找出事物的规则性,并依照这些规律排列出合理的程序。

8. 我能够分析事物之间的因果关系。

第三组:

1. 跑、跳、摔跤等活动对我来说很容易。

2. 我可以轻易地完成劳作课中的作品(如剪纸、黏土)。

3. 我能够变化各种不同的动作来表达同一件事或同一个想法。

4. 我可以轻易地模仿别人的动作及言谈举止。

5. 我可以很快学会一项新的动作技能,例如骑脚踏车、游泳等。

6. 听到音乐,我很快便能跟着节拍起舞。

7. 我精通各种体育活动,例如跳高或篮球。

8. 当我做一些有美感的动作(例如跳舞或做体操)时,我的肢体动作协调,姿态优雅。

第四组:

1. 阅读地图或阅读地标对我来说比阅读文字容易。

2. 在我学习时,我常常会在心里形成一些图像来帮助记忆或思考。

3. 我在陌生的地方能够很快地找到正确的方向。

4. 我常常会用画图的方式来记忆东西或思考事情。

续表

5. 我常常会注意到周围比较美或比较特别的事物。

6. 我可以说出我看到的立体空间,例如 3D 图画。

7. 我能够很快地完成拼图或做迷宫方面的游戏。

8. 我对于色彩与图形的辨别能力很强。

第五组:

1. 我清楚地知道自己的优点或缺点。

2. 我可以独自玩耍或学习。

3. 我朝自己的目标努力,不需要他人的督促。

4. 我可以接受别人的批评,并反省自己。

5. 我可以准确地表达自己的感觉。

6. 当遇到挫折时,我可以很快地恢复平静。

7. 我能够修正自己的做事方式。

8. 我会把对生活中的重要事情的感想写在日记或空间日志上。

第六组:

1. 我有很多好朋友。

2. 我经常参加团体性的活动。

3. 我会主动地关心别人。

4. 我常常会被同学推荐为班干部。

5. 我经常会参与团体讨论。

6. 班上同学常常会主动找我来帮忙。

7. 我清楚地知道别人对我的看法。

8. 在陌生的团体中,我能够很快地和大家打成一片。

第七组:

1. 我常常会唱歌、吹口哨或哼曲子。

2. 我擅长某种乐器的演奏,例如弹钢琴或吹笛子。

3. 当聆听到音乐时,我可以指出错误或走调的地方。

4. 我可以很快地辨别不同乐器的声音。

5. 音乐很容易让我回想起某种情景并影响我的心情。

6. 我的节奏感很好。

7. 当听完一首曲子时,我可以记得其中大部分的旋律。

8. 我会主动接触音乐,或注意音乐活动的信息。

第八组:

1. 我有很多采集动植物标本的经验。

2. 我会主动去关怀各种小动物。

3. 我收藏了许多具有特色的石头与文物。

4. 对于自然环境中景物或动植物,我能很快熟悉它们的名称及相关的信息。

续表

5. 我经常注意和收集与人类遗址有关的信息。

6. 我会去阅读与天文学有关的书来帮助我了解宇宙的奥秘。

7. 我会主动响应环保运动,例如垃圾分类、低碳生活、植树造林等活动。

8. 我每天都花一些时间来看报纸、电视新闻或收听广播,了解每天发生的重要事件。

测试结果:

| 组别对应智能 | 分数 |
| --- | --- |
| 第一组语言智能 | |
| 第二组逻辑数理智能 | |
| 第三组肢体智能 | |
| 第四组空间智能 | |
| 第五组自我认知智能 | |
| 第六组人际智能 | |
| 第七组音乐智能 | |
| 第八组自然智能 | |

### 单元六:爱我所选

目标:学生探索自己的职业价值观;了解自己在选择职业的时候最不愿意放弃的因素。

内容与操作:

| | |
| --- | --- |
| 目的:活动前热身,引出本节主题——不同的人看待问题的观点是不一样的。<br>材料:无。<br>时间:10分钟 | 1. 早操大表态<br>(1)带领者事先准备好含义不同的句子,句子可以分为两类:与主题无关的轻松的句子(我们的教室很干净、老师今天很漂亮、晴朗的天气心情好……),与主题相关的价值判断的句子(学习成绩比身体健康更重要、钱是万能的、拾金不昧的人很傻……);<br>(2)带领者先设计三个不同的身体动作,每个动作分别代表对句子三种不同的态度:<br>赞同:站立,举高双手摇晃,微笑<br>中立:站立,双手垂下耸肩,撇嘴<br>不赞同:坐下,捶胸顿足,咬牙切齿,愤怒<br>(3)游戏开始,带领者依次展示事先准备好的句子,请大家以相应的动作表达自己对句子的意见。 |

续表

| | |
|---|---|
| 目的:学生探索自己的职业价值观。<br>材料:A4纸、签字笔。<br>时间:35分钟 | 2. 我的职业锚<br>(1)根据刚才的活动,请大家列出8项你在选择工作时考虑的主要因素;<br>(2)将这些因素分别写在一个圆形的8个点上;<br>(3)圆心代表0(一点不重要),圆周的点代表5(非常重要),请评估每一个因素的重要性程度。 |
| 目的:通过活动发现,自己最不愿意放弃的因素是什么。<br>材料:纸条、笔。<br>时间:30分钟 | 3. 价值交换<br>(1)带领者请组员每人从职业锚中选择两个最重要的词语写在两张纸条上。这些词都描述了我们在选择职业的时候最看重的因素(比如:财富、环境舒适、权力地位、平衡家庭、能帮助他人、有创造性、符合兴趣爱好、有挑战性、专业成长、自由、身体健康、成就感、新鲜感、安全感、人际关系和谐、行业发展前景、荣誉感……);<br>(2)每位组员可随机抽取两张词语纸条,纸条上的因素可能是你选择职业时看重的,也可能是你不看重的。你可以将两张纸条保留,也可以与其他组员交换,交换原则由双方协商决定,可以是一张换一张,也可以是一张换两张甚至三张;<br>(3)交换时间为10分钟,游戏结束,请大家看看自己手上留下的是什么;<br>(4)讨论分享:<br>我的手上最后留下的是什么? 在选择职业时最不愿意放弃的是什么? 哪些工作可以满足我的职业价值需求? |
| 目的:总结收获,理清脉络。<br>材料:无。<br>时间:15分钟 | 4. 小结<br>带领者回顾总结今天的内容,请成员谈谈今天参加团体的感受想法。 |

单元七:我的职业地图

目标:对自己的职业理想、职业兴趣、职业性格、职业能力、职业价值观进行梳理;对自身和环境的优势和劣势进行评估;初步明确自己的职业方向和专业方向。

内容与操作:

| | |
|---|---|
| 目的:活动前热身,引出本节主题。<br>材料:纸条、签字笔。<br>时间:15分钟 | 1. 职业大猜想<br>(1)通过几次活动,同学们对职业理想、职业兴趣、职业性格、职业能力、职业价值观进行了探索,在每一次课上都探索了一个职业,请大家从五个职业中选择一个你最向往的写在纸条上,并写上自己的名字;<br>(2)将所有同学的纸条都搜集起来。依次请每一位同学上台抽取一张纸条并用哑剧的形式表演出来;<br>(3)其他同学来猜这是什么职业,是哪位同学写的职业。 |
| 目的:总结课程内容,进行初步的生涯规划。<br>材料:A4纸、签字笔。<br>时间:50分钟 | 2. 生涯规划四步法<br>(1)综合职业理想、职业兴趣、职业性格、职业能力、职业价值观的探索,思考"我想干什么?"<br>(2)根据自我评价和他人评价,写出自己在选择这份我想干的专业或职业时"我的优势和局限是什么?"<br>(3)在选择这份专业或职业时,综合环境的支持(如经济发展、国家政策等)和人际的支持(如人际关系、家长态度、家庭财力、亲戚关系等)思考"环境支持的优势和局限是什么?"<br>(4)"我的职业规划是什么?"<br>选择什么专业? 什么学校?<br>距离高考还有多久? 需要做哪些准备?<br>将目标分解为学期目标、每月目标、每周目标、每天目标。 |
| 目的:总结收获,理清脉络。<br>材料:无。<br>时间:25分钟 | 3. 小结<br>(1)带领者回顾总结整个团体辅导的内容;<br>(2)请成员谈谈通过此次团体辅导,自己的感受想法;<br>(3)每位同学分别对另外的同学依次表达感谢和祝福。 |

**参考文献：**

樊富珉,何瑾.团体心理辅导[M].上海:华东师范大学出版社,2010.

田国秀,谢莒莎.团体心理游戏实用解析[M].北京:学苑出版社,2010.

田文.中小学心理健康教育活动设计与实施[M].北京:清华大学出版社,2013.